系統神學叢書

基督教靈修學

二版

麥格夫 著
趙崇明 譯

▼

系統神學叢書

基督教靈修學

The Christian Spirituality
An Introduction

作者
麥格夫 Alister E. McGrath

譯者
趙崇明

責任編輯
李慧儀

裝幀設計
胡立強

■

出版 / 發行
基道出版社
香港沙田火炭坳背灣街 26 號富騰工業中心 10 樓 1011 室
LOGOS PUBLISHERS
Unit 1011, 10/F., Fo Tan Ind. Centre, 26 Au Pui Wan St., Shatin, Hong Kong
電話：(852) 2687-0331　傳真：(852) 2687-0281
網址：https://www.logos.com.hk

承印
陽光（彩美）印刷有限公司

●

10/2004 初版　9/2022 二版
Cat. No. LP222-2
ISBN-10: 962-457-268-2
ISBN-13: 978-962-457-268-1

刷次	10	9	8	7	6	5	4	3	2	1
年份	2031	2030	2029	2028	2027	2026	2025	2024	2023	2022

目錄

6 面容、地方與空間：基督教靈修學中的視象化與空間化 197

7 基督教靈修學：與傳統打交道 243

鳴謝

本書作者與出版社對於能在本書獲准複印下列素材謹表謝意：

Saint Augustine, *Confessions*, translated by Henry Chadwick. Oxford: Oxford University Press, 1991; copyright © Henry Chadwick 1991. 承蒙 Oxford University Press 允許轉載。

The Prayers and Meditations of St Anselm, translated by Benedicta Ward, Penguin Classics, 1973; copyright © Benedicta Ward, 1973. 承蒙 Penguin Books 允許轉載。

Revelation of Divine Love, Julian of Norwich, translated by Clifton Wolters, Penguin Classics, 1966; copyright © Clifton Wolters 1966. 承蒙 Penguin Books 允許轉載。

中譯本序言

能夠為拙作《基督教靈修學》撰寫中譯本序言，本人深感榮幸。西方社會對靈修學的興趣日濃，神學院和大學內更重新欣賞基督教傳統的靈修作家之重要。我深信中文讀者亦會享受此書所發掘和闡釋的許多靈修傳統之方法和理念。我自己對基督教靈修學的訓練及興趣之發展源自一九九〇，當時我在牛津大學開始教授以「中世紀及宗教改革時期的靈修學」為題的暑期班。這讓我能探究一些靈修作家的理念和進路，當中包括昆尼的伯納德、坎特伯雷的安瑟倫、馬丁路德和依納爵·羅耀拉。在教授靈修學許多年後，我寫下此書去幫助其他人，好使他們能夠跟此書所引領的方向和主題打交道，並從中得著享受和益處。

麥格夫

二〇〇四年七月

如何使用本書

這本書是基督教靈修學的導論，基督教靈修學也許是所有人都能研讀的學科中最具吸引力的一科。這書假設讀者除了對基督教某些內容有一基本的熟悉之外，對靈修學這門學科本身的認識不會很多，因而試圖盡可能作更多的解釋。讀完這書之後，期望你應該能夠對這門學問作更進深的研究，包括能夠詳細閱讀一些基督教靈修學經典的原典。這樣做能幫助你獲得這門學問的知識，並且是遠超過你從課堂中所能得到的，同時亦鼓勵你對這門學問作進深的研究。

這本書的副題是：「導論」，這兩個字需要小心地說明，因為它們已為這本書所要履行的任務定下了規限。正如任何學科的導論一樣，這本書也有其限制。有些主題本來值得深入詳盡探討，但由於篇幅所限而不能做到；也由於空間有限，有些無疑應該討論的課題，但最終也惟有省略。很多時由於心中要顧及本科的初學者之需要，我在一些複雜的課題上作了某程度的簡化，而這些課題本來值得作更有深度的分析，卻礙於這本書的篇幅有限而不可能做到。除非再寫一本較大部頭的著作，否則幾乎不可能對上述的不足之處作出彌補。這本著作正要試圖辨識出某些適合的主題作進深研究，從而彌補上述的缺陷，也試圖令你對一些引起你興趣的課題能夠繼續發展你的想法。這本書的目標只不過是向你引介它的主題，然後就讓你繼而寫出更進深、更專門、更詳盡和更激發思維的著作。如果你真的仔細讀過這本導論所提供的素材，你會發現能夠更理想地運用它們，以及從它們當中獲益更多。

大多數基督教靈修學的導論都會採用歷史概覽的方式寫成，即是將主題的一些重要進路在不同時代的演進發展鋪陳出來。雖然這本書內也有一些歷史素材，但由於歷史概覽這種進路太過説教性和缺乏親和性，因此本書亦盡量避免使用此一進路。本書旨在裝備你去跟基督教偉大而且豐富的屬靈傳統打交道（engage），它的做法是向你介紹這傳統內一些重大的主題和文本，然後鼓勵和促使你去與它們對話。這書的高潮是最後一章，它向你展示讓你從閱讀經典文本中獲益最多的不同途徑。本書採用一種刻意鼓勵及協助你跟經典文本主動打交道（而不是被動式閱讀）的進路，雖然只是一小部分被挑選出來的文本會採用這種方式，但那一般性的方法其實能夠轉用在你想研讀的任何文本之中。

除了在最後一章會有這些文本之外，本書在其他地方也大量使用原典資料，目的是為了鼓勵你去閱讀和探索原典，內文已列明這些資料的出處，為的是讓你能夠在稍後階段更詳盡地細閱它們。本書引用的材料範圍幅度較大，包括天主教、東正教、新教和福音派作者的素材，目的是要為基督教靈修學提供一個全面的概觀，一方面既要反映其豐富的多元性，同時又要識別出某些主題的共通性，本書不會採用基督教靈修學中任何一個特別的形式，只會試圖促使讀者更堅定地理解和欣賞在其豐富的範圍內被描畫出來的眾多傳統。

我必須向那些在我漫長的策劃與寫作過程中給我幫助的人致謝，這本書的起源可追溯至一九九〇年在新澤西州麥迪遜的德魯大學（Drew University, Madison, NJ）所講「宗教改革靈修學」的一系列講座，這次講座的主題給我一個機會去全力解決一個問題，就是在十六世紀形成的嶄新形式的靈修學之起源及風格為何。一九九二至九八年間，每年我在牛津的中世紀及文藝復興研究中心所籌辦的六星期暑期學習班中教授基督教靈修學，這幾年的教學經驗刺激我思想如何把上述的題目講得最好。對那幾百位曾經上過每周的暑期研討班的同學，我在此致以最大的謝意，因為他們一方面幫我評估了研究這門學科的不同進路的範圍，另一方面又促使我能夠找到一些適合的文本作研究之用。我亦要對多位牛津的同事（尤其是赫利〔Carolyn Headley〕），以及其他地方的同事致以深切的謝意，由於在基督教靈修學的本質和範圍上，尤其在教授這門學科所遇到的難題上，我跟他們進行了很多非常寶貴的交流和討論。

我又非常感謝泰勒雲研究院的卜利安圖書館（Bodleian Library, Taylorian Institute）內圖書館管理員的友善，以及牛津大學幾間學院協助尋索一些稀有的一手和二手資料。又多謝布萊克韋爾出版社（Blackwell Publishers）竭盡了（甚至超越了）一間好的出版社應盡的義務，鼓勵本書作者並慷慨地安排這書去測試市場的銷量。無論出版社及本書作者，都歡迎對本書作出批評，因為這樣會對將來再版時的修定有莫大的價值。

麥格夫

於一九九八年九月寫於牛津

1

導　論

近年愈來愈多人對廣義範圍內的靈修學（譯按：指包括非基督教的靈修學）之興趣出奇地提高，一種對擁有物質所帶來的價值抱悲觀懷疑的態度正在復甦，這種悲觀的態度引致對生命屬靈的向度產生很大的關注。愈來愈多證據顯示個人靈修對不少人產生正面的治療效果，也顯示愈來愈多人承認靈修對促進人的自我實現和福祉的重要性。伴隨著西方文化中宗教制度化這種方式之逐漸衰落，大眾對靈修學的興趣明顯上升，當然包括對不同類型的基督教靈修學的興趣。本書的目的正是特別要介紹這些基督教類型的靈修學。

在這簡短的頭一章裏，我們還未討論「基督教靈修學」這個較專門化詞彙的定義之前，首先會探討「靈修學」這詞彙一般所泛指的意思。當我們還未在隨後幾章進入主題詳細探討之前，這章導論的目的不外是要去澄清一些用於討論基督教靈修學的名詞。為了要強調這一章作為導論的特性，我們會採用一種「教學參考手冊」(work-book)的形式，這樣做的好處在於鼓勵讀者熟習素材，並將會在最後一章廣泛地使用。

界定「靈修」的意義

「靈修」(spirituality)一詞源於希伯來文*ruach*這個字，這字的意思非常豐富，通常譯作「靈」(spirit)，「靈」是*ruach*這個字一系列不同意思中的其中一個意思，也可延伸解作「氣息」(breath)和「風」(wind)。當我們說「這靈」(the spirit)的時候，正是談到賦予某人生命和生氣的意思。因此，「靈修」是關於信仰的生命，關於信仰的生命由甚麼來推動和激發，以及關於人可以憑甚麼而有助於信仰生命的維持和發展。「靈修」是要鼓舞信徒的生命，以及激發信徒深化和完善目前尚處於起步階段的屬靈生命。

靈修是一個人的宗教信仰中真實生命外顯出來的工夫，意即一個人如何地信，就如何地行出來。雖然基督教信仰某些基本的觀念對基督教靈修學非常重要，但靈修學並非單單關心觀念，它所關心的是藉著甚麼途徑可以體驗及活出基督徒的生命，它所關心的是對上帝真實性的完全領會(apprehension)。簡而言之，可以說基督教靈修學是對基督教整體如何實現和維持神人關係的一種反思，當中包括公眾崇拜和個人敬虔奉獻的活動，以及這些活動在基督徒實際生活中所帶來的結果。

「靈修學」的基本定義

靈修學所關心的是一種能充分發揮及具本真性的宗教生命的追尋，當中牽涉到如何將該宗教獨特的觀念，以及在該宗教範圍以內和基礎底下的整體生活經驗整合起來。

「基督教靈修學」的基本定義

基督教靈修學所關心的是基督徒如何能達致一種能充分發揮及具本真性的存在之追尋，當中牽涉到如何將基督教一些基礎的觀念，以及在基督信仰範圍以內和基礎底下的整體生活經驗整合起來。

「靈修學」一詞在近年被廣泛接受為專門用作指涉一個宗教不同層面的敬虔實踐之活動，尤其指到信徒個人的內在經驗。它經常與一個宗教的純學術、客觀或抽離的進路形成對比，後者被視為僅僅關注如何辨識和列舉該宗教的核心信念和實踐活動，卻沒有處理該宗教的個別追隨者以何種方式經驗和實踐他們的信仰之問題。這名詞不能有清晰精確的定義，部分原因在於這名詞所盛載的含義實在很多元化，另外部分原因由於在這個專門的學術領域中，學者們對應該如何使用這名詞也有爭論。以上所提供的定義，只是試圖幫助學生對這門學問的範圍和本質取得一個概括性的觀念而已，因而不應視之為惟一的定義。

界定「基督教靈修學」的意義

考究過「靈修」或「靈修學」這名詞之後，接著下來便轉為考究一個更加精確的詞彙：「基督教靈修學」，不過這詞彙已經在一個很寬鬆的意義下被應用。對基督教來說，靈修學所關心的是如何活出與耶穌基督的會遇。「基督教靈修學」一詞乃指到那條能夠了解何謂基督徒生命的途徑，以及那些已被發展成為能夠培育和維持與基督關係的明顯虔誠實踐活動。因此，基督教靈修學可以被理解為個別基督徒或羣體以何種方法旨在深化他們對上帝的體驗，或用羅倫斯弟兄(Brother Lawrence,1614~1691年)的一句說話來形容,就是如何去「實踐上帝的臨在」。

設想基督教包含下列三項主要的元素,這種設想對於我們的討論有幫助:

1. **一套信念。**雖然基督徒彼此之間在某些教義的事情上存有差異,但在不同的看法背後仍相對地容易找出一些大家共同接受的信念。這些共同的信念正正表現在基督教的信經之內,信經已被所有主流基督教教會接受為信仰立場的聲明。這些信念對基督徒的生活具有舉足輕重的影響力。

2. **一套價值觀。**基督教是一種非常重視倫理道德的信仰。然而,不等於說基督教所關心的就是一套規條,要求基督徒機械式地遵守一套指令。相反,它所關心的是信徒被救贖後所生發出來的一套價值觀,例如願意虛己和愛別人。這些價值觀與拿撒勒人耶穌的性情有很大的關係,祂既被基督徒視為信仰生命的基礎,亦是活在與上帝有緊密契合關係中的生命之最高典範。因此,一個被聖靈充滿的生命,理應能夠反映及體現基督教的價值觀。

3. **一種生活方式。**單單有信念與價值觀也未足夠成為基督徒,基督徒需要有真正的生命,那些觀念和價值觀正要在一種確定的生活方式中表達和具體表現出來。信徒每日的生活會受其信仰的某些方式所影響。當中最明顯能反映出來的,莫過於信徒進到教堂或其他類型的基督徒羣體當中聚集祈禱和敬拜。當然基督教可以透過相當多元化的方式來表達自己,反映出氣候、地理、文化、傳統和神學上的差異。這種生活的其中一部分就是被稱為「靈修學」的一般範圍，也是本書主題所在。

在此讓你認識一些在這學術領域內被受尊重的學者所提供的關於靈修學學說運作上的定義（working definitions），也許對你會有幫助。將每一個定義閱讀兩遍，然後反省作者試圖向你傳達的主要觀點，你會發覺這種方法會對你有幫助。

一些「靈修學」學說運作上的定義

靈修學是一種生活體驗，是將某些有相關性的元素應用在基督教信仰上的一種努力，目的乃是指導所有人朝向他們靈性的成長，促使他們的人格循序漸進地發展，而綻放出一種按比例地增長的睿見和喜樂。

佐治·更斯（George Ganss）：《羅耀拉的伊納爵》（*Ignatius of Loyola*）的導論，頁61。

靈修學處理我們對上帝的經驗，以及從這經驗所造成我們意識上和生活上轉化的結果。

理察·奧拜仁（Richard O'Brien）：《大公信仰主義》（*Catholicism*），頁1058。

靈修學乃指到一種生活體驗，亦指到一種有紀律的禱告和行動的生活。不過，我們不能以為靈修學可以離開某些特定的神學信念仍能存在，因為這些神學信念乃是不同生活方式的組成要素，而這些生活方式正能彰顯真正的基督教信仰。

當·沙利亞斯（Don E. Saliers）：《靈修學》（*Spirituality*），頁460。

〔靈修學〕是一個非常有用的詞彙，用來形容我們如何個別地和集體地，將傳統有關上帝、人和世界的基督教信念套用在我們的情況上，然後用我們基本的態度、生活方式和活動的字眼表達出來

菲臘·雪杜雷克（Philip Sheldrake）：《聖潔的意象》（*Images of Holiness*），頁2。

無論甚麼別的事，一旦被斷言為一種有聖經風格和先例可援，屬靈上成熟或靈性上完滿實現的靈修學，必然牽涉到全人（即肉體，思想和靈魂，位置，關係）和貫穿整個世代的整體創造的連繫。聖經靈修學包含全人在世界中存在的整體，而並非人的斷裂碎片或瑣碎小事。

威廉·史特林費勞（William Stringfellow）：《靈修政治學》（*Politics of Spirituality*），頁22。

〔靈修〕表徵了所有人自我超越的特性，以及每樣屬於這種特性的事情，當然最重要的一定包括這種也許可以有無窮變化的特性會透過甚麼方式在每日生活處境中具體實現出來。

理察·活士（Richard Woods）：《基督教靈修學》（*Christian Spirituality*），頁9。

現在你應該稍停下來，寫下上述學者試圖定義或描述「靈修學」時所認為重要的那些觀點，或許他們所講的某些觀點你未必同意，但這些觀點始終對澄清靈修學的一般本質非常有用。試反問自己上述每一作者想強調甚麼特別論點，而且這些論點如何幫助你明白靈修學的本質。

現在再看看下列每一個前面附有小圓點的要點，每一要點都說明了靈修學一個重要的主題，這些簡短的句子如

何幫助我們明白靈修是甚麼?它們如何幫助我們澄清靈修學與基督教教義之間的分別?

- 認識上帝,而並非單單認識關於上帝的事情。
- 完滿地經驗上帝。
- 在基督教信仰的基礎上作存在的轉化(transformation of existence)。
- 在生活和思想上達到基督徒的本真性(authenticity)。

當你將上述簡短的句子和前面學說上的運作定義連在一起時,你會發覺對你很有幫助。

接著下來讓我們看看一位美國新教神學教授下面的一番說話,他向其讀者解釋為何他選擇在位於落磯山脈的熙都隱修會修院(Trappist Monastery)逗留三個月,他自視為一個無神論者,熟悉神學家所講的理論,卻沒有經歷上帝的個人經驗。先讀他的文字,然後再思想下列的問題。

> 我是一位神學家——我一生都花在閱讀、教導、思想和寫作關於上帝的事情。但我一定要坦白承認——**我從來沒有經驗過上帝**,從來沒有。敬虔之事把我弄得侷促不安,那些成功地言說上帝的人令我感到困窘,我從來不曉得「上帝臨在」是甚麼意思。

再次看看較早前列舉那些前面附有小圓點的要點,以上這段說話是哪些論點的最佳例證?它如何與我們較早前所陳述的靈修學的定義連上關係?

接著下來，請留意上面一段說話如何清晰地假設了沒有任何經歷上帝經驗的人仍有可能成為神學家。這種假設在關於神學和靈修學之間的關係上說明甚麼？同時又在靈修學在神學教育中所佔的位置這問題上有何看法？

本書稍後會深入再探討這些課題。但在這較早階段裏，只需稍為認識這些課題已很足夠，不過這種初步的認識也很重要。接著卜來，在未開始於本書餘下的章節進入主題的詳細討論之前，我們首先需要澄清與靈修學有關的一些詞彙。

釐清詞彙：神祕主義與靈修學

我們需要思考以前曾被廣泛使用去指涉廣義範圍下之靈修學的一個名詞：「神祕主義」(mysticism)。雖然這名詞持續地被採用，尤其發生在天主教和東正教的圈子裏，但畢竟它已逐漸被「靈修學」這名詞所取代。在這節裏，我們會探討「神祕主義」一詞如何在這背景下被採用，以及因何理由在一般性的用途上它逐漸被取代。

將「神祕的」(mystical) 這詞彙用來指到神學的屬靈向度（乃相對於純學術而言）這一層面，乃起源於六世紀初期亞略巴古的丟尼修（Dionysius the Areopagite）所寫的《論神祕神學》(*On Mystical Theology*) 那篇論文。而兩個現代用的詞彙「靈修學」和「神祕主義」的根源則追溯到十七世紀的法國，尤其與蓋恩夫人（Madame de Guyon）來往甚密的一羣上流社會精英分子的沙龍圈子有關。*Spiritualité* 和 *mysticisme* 這兩個法國名詞都是用來指到對神聖上帝或超自然的直接內在知識，而很明顯當時這兩個字多少有點兒被視為同義詞，自從那時開始，這兩名詞就流通使用。

在這兩個名詞的嚴謹清晰的意思中出現了某程度的混淆，有些學者認為這兩個名詞只不過以不同方式去談及一種個人與上帝的本真性的關係而已。不過亦有另外一些學者指出，神祕主義應被視為靈修學裏特殊的一類，它特別強調對上帝的一種直接的個人經驗。本書避免用「神祕主義」一詞，因為相信如果用了會令到那些靈修學的初學者感到混淆，對他們實在沒有好處。因此，寧願採用「靈修學」一詞，而捨棄採用一些在古舊著作裏見過的詞彙，例如「神祕神學」、「靈修神學」和「神祕主義」。

「神祕主義」一詞（以及與之相關的術語 mystical 和 mystic；中譯皆為「神祕的」）對不同人有不同意義，尤其用在討論基督教靈修學上，它們會帶來混淆。這個字的三種含義分述如下：

1. 神祕主義乃是基督教信仰的其中一個進路，重點乃放在信仰的關係、屬靈或經驗的層面，與認知或重理解的層面形成對比，後者在傳統上會被歸類於神學範圍。以神學的精確度聞名的新教改革家約翰·加爾文（John Calvin，1509～1564年），就曾毫不感到困難地用過「神祕的聯合」（*unio mystica*）這名詞來形容基督與個別信徒之間的關係，但這名詞只解作與基督聯合和分享祂的生命和恩惠。有些學者因而將「神祕神學」（主要處理基督教思想內有關存在或關係的層面）和「教義神學」分開，後者集中在基督教信仰的一些獨特的觀念之上。基於對這名詞如此的理解，一位「神祕主義的作家」（mystical writer）是指到一個主要處理對上帝的經驗和宗教意識的轉變的基督徒。而在本書中，「靈修學作家」（spiritual writer）一詞與「神祕主義的作家」同義，而「靈修學」則用來指到「神祕神學」(mystical theology) 的特殊意思,正如前述的一樣。

2. 在日常語言中,神祕主義是發生在宗教與非宗教場景之下的關於精神領域之課題的其中一個進路,它一方面強調內在經驗;另一方面則對任何以認知的進路去研究靈修學都採取邊緣化甚至拒斥的態度。從這個意義來說,神祕主義乃暗示以非理性和反智的進路去進入經驗的領域,通常將表面的矛盾視為一種美德。基於這種理解,「神祕主義」則被解作「與祕傳的教導,強化心理上的自覺能力,或奇特動人的感官經驗有關」。

3. 神祕主義用來指到基督教靈修學內某些特定的學派,包括十四世紀的「英國神祕主義者」(例如萊爾〔Richard Rolle〕和華特·希爾頓〔Walter Hilton〕),和中世紀後期的「德國神祕主義者」(例如艾哈特〔Meister Eckhart〕和陶勒〔Johannes Tauler〕)。雖然這種用法已經廣泛地流傳,但其實某程度有誤導之嫌。第一,上列的作家並沒有用這名詞來稱呼自己。第二,這名詞暗示他們對事物的看法乃由上述第 (2) 點對「神祕主義」的定義所界定,問題是上述第 (2) 點的定義不能反映他們神學上的關注和重點。這個詞彙被廣泛地運用來描述中世紀靈修學學派,要逆轉這個趨勢,相信沒有太大的可能性。然而,它的弊處還是需要加以留意。

用「神祕主義」一詞去代替現代更廣為人知的「靈修學」一詞,其困難在於前者有太多不利的觀念聯想和帶有誤導性的含義。因此,如果繼續使用「神祕主義」這名詞就會很有問題。職是之故，「靈修學」和「靈修學作家」兩個詞彙現在更被受落，而基督徒討論這門學科時亦普遍地使用這兩個詞彙，本書亦採用及贊同這公認的協定。

這個對基督教靈修學的簡單導論引起靈修學的不同種類的問題，在下一章，我們就會詳細探討基督教靈修學的多元性。

進深閱讀書目

下列書目有助於介紹基督教靈修學的入門書，雖然包括了頗為多元的角度，但它們實在闡明了這一章導論不少主題。

Lawrence S. Cunningham and Keith J. Egan, *Christian Spirituality: Themes from the Tradition.* New York: Paulist, 1996.

Michael Downey ed., *The New Dictionary of Christian Spirituality.* Collegeville, MN: Liturgical Press, 1993.

George Ganss, *Ignatius of Loyola: Exercises and Selected Works.* New York: Paulist, 1991.

Bradley C. Holt, *Thirsty for God: A Brief History of Christian Spirituality.* Minneapolis: Augsburg, 1993.

Cheslyn Jones, Geoffrey Wainwright and Edward Yarnold eds, *The Study of Spirituality.* London: SPCK, 1986.

Richard McBrien, *Catholicism*, new edn. San Francisco: HarperCollins, 1994.

John Macquarrie, *Paths in Spirituality*, 2nd edn. Harrisburg: Morehouse, 1992.

William Reiser, *Looking for a God to Pray To: Christian Spirituality in Transition.* New York: Paulist, 1994.

Don E. Saliers, "Spirituality", in D. Musser and J. Price (eds), *A New Handbook of Christian Theology.* Nashville: Abingdon, 1992.

Philip Sheldrake, *Images of Holiness: Explorations in Contemporary Spirituality.* Notre Dame, IN: Ave Maria, 1988.

William Stringfellow, *The Politics of Spirituality.* Philadelphia: Westminster Press, 1984.

Dennis E. Tamburello, *Union with Christ: John Calvin and the Mysticism of St. Bernard.* St. Louis, KY: Westminster John Knox Press, 1994.

Rowan William, *The Wound of Knowledge: Christian Spirituality from the New Testament to St John of the Cross.* London: DLT, 1991.

Richard Woods, *Christian Spirituality: God's Presence through the Ages.* Allen, TX: Christian Classics, 1996.

2

基督教靈修學的類型

當我們使用「基督教靈修學」一詞的時候，似乎意味著這名號只得一個單一而且清楚的定義。但事實上基督教是一個複雜而且多元的宗教。雖然有一套得到廣泛認同的基督教「核心」信念，而這些信念亦已撮錄在一些被廣泛接受的文獻（例如《使徒信經》）中，但在基督教圈子之內，對一些基礎信念的詮釋（尤其是關於哪種教會秩序和生活形式比較恰當）仍有相當重大的分歧。再加上基督徒個人的特性也會帶來屬靈取向的差異。在基督教歷史中，靈修學呈現出廣泛多元性，就著我們所知的靈修學不同類別來試圖了解何謂基督教靈修學，這種做法顯然是很有意義的。

其中一個非常重要的因素是個人或羣體的基本信念。神學對靈修學具有深遠的影響，這課題的重要性就算用兩章的篇幅（參本書第三章及第四章）來探討也只能勾劃其輪廓。無論如何，下列的因素在塑造靈修學成形的過程中非常重要。

1. **個人議題。**個別基督徒有不同的背景、性格和社會學圖譜（sociological maps）上的位置，再加上各自在基督教信仰的主要課題上稍有不同的「領受」（"takes"）。因此，性格與靈修學之間的關係便成為相當值得考慮的議題。

2. **宗派的考慮。**不同的基督徒羣體對基督徒生活的本質有相當不同的理解，通常以神學上所強調的觀點或教導，將這些羣體區分開來。因此，對基督教在現代世界所展現的不同類型起碼有一基本的了解是重要的。

3. **對世界、文化和歷史的態度。**有些靈修學的形態帶有強烈離世的傾向，主張需要從日常世界之中撤離出來才是真正的基督徒；當然另外有些靈修學的派別則主張惟有投入參與世界之中才能成為真正的基督徒，而我們能夠欣賞這些超越宗派界限的差異實在是非常重要的。舉例來說，有些新教的派別帶有強烈肯定世界的傾向，但另外有些則傾向於捨棄世界，尤其表現在對權力與經濟的態度上。作為一個新教徒（或屬於任何教派，在這件事情上）不應慣性地對世界永遠持守一套正面或負面的態度。

本章會先探討這三個一般性的因素，然後才會轉移深入研究那些作為靈修學的神學基礎之中複雜與重要的議題。

靈修學、神學與性格

基督教靈修學可被看為：將一套神學信念和另一套特定且具有個人性與制度性特徵的因素，推動接觸和進行互相關聯的一種嘗試。當我這樣作斷言的時候，我既不是主張神學，也不是主張經驗任何一方具有優位性。有些人以神學作為起點，然後試圖將神學和他們個人的經驗作出關聯；另外有些人則發覺他們的經驗引發出一些需要神學反省來回答的問題和議題。重點其實在於這相互關聯的過程對靈修學才是最重要的。靈修學並非完全是從神學前設中演繹出來的產物，亦非完全從我們的經驗推斷出來的結果。它來自信仰與生活富創造性和動態的綜合，在燃燒欲望的熔爐中鍛煉而成，好叫能夠本真地、有責任地、有效而且完全地活出基督教信仰。

也許我們可以用「視域融合」（the fusion of horizons）這概念來探討上述那相互關聯的過程，「視域融合」這概念是著名哲學家伽達默爾（Hans-Georg Gadamer，1900年～）著作中獨特的主題，與文本詮釋和應用這課題有關（譯註：此書出版時伽達默爾仍在世，但他於2002年已經與世長辭）。伽達默爾主張，文本的「視域」和個人身處處境的「視域」需要相互關聯。同樣道理，個人世界經驗的「視域」也需要和基督教神學的主題連上關係。

因此，我們已經預期明顯會出現實質上一連串「不同的靈修學」（spiritualities），一方面反映了一套有差異（儘管明顯地彼此有關係）的神學假設；另一方面亦反映了在整個基督教歷史中確實存在顯著不同的具有個人性和制度性特徵的情勢。為了闡明這點，我們將會思想在那個相互關聯的過程中兩方面各自的一些變數。

神學的變數

「基督教神學」一詞乃指到建基於基督教傳統上公認被接受的一套觀念，它源於聖經，在信仰羣體內經過不斷反省、詮釋和傳遞的過程把它發展及保存下來。雖然某些確信無疑的主題在所有公認被接受的基督教神學內都找得到（例如耶穌基督是上帝最終的啟示這一觀念），但在不同種類的基督教神學之間仍有重要的差異，這些差別的例子正好說明了靈修學內潛在的多元性。

1. 在不同的基督教傳統內，可以找到對馬利亞這位「上帝的母親」顯然不同的態度。廣義來說，天主教和東正教傳統非常強調馬利亞的地位和角色，但新教則持相反態度。這種分歧所導致的其中一種很明顯的後果，就是新教內實質上缺乏任何對馬利亞表示忠誠的行動。
2. 關於聖禮的本質和重要性，在基督教內可以識別出很多不同的觀點。有些基督徒視聖禮為上帝恩典的記號，對於提醒信徒一些他們早已認識的事情很有幫助。另外一些基督徒則視聖禮為上帝在世上真實臨在的記號，亦視聖禮為上帝臨在於被造世界之中的有力肯定。再者，關於聖禮的看法對靈修學具有隱含的意義：不僅說明了聖禮在個人忠誠奉獻的行為中所扮演的角色，亦可以理解為上帝怎樣臨在並活動於此世間。
3. 基督教歷史其中一個最值得注意的特色，就是縱然羣體和個人共同具有一套共通的神學基礎也好，他們都會在這套神學的不同範疇內各自選擇自己所強調的層面。因此，有些基督徒特別將重點放在基督的救贖工作之上，另外一些基督徒則較為喜歡思想他們認為極度重要的道成肉身的教義（我們稍後會詳細探討，見頁95及其後）。大家也許會確認同一套神學信念，但容許對這些信念有不同的理解是非常重要的事。

在本書的稍後部分，我們將會再進一步探討神學和靈修學互動的各個層面。

歷史的變數

雖然本書避免採用純歷史的進路去研究靈修學，而避免採用純歷史進路這種做法事實上已經成為介紹這門學科的一個特色，但不等於在靈修學的研究中歷史不重要。歷史決定一個人的個人定位（personal location），以及現成可供的選擇。為了清楚說明這點，不妨作出下列一個簡單的思考。大多數西方基督徒對閱讀聖經這觀念不會感到陌生，可能透過研經小組的成員身分來閱讀聖經，可能為了個人靈修而讀經，又或者專心聆聽教會所宣讀的經文。然而，事情也不是必然發生的，這就完全視乎兩種特定的歷史條件：

1. 聖經流傳的廣泛性
2. 閱讀的能力

假如我們時光倒流到一千年以前的西歐，上述兩種歷史條件都不適用於當時社會。聖經仍未廣泛地流傳（還有幾個世紀印刷術才出現），而且識字率仍處於非常低的水平。因此，也許不用太過詫異為何會在修道院內找到大量以聖經為焦點核心的靈修學，因為在那裏有人抄寫聖經，提供聖經的文本（經常更會附有美麗的插圖說明），以及整體來說在修道院內的識字率比較城市的高出很多。

能夠了解一位靈修學作家所身處的歷史處境對掌握他的重要性非常緊要。歷史早已透過限定可供使用的資源來界定了一個人的眼界與見識(horizons)。儘管這本書不會將焦點放在靈修學的歷史上,不過若然你打算會對靈修學作進深的研究,還是鼓勵你好好去讀靈修學的歷史。能夠體會作者與讀者的歷史處境在個人屬靈價值觀上所扮演的主要角色是非常重要的,讀者通常能在靈修學的文本中找到那些屬靈價值觀。在本書最後一章,我們會再次探討這課題,我們會思想如何進入古時的經典文本與之對話。

個人的變數

正如上文提過,個人或羣體的親身處境與靈修學具有相當重要的關係,某一個體覺得非常有用的一些影響靈修學類別的因素,可以從美學、心理學和社會學這幾個課題來描述,茲將這些因素的例子列舉如下:

1. 關於在藝術、建築、音樂、以及口述或書寫的文字上「美」是由甚麼構成的問題,向來都是眾說紛紜。不少基督徒都是充滿熱情地相信,對於上帝的美最合宜的回應,莫過於盡可能用最美麗的言詞、音樂和建築去敬拜讚美祂,固然精確地應以何種方式去實行出來就沒有定案。因此,有人認為靈修學需要輔之以巴洛克式(Baroque)的建築藝術和教會音樂;另外有些人則寧願選擇露天配合簡單民歌調子的敬拜所表達的簡約美。在靈修學中個人的喜好品味實在扮演重要的角色,不能受到神學上的考慮所干預決定。
2. 有些個別的基督徒喜歡用「言詞」(“verbal”)來思想,偏好運用概念來思考上帝。另外一些人(可能佔大部分)則發覺需要用意象(images)或心智圖像(mental pictures)來幫助他們思考和敬拜祈禱。對前者來說，靈修學或許需要有賴好的講章和有用的書籍作為輔助。可是對後者來說，好的意象反而對靈修學非常重要。舉例來說，在「禱告書」（"Books of Hours"）或教會中的宗教藝術品上採用配以裝飾的意象不僅反映了對美感的愛好，它更代表了對現實的一種回應，這種現實就是承認很多人都需要意象或「視覺的輔助物」作為敬拜祈禱和反思之用。再一次說明，心理學比神學在靈修學的領域之內可算具有更重要的潛在影響力。

3. 不同的人發覺他們各自所身處的處境都有極大的差異。舉例來說，在中世紀法國一位修士所面對的處境，跟十八世紀英國一位上流社會的寡婦所面對的處境，以及跟一九八〇年代紐約一位富有的財經界人士所面對的處境極為不同。不同的處境就被不同的方式所限制，不同的處境亦為基督教信仰的實踐提供了不同的契機。

伴隨著這些美學及其他因素的考慮，一定要同時提出有關性別、階級和種族等議題來討論。必須指出的是，這些因素乃彼此相連，如果將它們各自孤立出來看成為個別地起決定性的作用的話，只會帶來非常嚴重的問題。下面我們僅列出一些需要緊記於心的重點而已。

1. 縱然圍繞性別差異的本質及程度這個課題依然不斷地有所爭辯，但性別的議題對靈修學實在相當重要。從某一層面來說，這個議題已從那些用於構想及指涉上帝的語言中反映出來：例如諾域治的茱利安（Julian of Norwich，約1342～1416年後歿）在言說上帝時就大量採用母性的語言。從另一層面來說，這個議題則反映在不同的罪觀上面，對罪的看法反映了性別上的差異：男性的主要罪行往往被聯想為驕傲，而女性的是自我形像低落，這樣的聯想便是一例。近年婦女運動其中一個結果就是重新發現一些女性靈修作家，尤以中世紀的為甚。

2. 有關種族的課題同樣需要留意，特別在一種多元文化的背景底下（例如北美），種族和文化認同經常緊扣地息息相關。在黑人聖潔教會之內出現不同的靈修傳統，跟新教其他地方的教會的靈修傳統有顯著的不同。亞洲基督徒（特別指到那些原居於中國或南韓的基督徒）亦相類似地經常將源自他們本土的文化當中某些元素結合於他們靈修學的方法之中。
3. 有關階級的課題同樣需要留意，階級經常跟品味的事情和文化程度的課題息息相關。帶有較強民粹主義色彩的靈修學方式，通常會採用主導他們的那些羣體的文化標準，這些情況除了反映在用來鼓勵沉思和反思的不同方式的藝術之外，也往往反映在用於維持默觀的音樂與文學作品之上。因此，十九世紀美國復興運動將日常用於大眾通俗劇場的技術大量採用於敬拜之內。

縱然基於以上這麼簡單的分析，也能清楚地顯示出個人氣質與社會環境的差異會無可避免地為靈修學帶來不同的含義。就算每一個人都持有共同的神學信念，甚有著相同的強調重點，但基於個人氣質與社會場景上的差異，也會導致靈修學上多元化的情況出現。因而，「有多少的基督徒就有多少的靈修學」這個主張也不是毫無道理的，事關每個基督徒都嘗試以其特定（和獨特的）處境來回應基督教信仰。

因此，明顯有極好的理由同時既可以單數又可以複數來稱「基督教靈修學」。一個類似的情況同樣出現在與其相關的學科（即基督教神學）上面，在基督教神學內，就算共同持有一些核心的假設也好，也會導致種種的神學理論出現。這本書基本上選擇以單數的角度來論述「基督教靈修學」，理由是所有不同形式的靈修學都源於耶穌基督的生、死和復活。雖然如此，取其單數的用意絕非表明這門學問只是獨一無二的。

宗派的考慮

較早前我們已經留意到給予基督教靈修學一個運作上的定義是何等重要（見頁5），這定義能幫助我們識別出在不同課題上的一些重點，但又不至於對它們作過分精確嚴謹的詮釋。在下面方格內所提供的便是一個詳細的運作上的定義。

> **「基督教靈修學」的基本定義**
>
> 基督教靈修學所關心的，是基督徒如何追尋一種能充分發揮及具本真性的存在，當中牽涉到如何將基督教一些基礎的觀念，以及在基督信仰範圍以內和基礎底下的整體生活經驗整合起來。

一般意義下的「靈修學」與基督教有關的特定形式的靈修學之間，存在一基本上的分別，「基督教靈修學」的基本定義亦容許這分別存在。然而，這定義本身指出另一個更具重要性的議題：**基於有不同類型的基督教**，因而導致不同類型的靈修學。我們可以毫無困難地說有「天主教靈修學」、「東正教靈修學」、「信義宗靈修學」、「福音派靈修學」或「靈恩派靈修學」。所有這些都是不同類型的基督教靈修學，它們之間的差異，局部地反映了正在談論的不同類型的基督教之間已有的先存差異。因此，很明顯有需要先去探討不同類型的基督教——無論在過往的歷史抑或現今的日子——究竟如何接觸會遇，以及留意存在於它們之間的差異和各自獨特的特色。因此，我們將去了解基督教內某些宗派上的分別，並探討這些分別對靈修學有何潛在的相關性，希望能得著幫助。

其中特別重要的一點，是關於用甚麼詞彙來描述一般情況下所講有關靈修學的問題。舉例來說，十七世紀末天主教發展了一個相對較為複雜的術語系統，來處理描述靈修學此一概括範圍的問題，其中包括區別「神祕神學」(mystical theology) 和「修道神學」(ascetical theology) 之間的不同，但在新教思想中卻找不到直接相應的做法。較早期新教作家傾向於用諸如「敬虔」或「敬神」(godliness) 等字眼來指稱今日一般所講的「靈修學」，新教作家似乎要到二十世紀下半葉才採用「靈修學」這詞彙。隨著時間的推進，宗派之間詞彙運用上的分歧亦逐漸出現某程度上的會合，因而某一個作家所運用的詞彙不再是該作家所屬的宗派傳統的一個可靠的指引。

因有限篇幅所帶來的壓力，我們所能做的不可能超過以下的情況：只能指出宗派因素如何以某些途徑影響靈修學。以下所講的，只不過是指出不同宗派所引起的問題，並這些問題的潛在重要性，而並非要詳細列舉這些問題，也並非要對它們的相關性作出分析，請讀者務必如此理解。無論如何，應該要留意的，是這些差異並不像一個世紀前嚴格地定下的定義那樣頑固難改。同時亦有相當多的證據顯示，在西方基督教內，宗派獨特性正被持續蠶蝕。從某程度來說，上述這種蠶蝕正反映了宗派之間確實愈來愈多接觸，而且彼此都關注到，面對所謂愈來愈世俗化的社會挑戰底下，究竟如何能維護宗派間共同持守的基督教信念。在這一章最尾部分建議了一份進深閱讀的書目，對這一節簡單處理過的不同宗派所引起的議題，相信能夠提供一個更加詳細的論述，那些對這題目想有進一步探討的讀者，不妨參考查閱。

也需留意的，是單單透過一本著述並不能將不同種類風格的基督教各宗派的獨有特色傳達出來，這是顯而易見的。讀者如果想了解聖公宗、東正教、天主教或任何其他類型的基督教，其實需要親身體驗它們各自日常的敬拜和祈禱生活，以及結識那些選擇某種基督教類型的人士，只從一個局外人的角度去談論，其價值相當有限，欲要了解任何類型的基督教，始終需要投身進去才有較深的了解。

天主教

天主教（仍然有人有些時候稱之為「羅馬天主教」）顯然是現時世界上最大型的基督教，特別廣泛地遍佈於西歐及中歐地方。不少擁有強烈國家民族身分意識的歐洲國家（例如愛爾蘭、意大利和波蘭）均與天主教會有緊密的聯繫。隨著十六世紀西班牙和葡萄牙、以及十九世紀比利時和法國的殖民擴張，結果導致天主教社羣在北美、南美、南非和菲律賓等地尤其非常壯大。於一九八〇年代被印尼併吞的前葡萄牙殖民地東帝汶雖然位於東南亞大部分回教勢力地區，卻依然保持作為天主教的根據地。

基於天主教運動的複雜性，其獨特的文化精神很難三言兩語講完。無論如何，下列與靈修學有關的幾點要點卻特別重要。

- 教會一般被視為上帝設立的可見組織或團體，其結構乃建基於上帝的實在性。雖然第二次梵蒂岡大公會議已經輕微地修改了這種教會觀，但它對現代天主教依然重要。在這種教會觀背後，隱含著一種教會內基督徒生活和權勢強烈地結合的觀念，這種觀念與成為二十世紀期間現代西方文化特色的個人主義形成強烈的對比。
- 天主教具有很濃厚的禮儀性。換言之，教會所用的敬拜形式是中央制定和設立的，這無形中反映了一種堅決的信念，就是教會祈禱和敬拜的方式無可避免必須要跟教會所相信的能夠串連起來（這點有時可用拉丁文的一句口號：*lex orandi, lex credendi* 表達出來，翻譯出來就是「你如何禱告就決定你如何相信」的意思）。禮儀可被視為信念的公開聲言，也是教會的價值，同時亦是維持使徒傳統的延續性之手段。直至第二次梵蒂岡大公會議之前，禮儀上所採用的語文還是拉丁文，現在已經准許用各地的本土語了，當然仍需盡量小心確保各種本土語的翻譯能準確地反映原本拉丁版本的禮儀儀文的原意。這一點與靈修學的關係尤其重要，它促使我們特別關注教會社羣與屬靈成長和發展的關係之重要性。
- 天主教是一個很重視聖禮的宗教，它非常強調「聖禮的經世性」（sacramental economy；意即基督因著死亡與復活而帶來的恩惠益處，能夠透過聖禮而傳達到教會）。天主教會承認七種聖禮（而新教徒只承認兩種）。從教會日常禮儀生活來說，最重要的聖禮是彌撒，彌撒可被理解為讓基督的身體和血臨在。再說一次，這對靈修學非常重要，它肯定了聖禮對天主教靈修學的重要性。舉例來說，請思想下列從一位著名的天主教作家為「靈修學」所下的定義。

天主教靈修學的定義

「靈修」乃是指到一個人日復一日地顯露出要成為或依然維持是一個基督徒這種基本決定。我們可以在洗禮中作出這決定，在堅振禮中重覆這決定，以及在每一次領聖餐時更新這決定。

威廉·萊沙（William Reiser, SJ）：《尋覓一位上帝去禱告》（*Looking for a God to Pray To*），頁2。

留意上述這種對靈修學的理解如何將聖禮跟屬靈成長與發展的過程掛勾。

- 從較闊的層面來說，天主教非常強調聖徒所扮演的角色；從較窄的層面來說，則強調童貞女馬利亞的角色，聖徒和馬利亞均被視為為生人死人扮演代求者的角色。馬利亞無原罪的教義說明了馬利亞並非跟全人類一樣處於原罪的境況，因而為她在天主教徒生活和靈修之事情上所享有的崇高地位提供了神學上的正規化。雖然如此，天主教作家仍很謹慎地將注意力集中在下列的分別上，即源於馬利亞而有的**崇敬**（乃含有敬意成分的）跟源於上帝和上帝的兒子耶穌基督而有的**崇拜**之間的分別。再者，這跟靈修學的關係非常重要，也可用作分辨天主教形式的靈修學和新教形式的靈修學之間的差別。舉例來說，一般天主教靈修學其中一個最著名的特色是採用玫瑰經，要求連續念一百五十次包括《聖母經》（"Hail Mary"）的祈禱，一面數算手中一串唸珠一面祈禱，作為數算次數之用。一般天主教靈修學亦會大量採用對聖徒崇拜的儀式，例如天主教一連九日的祈禱方式（英文為：novena），在這種祈禱生活中，會為了某些特別意圖而祈求某一特定的守護聖徒給予幫助，很多天主教徒都覺得，在他們個人的靈修生活中認領某一特定的守護聖徒是很有幫助的。

任何人欲想對天主教的基本信念和教規儀式有一全面深入的了解，極力推薦你讀一九九四年出版的《天主教會教理問答》（*Catechism of the Catholic Church*），書中很清楚及詳細地陳述了天主教信仰的基本內容。我們在這本書不同部分將會再思想天主教靈修學某些方面的課題，我們現在的注意力先轉向東正教。

東正教

無論是希臘東正教也好，抑或俄羅斯東正教也好，總之它就代表基督教的一種類型，保留了初期希臘教會很大程度的延續性，以及也可將其禮儀和教義直接追溯到初期教會。在東歐，東正教在數量上是最強大的，尤其在俄羅斯和希臘，它在這些地方對國家民族感的塑造具有很大的影響力。然而，它亦透過移民在北美和澳洲立足，舉例來說，澳洲城市墨爾本就是其中一個最大的希臘東正教羣體的家園。

任何試圖對東正教獨特文化精神的描述都需要包括以下的元素。

- 具有一種跟初期教會的歷史延續性很強的歷史意識，因此，東正教對傳統（*paradosis*）這觀念有很強烈的取向，特別對希臘教父的著作為甚。一些人諸如女撒的貴格利（Gregory of Nyssa）、懺悔者馬克西姆（Maximus the Confessor），以及那採用偽名的作家「亞略巴古的偽丟尼修」（Dionysius the Pseudo-Areopagite）都是這方面非常重要的作家。傳統被視為好像是活生生的一樣東西，它一方面既能保持本質上的不變；另一方面又能面對每一繼起世代的新挑戰。因此，東正教靈修學強調傳統作為當下現在的資源的重要性，因而特別重視一些著名教父時期作家如女撒的貴格利、拿先素斯的貴格利（Gregory of Nazianzus）和大馬色的約翰（John of Damascus）的著作之價值。
- 從神學上來說，對靈修學具重要意義的一些獨特觀念包括：堅持聖靈單單從父所出（而不是西方教會所講的聖靈由父和子而出），以及特別地將救贖理解為「成神」（deification），即「神成為人，為的是使人成為神」等觀念。無論在教父時期、抑或在現代希臘和俄羅斯東正教神學傳統上，這「成神」神學上的重疊句被辨明為大量東方基督教傳統救贖論反省的基礎。正如這引述的句子所言，道成肉身的教義和上述這種對救贖的理解之間存在很大的關聯。對亞他拿修（Athanasius）來說，救贖包含人參與在上帝的存有（the being of God）之中的意思，透過道成肉身，神聖的道被貫注於（imparted）人當中。站在假設有一種普遍的人性這種基礎上，亞他拿修作出這樣的結論：道並非僅僅取了（assume）耶穌基督個別的人性存在，而是取了普遍的人性，因著道成肉身，結果全人類都能分享神性生命。人性受造的目的就是為了要分享上帝的存有，透過道的降臨世間，這種力量（capacity）最終能夠實現。這種對救贖本質的理解，對靈修學有很重要的含義，在本書的其他地方將會很清楚地展示出來。

- 東正教對圖像（icons；即指到耶穌基督、馬利亞或其他宗教人物的畫像）的運用對我們的研讀具有特別重要性。對上帝兒子成為肉身這件事的大力強調，可以說為禱告和靈修學帶來重要的後果，圖像是「感觸知覺的窗戶」（windows of perception），信徒也許可以透過它們瞥見神聖生命的實在（見本書頁106～107）。
- 東正教傳統非常重視重複運用「耶穌禱文」，這禱文的內容如下：「主耶穌基督，上帝的兒子，請憐憫我。」雖然這禱文原本與息靜修（hesychasm）有關，但發覺現在已經在這種息靜修運動以外廣泛地被接受。
- 在表達和維護東正教文化精神（尤其是它的靈修學的獨特形式）這些事情上，修道院繼續扮演非常重要的角色。也許最重要的修道院中心仍然是阿陀斯山（Mount Athos），它是一個延伸入愛琴海的半島。大部分主教都來自修道院。

新教

「新教」一詞已廣泛地被用來指到那些在歷史上源於十六世紀歐洲宗教改革運動的教會，不過這名詞其實潛在著誤導性，事關大部分新教教會強調它們跟初期教會的歷史和神學上的延續性。很多源於宗教改革運動的傳統（特別是聖公宗）都被稱為「寬容的教會派」（broad churches），它們的某些部分比較贊同宗教改革運動的觀點（例如福音派），但也有某些部分比較贊同天主教的觀點（例如英國聖公會大公派〔Anglo-Catholicism〕）。

「宗派」一詞通常用來指到某些特定的新教教會，例如信義宗或循道會。近年新教各宗派內部發展了一些趨勢，其中兩種尤其重要。在操英語的西方世界中，福音主義（Evangelicalism）是現時大部分主流新教宗派內最具影響力的，雖然近期它在歐陸的影響力已明顯地減少。目前為數不少的獨立教會，特別在南美和南非紛紛出現，它們各自具有獨特的福音派文化精神。另外靈恩運動在很多主流的新教教會的生活內亦逐漸顯出其重要性，它的影響力亦能在天主教內感覺得到。目前一部分有靈恩運動背景的宗派（例如神召會〔the Assemblies of God〕）在全球的新教當中的重要性已愈來愈大。

- 新教通常被描述為「聖經的宗教」（religion of the Bible），這句說話也道出了很大的真確性（雖然它的意思並非如最初所想的那樣直接）。改教運動其中一個最重要的特色，是強調公開和私人研讀聖經的重要性，這種情況也許在傳統的新教講道內清楚可見，新教的講道通常採用循環不斷地以聖經為基礎的形式進行。又或者在傳統的新教「安靜時間」內也可清楚地見到上述情況，這段「安靜時間」乃指到分別一段時間出來讀聖經，以及讀完聖經後便基於先前的閱讀來祈禱。
- 一串具有天主教色彩的信念都會被拒絕，或嚴格地僅能看為個別人士個人私下信念上的抉擇，不能作為宗派官方的教導，這些信念包括：煉獄、聖徒的代求、以及對童貞女馬利亞任何形式的敬虔祈禱。不少這類遭受拒斥的信念都為靈修學帶來重要的含義。
- 直至第二次梵蒂岡大公會議（1962～1965年）之前，天主教教會禮儀的儀文都要以拉丁文來誦讀，這一點與改教家的觀點完全相反，改教家主張所有形式的公眾崇拜都應採用公眾人士所能理解的語言來進行。

讀者如有興趣跟進以上一些歷史和神學觀點的研究，我鼓勵你去閱讀一些處理宗教改革運動的歷史和神學的著作，它們除了幫你更全面廣泛地了解上述論點之外，也會為你提供更詳細的解釋。

近年來福音主義在新教內已顯得愈來愈重要，因此有需要了解一下這個運動的本質，以及它在靈修上的獨特方法。雖然有些新建立的新教宗派明顯地有福音派取向，但它所浮現出來的一般模式，是福音主義乃一個存於主流宗派之內的運動。因此，福音派在改革宗教會之內依然保留那些教會大部分的文化精神（包括其教會架構），不過同時亦最少加入一些福音主義的特色作為補充，請留意下文的討論。同樣地，在聖公宗內的福音派也會採用前者不少特質（例如教會管治上的主教制度和採用一套固定形式的禮儀），當然同時仍會在教會內保留一種福音派的文化精神。

福音派文化精神的主要四種特色如下：

- 福音主義非常重視聖經，特別在講道的風格上可以找到證明，這種對聖經的重視亦同時延伸到福音派宗教生活的其他層面之上，包括在教會生活內很重視小組查經，以及在個人靈修祈禱生活上恆常地讀經（見本書頁145）。福音派重視閱讀聖經，使福音派靈修學通常會將焦點集中在個人和集體的研經上面，在塑造福音派靈修學這事情上有很重要的影響。有趣的是，類似福音派這種對聖經的重視，原來在中世紀的方濟會（Franciscan）和本篤會（Benedictine）的著作和日常操練中也可找到。

- 福音主義特別強調耶穌的十字架，雖然耶穌在福音主義中佔有核心的重要性，但它所強調的也只是傾向集中於耶穌在十架上帶來救贖的死亡。這一點尤其反映在福音派的聖詩上面，這種強調對靈修學所帶來的含義非常清楚，不少福音主義的不同派別都發展出一些靈修學的方式，這些方式都離不開對基督在十字架上的死亡的長時間默想。
- 福音主義很強調個人的皈依悔改，十分強調「有名無實」（nominalism）的危機，意即「純粹形式地或外表地接受基督教的教導，而結果卻是欠缺任何個人生命的轉化更新。」福音派的講道經常強調基督徒需要「重生」（參約三1～16）。
- 福音派教會和個別的福音派信徒對傳福音非常委身，即是說使人改變而歸信基督教。葛培理（Billy Graham，1918年～）正是以其作全球性佈道的職事而馳名，基於他對傳福音的強調而使他被人熟悉，正好說明他是二十世紀福音派信徒一個很好的例子。值得留意的是，evangelicalism（福音主義）和evangelism（傳福音）這兩個字，由於拼寫的字母很類似而經常被混淆；前者乃指到一種運動（movement），後者乃指到一種行動（activity），不過這種行動特別與前者那種運動有關聯而已。

到目前為止，我們已考慮過一些區分不同基督教宗派的元素，亦思考過這些元素為不同宗派各自獨特的靈修學所帶來的含義。然而，還有一些並非任何一個宗派特有的更一般性的塑造靈修學的因素需要考慮。接著下來，我們會探討對世界和人類文化的態度。必須強調的，是以下所勾畫的不同態度都能在所有主流宗派中找到，結果導致在這些一般因素和一些較特定的宗派或神學上的課題之間出現複雜的交互作用。

對世界、文化和歷史的態度

正如我們提過，靈修學是關乎基督徒生活和經驗之學問。於是無可避免地，便帶來對世界、文化和歷史的態度之問題。其中一種在基督教內找到而又能有助於了解不同種類的靈修學的方法，是由循道會作家永維特（Geoffrey Wainwright）發展出來的。一九五一年哈佛大學神學家理察·尼布爾（H. Richard Niebuhr）出版了一本重要的研究著作，名為《基督與文化》（*Christ and Culture*），在書內他辨識出可以用五種主要的進路去描述一般基督教與文化之間存在的關係，他所建議的五個類別獲得廣泛的接受，亦逐漸在基督教社會倫理討論上具有相當影響力。在永維特的〈靈修學的類型〉（"Types of Spirituality"）這重要的論文之內，他建議可以借用尼布爾所提出的五個類別去分析基督教內靈修學的類型。接著下來，我們便追隨永維特的分析而展示出五種主要的類型。

1. 基督抗衡文化（Christ Against Culture）

根據這種進路的講法，世界被視為敵視基督教信念和生活實踐的環境。上帝國度的價值跟世界的價值形成對比。在基督教歷史的頭幾個世紀裏，當基督教還被世俗權勢投以極不信任和懷疑的眼光，甚至不時地遭受迫害之時，這種類型的靈修學具有相當重要性。羅馬皇帝康斯坦丁

(Constantine)曾經歸信基督教,因而帶來一個非常不同的情勢,基督教很快便成為羅馬帝國的國教。不過在不少人的眼中,這卻造成基督教與世俗價值觀妥協之後果,主教開始模仿世俗統治者的服飾和習慣,譬如穿紫色長袍禮服(這是財富和權力的象徵)。

這樣便導致不少基督徒相信,一些真正代表基督教的理想已逐漸妥協。修道運動的興起,廣泛被視為對教會與國家之間開始出現的那種容易妥協調適的現象作出的反抗,這種過度的調適帶來的結果,甚至會開始很難叫它們再分離開來。修道主義者視他們自己為真正基督教的核心,能夠隔絕於權力和財富的引誘,以致才能追隨真正基督教的異象。很多修道主義靈修學的著作都談及如何培養「鄙視世界」的態度,意即研究如何拒絕來自世界的引誘,因為這些引誘乃是得救和個人屬靈成長的障礙,從世界中撤離出來才是惟一保證一個人能得救的途徑。

雖然新教改教運動拒絕承認修道主義的理想,但是為了成就真正的基督教而捨棄世界和敵視世界這雙重主題,卻被改教運動的激進派系加以採用和發展。重洗派的作家強調需要建立另類的基督教社羣,這些社羣通常分佈於鄉郊地區。重洗派的作家又拒絕跟任何世俗權勢合作做事,拒絕運用權力武力。在這一點上可見激進派別的作家和主流改教家(如路德和加爾文)之間的張力,主流改教家鼓吹對社會和文化採取一個較為正面和互動性的進路。相類似於激進改教家的態度也能夠在今日北美基要主義者的圈子內找到。

因此,「基督抗衡文化」這一用在靈修學上的進路明顯地在今天依然佔有一定的重要性,這番說話同樣地適用於另一種相對完全不同的進路，尼布爾稱之為「屬於文化的基督」，我們現在就轉向討論這一模式。

2. 屬於文化的基督（The Christ of Culture）

一旦羅馬帝國接受了基督教為其國教，便打開了一條通路，通往非常正面地理解基督教信仰和世俗文化之間的關係的可能性。但必須強調的是，當教會被世俗官方權力機構強烈反對之時，這種模式在基督教歷史的初期階段，其實是不可能出現的。教會之被接受為羅馬帝國國教，已為它帶來某程度上的特權，當時其主教已經被視為重要人物，他們能夠穿著象徵有地位的羅馬服飾作為他們擁有新的社會地位的指標。它同時帶來通常所謂「帝國神學」（imperial theology）的興起：意即一種建構神學和靈修學的方法，將羅馬帝國看為新耶路撒冷，在世界的政體中扮演上帝授命的角色。

「帝國神學」特別跟該撒利亞的尤西比烏（Eusebius of Caesarea，約260～340年）有關連，這種神學視羅馬帝國為上帝救贖目標的高峯。正如我們提過，隨著四世紀羅馬皇帝康斯坦丁歸信基督教，基督教歷史的一個新紀元正式來臨。有些基督徒作家（最著名的是該撒利亞的尤西比烏）將康斯坦丁描繪為上帝為了羅馬帝國歸信基督教而揀選的工具。尤西比烏的「羅馬神學」（Rome-theology）似乎對這關鍵時期的基督教思想帶來很深的影響，尤其使羅馬帝國實際上不用對基督教作家作出反思性的批評。

基於預先所假設的帝國與福音之間緊密的關係，羅馬城之被搶掠洗劫（410年），便危及西方基督教的將來，羅馬的陷落為帝國神學提出了一連串潛在性的難題，為何羅馬會被搶掠洗劫？希坡的奧古斯丁（Augustine of Hippo，354～430年）在他的《上帝之城》（*The City of God*）一書中曾致力解決這類問題，部分地推翻了曾經在基督教圈子內頗具影響力的「歷史的神學」（theology of history）之理論，從而解除了這種神學所加諸在基督教之上所造成的束縛。《上帝之城》顛覆了羅馬在尤西比烏的歷史的神學中之地位，羅馬不再被描繪為上帝揀選作為救贖世界及保存福音的工具。

對基督教與文化的關係不加批評的正面理解，類似的說法在基督教歷史內其他時期也能找到。中世紀時期就已經提供了一個優秀的例子，這個例子見證了「世俗教牧人員」（secular clergy；即是指投身世界去工作的教牧人員）如何以抵禦的態度對修道主義式的撤離世界的主張作出回應。哈雲特的菲臘（Philip of Harvengt，1183年歿）反對修道主義式的拒絕世界的主張（他稱世界為「巴比倫」；譯註：巴比倫是一個奢華淫靡的世俗城市），他如此寫道：

> 從巴比倫當中逃離出來是很容易而又安全的，相比留在巴比倫當中而能獲得勝利的冠冕，後者是更加重要（和困難）的。因此，雖然修道主義式的完善所帶來的優點值得表揚，但相比於投身世界的教牧人員來說，前者比較容易達到，也比較低層次。

另一個肯定世界的模式之例子可見於十九世紀的德國自由派新教（German liberal Protestantism），自由派新教傾向將基督教理想和德國文化混合。它是受到人性不斷向上、超越、進入進步和豐盛新領域這種景象所驅使而有的一種思想。進化論也為這種信念帶來新的生命力，這種信念也為十九世紀後期西歐那文化穩定性的強力明證所孕育。宗教愈來愈被看為跟現代人的心靈需要連上關係，也被視為要為社會提供倫理道德上的指引，自由派新教強烈的倫理向度特別在立敕爾（Albrecht Benjamin Ritschl，1822～1889年）的著作中明顯看到。

對立敕爾來說，「上帝的國度」這觀念非常重要，立敕爾傾向將「上帝的國度」看為倫理道德價值的靜態領域，這領域作為德國社會在其歷史這一點中發展的基礎。他主張歷史是一個被上帝指引邁向完善的過程，文明教化被視為這個進化過程的一部分。在人類歷史的進程當中，不少個體的出現都被承認帶有特別從神而來的洞見，其中一個就是耶穌，其他人只要跟隨祂、以祂作榜樣，並且分享祂內在的生命，就能夠有所發展，這運動表現出對人的能力和潛能抱有極大和不受束縛的樂觀精神。它亦主張宗教和文化實際上是同一樣東西（雖然曾有辯論），後來這運動的一些評論家（包括尼布爾自己）基於這運動太過依附於一般所接受的文化標準，便把這運動稱為「文化新教」（"culture Protestantism"），不少評論家認為這種面對文化的方式正好為一九三〇年代納粹主義的興起而鋪路，因為它鼓吹了德國文化和基督教信仰的同一化。

如果說「基督抵禦文化」的模式，乃主張基督徒的生活要恆常地與世界保持敵對的關係，以及強調信仰所應付的代價和殉道的重要。那麼，「屬於文化的基督」的模式則意指惟有肯定、甚至沉浸在當代的文化裏，才能發現基督徒的真實性。永維特認為上述兩種模式均「充滿極有害的缺點」而拒絕接受，他鼓勵其讀者改為採用我們下面將會思想的其餘三種模式的其中一種。

3. 基督超越文化

將要討論的第三個模式與第二個模式有關，只不過前者認為需要察覺到文化距離完善的境界尚遠。事實上第三個模式是建基於以下的確認之上：文化既非完善、也非邪惡，是能夠透過基督教信仰而得到提升和轉化的。永維特認為這模式「強調人性和文化內的正面元素，不過又承認這些正面元素亦需要淨化和提升。」多瑪斯·阿奎那（Thomas Aquinas，1225～1274年）著名的格言可被視為屬於這個模式的看法：「恩典不會廢掉自然，只會使它完善。」

永維特認為這種靈修學的模式，通常會跟亞他拿修的名言，即道成肉身這教義的強調連上關係（見頁本書95），「神成為人，為的是使人成為神」這句説話正好作為與「基督超越文化」這模式有關的觀念之典型例子。舉例來説，這模式會認為，為自己取了人性的基督，會將一些已經美善的東西提升到一個更高的層面。因此，這模式一方面既肯定世界的美善，同時又沒有任何完美主義的謬見。上帝的創造是好的，不過仍需改善。人性也是美善的，不過卻是開放容讓進一步的提升。人類文化也是好的，不過它又能夠透過福音的影響而有轉變更新。這種向上提升被視為發生在當下現在的：因此，透過道成肉身，人性現在已經得以被提升。這一點使我們可以將這模式跟第五個模式，也就是我們將會思想的最後一個模式分別出來，其分別在於後者所講的轉變是發生在將來，而不是現在的。

4. 基督與文化的吊詭性關係

根據永維特的意思，第四個模式比「基督抗衡文化」或「屬於文化的基督」兩個模式，走的是更加中央的路線。正如有人認為「基督超越文化」可以被看為中央的模式，而具有「屬於文化的基督」傾向一樣；第四個模式同樣可被視為一個具有「基督抗衡文化」這樣傾向的中央模式。這模式不會將世界和人類文化看為基本上是邪惡的，雖然如此，它主張基督徒還是要預計在引誘中努力掙扎以期活出本真的基督徒生命。

尼布爾將十六世紀德國改教家馬丁路德（Martin Luther，1483～1546年）視為這種第四類理解基督教與文化的關係之模式的最佳代表人物，永維特同樣認為這模式適用於路德的靈修學。一方面，路德強調基督教信徒在世界中所佔的正確位置，在其中他們應該要好好地生活和作見證；另一方面，他認為世界有潛能可以使信徒墮落，因此信徒應提防免受這些影響。對路德來說，基督徒生命的特色可以用*Anfechtung*這德文名詞來描述，這名詞可翻譯為「誘惑」，不過其實它所指的乃是遠遠超過「誘惑」的意思。對路德來說，禱告乃是與神掙扎，正如信仰就是跟不信持續地保持爭鬥一樣。

根據這模式，基督教羣體必須預計要某程度上活在與世界的緊張狀態之中，路德以「兩個國度」的教義（doctrine of "two kingdoms"）來表述這種張力，「兩個國度」乃指「世界的國度」和「上帝的國度」。這兩個非常不同的管治領域卻同時並存而且彼此重疊，結果造成基督徒體驗到活在一個國度中的張力，但又要同時嘗試順服另一個國度的管治。上帝的標準在世界中並非經常被人接受，事實上很多時世界會以基督教會的觀念和理想太愚蠢和笨拙為由而加以拒絕。靈修學這種「富吊詭性」的模式主要指出這種張力，以及鼓勵基督徒學習在當中生活,它是發生自基督教信仰本身最本質之處,所以不能除去。

當然這不等於說教會在每一時刻都是活在與世界的緊張狀態之中,在某些時候,教會與世界其實分享一些共同的觀念和價值觀。當然有些時候,張力是無可避免的,結果就是帶來掙扎搏鬥。永維特指出,潘霍華(Dietrich Bonhoeffer)便是這類靈修學的最佳實例——某人縱然面對複雜的處境,被信仰與文化之間的張力纏繞著,他仍然保持對自己對信仰的忠誠。

5. 基督是文化的改造者

永維特所指的第五個模式某程度上與第三個模式相似。這模式對創造持一正面的看法,創造本身是好的,不過還有待改造。然而,這種改造不是一種現在當下的實在,而是一種將來的盼望。永維特將循道主義的兩位奠基人,約翰·衛斯理(John Wesley,1703~1791年)和查理斯·衛斯理(Charles Wesley,1707~1788年)歸屬這一類型,部分原因乃基於他們對個人悔改歸信的強調,而這種個人悔改的經驗很強調個體需要有改變更新。

永維特認為這種強調改造的靈修學模式看來會有很強的聖禮禮儀傾向,為了舉例說明之,他指出洗禮這禮儀跟死亡與再生的意象很有關連,說明了人性徹底改變的必須性與可能性。

永維特所發展的五個模式對描繪出一些概括性的立場頗為有用,但所提出的立場並非全面而徹底,而且有時立場之間會有重疊。

現在應該算是適合去探討神學如何與靈修學連上關係的時候了，鑑於這課題的重要性，我們會詳細探討。

進深研究書目

Robert A. Baker ed., *A Baptist Source Book.* Nashville, TN: Broadman, 1966.

Henry Bett, *The Spirit of Methodism.* London: Epworth Press, 1937.

Emory S. Bucke, *The History of American Methodism.* New York: Abingdon, 1964.

Ian Bunting ed., *Celebrating the Anglican Way.* London: Hodder & Stoughton, 1996.

Rupert E. Davies, *Methodism.* London: Epworth Press, 1976.

Werner Elert, *The Structure of Lutheranism.* St Louis, MO: Concordia, 1962.

Timothy George and David S. Dockery, *Baptist Theologians.* Nashville, TN: Broadman, 1990.

Urban T. Holmes, *A History of Christian Spirituality.* New York: Seabury Press, 1981.

Bradley C. Holt, *Thirsty for God: A Brief History of Christian Spirituality.* Minneapolis: Augsburg, 1993.

John H. Leith, *Introduction to the Reformed Tradition.* Atlanta, GA: John Knox Press, 1981.

H. Leon McBeth, *The Baptist Heritage.* Nashville, TN: Broadman, 1987.

Richard McBrien, *Catholicism,* new edn. San Francisco: HarperCollins, 1994.

Alister E. McGrath, *Evangelicalism and the Future of Christianity.* Downers Grove, IL: InterVarsity Press, 1995.

Alister E. McGrath ed., *The SPCK Handbook of Anglican Theologians.* London: SPCK, 1998.

Elsie Anne McKee and Brian G. Armstrong, *Probing the Reformed Tradition.* Louisville, KY: Westminster/John Knox Press, 1989.

Donald K. McKim ed., *Major Themes in the Reformed Tradition.* Grand Rapids, MI: Eerdmans, 1992.

John Meyendorff, *The Orthodox Church*, 3rd edn. Crestwood, NY: St Vladimir's Seminary Press, 1981.

Philip Sheldrake, *Spirituality and History: Questions of Interpretation and Method.* London: SPCK, 1995.

Stephen W. Sykes and John Booty (eds), *The Study of Anglicanism.* London: SPCK, 1988.

Geoffery Wainwright, "Types of Spirituality," in C. Jones, G. Wainwright and E. Yarnold eds, *The Study of Spirituality.* London: SPCK, 1986, 592 ~ 605.

3

靈修學的神學基礎：基本課題

「靈修學」一詞近年廣泛被用作反對純粹從物質主義的角度來看世界的一種反動。對個人內在世界的經驗之日益重視，造成很多人對靈修學觀念產生相當大的興趣。不過並非所有靈修學都屬於「基督教的」，用「基督教的」這個形容詞來形容靈修學，主要為了說明基督教信念如何與靈修學產生互動的作用，以及基督教信念如何促進及鼓勵某些對屬靈生命有幫助的方法，當然亦會同時否定或批評其他一些方法。因此，去探討一些基督教的觀念循甚麼途徑影響靈修學便顯得相當重要。

「神學」一詞廣泛被用來指涉基督教信念的主要部分，以及集中在這些主要部分的研究科目。神學是一門有關信念的學問，試圖全面考察及尋找基督教信念諸種複合的基體（the matrix of Christian beliefs）之間的關係。界定神學與靈修學的關係，最簡單的方法也許是將前者定為基督徒生活的理論，後者則定為基督徒生活的實踐，不過這種區分就好像所有簡化的講法一樣，存有誤導的可能性。舉例來說，在兩門學科之內，關於「神學」和「靈修學」的準確意義仍持續有爭議，結果造成所有關於對這兩門學科之間關係的理解，全都要建立於兩門學科先前定下各自應如何正確地理解自己的共識之上。例如不少作家會主張，若果按照正確的了解，神學應包括靈修學。儘管這樣，龐特斯的艾華革士（Evagrius Ponticus，346～399年）卻反問，莫非所有神學就是祈禱嗎？因此神學可否被視為基督教對頭腦理智的專注，而靈修學則被視為基督教對心靈的專注呢？

在這一章內，我們將會探討神學與靈修學互動時所採用的一些正、反面的一般途徑，不過在進入這些討論之前，我們首先探討「神學」這門學問究竟如何出現。

神學的本質

「神學」一詞廣泛被用來指涉對基督教信仰的知性內容作系統性反思。這詞可以根據希臘文被分割成兩個組成的部分——即神（*theos*）及道（*logos*或論述）。因此，神學可被稱為「關於上帝的論述」，就等於生物學可被稱為「關於生命的論述」（希臘文為*bios*）一樣，又或者藥劑學可被稱為「關於藥物的論述」（希臘文為*pharmaka*）一樣。有證據顯示，在基督教傳統發展的初期階段，「神學」一詞被用來專門指涉基督教對上帝的教導（多於指稱關於耶穌基督的位格和工作、教會的本質及其他的教導），然而，這個名詞今日已發展到「基督教信仰本質的系統性分析」這種較為概括性的意義了，當然亦包括（而並非只局限於）基督教對上帝的理解這一方面。為數不少的專有名詞乃用來指涉神學的專門範疇，其中部分列述如下：

與神學各範疇有關的專有名詞	
人論	對人性的理解
基督論	耶穌基督的位格
教會論	有關教會的教義
終末論	終末的事情
罪論	有關罪的教義
救贖論	有關救贖的教義

「基督教神學」這門學問必需跟「宗教研究」作出嚴格的區分。「基督教神學」處理基督教信仰特有的學說;「宗教研究」則是對宗教或宗教課題一個較為概括性研究的進路,通常建基在「宗教」作為一個真正具普世性的觀念這個假設之上。要說明上述這點,其中一個原因是:基督教靈修學乃建基在一些並非對所有宗教都適用的假設之上。舉例來說,「道成肉身」和「復活」這些觀念是基督教信仰所特有的,同時亦對基督教世界觀和看法的塑造有重要的含義。(有些學者認為,上述這類觀念也可以在其他宗教中找到,尤其是印度教。然而,說它們之間在意義上相對應,其實是欠缺說服力的。)

對基督教神學和靈修學之間的關係有重要含義的一個重要發展,可追溯至十八世紀,不過要到過去幾百年才逐漸見其重要性。十八世紀前,大部分基督教偉大的神學家本身對靈修學非常關切,亞他拿修(約296～373年)、希坡的奧古斯丁(354～430年)、坎特伯雷的安瑟倫(Anselm of Canterbury,約1033～1109年)、阿奎那(約1225～1274年)、馬丁路德(1483～1546年)和羅拔圖·貝拉買(Roberto Bellarmine,1542～1621年)——只能舉出一些例子,名字不能盡錄——這些神學家均不見得在基督教信仰的智性研究及其在靈修、講道、教牧職事和教牧關懷等實踐性工作之間有任何張力。

近年神學愈來愈被視為一門跟教會生活有距離的具專業性學術領域。啟蒙運動主張任何形式的宗教委身都是達致客觀性的一種障礙，因而在神學內培養一種宗教中立性的觀念。雖然這種觀念今日已廣泛被認為不正確，但啟蒙運動這種範式（paradigm）已經在西方學術界內造成深遠的影響，結果是「神學」通常被看為宗教概念的學術研究，而跟整體的基督教生活沒有關聯。由於這種範式首先刻意取消神學和靈修學的關連，所以對神學和靈修學的關係之正確理解帶來極壞的影響。幸運地，如今西方對啟蒙運動那種範式之廣泛排斥，開展了一條重建神學與靈修學原初關係之路，這是一種人們無任歡迎的發展。

神學與靈修學的關係

不少在靈修學這個專業內的作家都認為，在「神學」和「靈修學」兩門學問之間的確存在嚴重的張力，如果用一些非常抽象的字眼（例如「基督教概念或教義的研究」）去為神學下定義的話，則毫無疑問必然會出現上述的情況。不過，仍需要明白的是，形成這樣一個局面，部分原因是由於要回應一般西方學術文化內所形成的壓力，那種對「神學」西方式的理解，在過去兩個世紀確實經歷了轉折，因此無可避免地導致上述這種張力的出現。基於此，有必要覺察到這種張力最原初原來並非存在於神學與靈修學之間，而是存在於現代西方神學的概念與靈修學之間。

著名美國作家愛德華·費利（Edward Farley，1929年～）

在他一九八三年的重要研究《神學:神學教育的斷片與聯合》(*Theologia: The Fragmentation and Unity of Theological Education*)中,指出神學教育上的一連串發展,帶來由敬虔和知性這兩種共同本性所界定的神學遠象之喪失。費利認為神學一詞已失去了它原本的意義,他界定神學為「上帝自我顯示的智慧和情格性知識」,以致成為「人類生活不可缺少的智慧或精明的判斷」。對費利來說,神學以往如何,現在仍然應該如何!它「並非只是一門客觀的科學,而是上帝和屬於上帝的事物的情格性知識」。

上述的見解是很重要的觀點,正因它指出了「神學」一詞的意義在過去一個世紀遭遇了一次嚴重和有害的轉變。如果正確地理解,神學應該包含或在背後支撐著靈修學,並為靈修學提供資料。我們不難認定神學和靈修學之間在過去一個世紀已打開了一條鴻溝,但這種主張必定是從文化上的假設的觀點去看,尤其是從西方學術界之內的觀點去看,這只會迫使神學以一門學術中立的學科的角度去看自己,老師和學生均毋需牽涉在任何委身之事情上,神學變成只是關心跟抽象觀念有關的資料。這其實不是較早年代對神學的理解。如果基督教神學看自己的本質純粹是命題式或認知性的,則它已經不能夠仍然忠於它一貫的主要內容了。在此指出這一點是完全適當的。基督徒和上帝的會遇畢竟是改造性的(transformative)。正如加爾文指出,當信徒沉浸在與永活的上帝的改造性和更新性的會遇中,認識上帝的意思就等於生命被上帝改變,有關上帝真正的知識亦必然最終導致對上帝的敬拜。認識上帝就等於生命被上帝改變,因此,純粹「客觀」或「冷漠」的上帝知識的觀念,理應被拒諸門外。如果有人以客觀的態度來談及有關「認識上帝」之事，就好比一個戀愛中的人不帶任何情感地談及他的愛人一樣。丹麥哲學家祈克果（Søren Kierkegaard，1813～1855年）主張，認識真理的意思其實是**被真理所認識**。「當我們投入一種帶有最強烈感情指向內在生命的調適過程（appropriation process）之中，真理就是影響我們內在生命的一樣東西。」

從神學這一詞的傳統標準意義來說，神學是一門「對神聖事物由心發出有所感觸（heartfelt）的知識」（費利），它觸及人的心，影響人的理智思想，它同時關乎信仰客觀的內容（*fides quae creditur*）和相信本身這種主體行動（*fides qua creditur*）。但上述所講全部的事情均已改變，這種改變並非由於上述這種神學的傳統標準概念所引來的基本困難所導致，而是由於神學教育工作者不斷專業化和專門化所帶來的結果。研究神學逐漸變成與精通掌握一大堆互不關聯的資料的工作相差無幾。你僅僅需要知道有關神學的事情不外下列幾項：它本身應該是一門強調關係的學問，是關乎你如何被認識、如何陶造你的生命、為生活存在提供一個理由，以及為事奉職事給予指導性方向的一門學問。

在學術態度上對學科欠缺正當理由的入侵，造成神學上經驗層面和反思層面的匱乏，神學生既在這種匱乏之下，不少神學院報告說神學生對靈修學的興趣有迅速增長的趨勢，這也就毫不出奇了。神學作為一門純學術科目這種觀念，迫使一些個人靈命建造和基督徒生活這類課題處於困境，然而需要強調的，是上述那些課題本來理應屬於「神學」這觀念的一部分。現在是歡迎它們回歸的時候，要達到這個目標，一方面需要重新發掘神學的整體意義；另一方面同時要肯定神學與靈修學之間的緊密關係應該予以保留。

在下面我們會分別從某些積極和消極的層面去探討神學與靈修學之間的關係。

關係上的積極層面

基於為了分析的目的，就讓我們假設神學可以僅僅被設想為對基督教信仰的基本學說的系統性分析，那麼，這種理解對靈修學有何相關性？

神學所扮演最重要的角色是要建立一個架構，好使靈修學能在這架構之內去著手建立自己。基督教真的不能被看為只是一套模糊不清和雜亂無章的態度和價值觀。基督教的核心，事實上是一連串惟基督教特有的信念。「人論」就是一個最佳例子。人的本性與命運的教義，通常稱為「人論」。所有關於基督教對人性的思考的一個核心主題，就是惟有透過人與上帝的關係才能理解人的真正本性與命運。另一個較為世俗的進路，則會強調人性的自主性，而上帝則被視為跟人的自我完滿實現和身分之事毫無關係。我們在本書稍後的篇幅會較詳細地探討這個課題（參本書頁72～83）。不過，在這裏或許我們仍然強調，基督教靈修學必須建基在以下這種信念之上：惟有透過投身在與上帝的深層關係中，人才能完全達到自我的完滿實現。

因此，「信經」在基督教內扮演重要角色絕非偶然，它們提供一條非常明確清楚的思路，說明基督徒所相信的上帝及對人性的理解，亦為靈修學指出了最合適的兩個重要主題（即上帝與人性）。在基督教內，關於「信仰」一詞的意義存在著一個傳統以來的分歧，這種分歧可以理解為「信仰」一詞可以有兩種不同的意思（縱然這兩種不同的意思之間有清晰的關聯），至於這兩種不同的意思分別是：「信仰等於在上帝裏的信任」和「信仰等於實際上相信了甚麼」。（這兩種意思通常用拉丁文的常用語表達出來，分別是*fides qua creditur*〔相信本身這種主體行動〕和*fides quae creditur*〔信仰客觀的內容〕），信仰因而可被理解為同時包含意志力和智性兩種元素。

我們可以透過思考《使徒信經》來為上述這點作深一層的探討，也許《使徒信經》是其中最著名的一條基督教信經。《使徒信經》一開始就作出了「我信上帝」這樣一種斷言，從某一層面來説，這可以簡單理解為作出一個我肯定相信上帝存在的斷言。然而，當我們繼續讀下去，就會愈來愈清楚發覺信經正在不斷為關於上帝與耶穌一些非常明確清楚的事情作出肯定，而這些事情正正就構成了基督教的外形與內在本質。在西方教會，《使徒信經》被廣泛用來作為基督教信仰重要主題的簡明撮要。二十世紀期間，《使徒信經》已逐漸廣泛被東西方大部分教會接受為基督教信仰有約束力的一份聲明，儘管事實上在其內容中「降在陰間」和「聖徒相通」這兩句説話（在此以括號〔 〕標示）沒有在東方教會版本的信經中出現。在這一章的較後部分裏，我們會再探討這份信經中某些條文對靈修學有何相關性的問題。

《使徒信經》

1 我信上帝，全能的父，創造天地的主；

2 我信我主耶穌基督，上帝獨生的子，我們的主；

3 因聖靈感孕，由童貞女馬利亞所生；

4 在本丟彼拉多手下受難，被釘於十字架上，受死，埋葬，〔降在陰間〕；

5 第三天從死裏復活；

6 升天，坐在全能父上帝的右邊；

7 將來必從那裏降臨，審判活人死人；

8 我信聖靈；

9 我信聖而公之教會，我信〔聖徒相通〕；

10 我信罪得赦免；

11 我信身體復活；

12 我信永生。

這裏所提到最基本的要點，其實是神學在基督徒生活和行為上具有很重要的影響力，在不同類型的基督徒之間所存在神學觀點上的不同，其實同時在其背後亦已經存在著不同風格的基督教靈修學之間的某些重要差異，這些問題在整本書不同的地方會繼續不斷地探討。為了要闡明神學對靈修學的重要性，我們會思考下列兩項信念，其中一項屬於基督教；另一項則屬於非基督教。

1. 世界由上帝所創造。
2. 世界由反抗上帝的邪惡勢力所創造。

第一種是傳統標準的基督教信念；第二種則代表二世紀愈來愈有影響力的其中一種類型的諾斯底主義的信仰（參本書頁63）。為了要明白神學對靈修學的重要性，我們有需要提出以下問題：當我們接受上述任何一種信念時，它為我們所帶來的生活方式究竟有何分別？

第一種信念鼓勵我們肯定自然世界是幫助我們更多地了解上帝的一種途徑，因而鼓勵我們需要探索自然世界。如果這個世界真的是上帝所創造的，上帝的（所謂）「簽字（或譯印記）」應該有可能在創造秩序中找到。就著這點阿奎那如此說：

> 對〔上帝〕工作的沉思最低限度能促使我們去讚賞和反思上帝的智慧……因而我們能夠從對上帝工作的反思來推論上帝的智慧……這種對上帝作為的思考，導致我們讚美上帝崇高的力量，並由此帶來激發人心之內對上帝的尊崇之結果……這種思考同時又激勵人的靈魂去愛上帝的美善……如果受造物的良善、美麗和奇妙是如此地使人的心靈獲得愉快之情，美善之源頭即上帝本身之美善（相對於在受造物之中所找到的點滴美善）自然更會激動人的心靈完全投入在上帝的美善之中。

因此，我們便能夠透過創造之美的小溪，來認識上帝猶如急流般的壯美。此外，創造並非如上帝般接受人的敬拜，只是由於它**屬於上帝**而被賦予榮譽。我們就此便能看到一種基督教生態學的進路隨即出現，如果世界屬於上帝而並非屬於我們，則我們的職責就只是管家：我們只是培育照料屬於上帝之物而已，因為它不屬於我們所擁有，所以我們無權自私地去開發及剝削這被造世界。

第二種明顯站在相對立場的信念則引導我們認為投身世界最終會帶來離開上帝的結果，它鼓吹一種物質界是邪惡的觀念，因此凡是研究或關心物質世界的人，都是一些背叛上帝或故意肯定與上帝為敵的力量的人。因而最有可能達到救贖的惟一方法，就是從世界撤離出來，務求避免被世界邪惡的影響力所污染。上述這些情況，就在基督教歷史的研究中清楚反映出來，從二世紀某些形式的諾斯底主義正能準確地辨別出上述的那些態度，以及在中世紀期間，上述這類觀念也影響了一些不同類型的基督教。

由此清楚可見，神學實在會影響人對待世界的態度以及其生活方式。不過，必須留意的，是神學和靈修學的交往並非只是單向的，基督徒敬拜與祈禱的方式，對基督教神學也有重要的影響力。這種交往的本質，有時會以一句常被引用的拉丁文句子*lex orandi, lex credendi*（較自由的翻譯是：你如何禱告就影響你如何相信，或者一個較嚴格準確的翻譯是：禱告的律就是信仰的律）表達出來。這種情況在四世紀期間的亞流主義爭論中尤其清楚可見，這點我們即將會再作深入詳細的思考（參本書頁95～103）。在這裏我們首先指出一件事實，基督徒對耶穌基督的敬拜和禱告，已被視為調適基督教內對耶穌身分和重要性的理解的元素。

如此說來，若能正確地理解（這種條件具有相當重要性），神學和靈修學之間確實有正面的關係。對阿奎那來說，神學的源頭來自上帝，神學談及上帝，也引領人歸於上帝。在本書稍後部分，我們將會對神學和靈修學之間的正面交往關係的不同層面，特定參考基督教教義的七個範疇作進一步的探討。然而，仍有一件重要的事，就是要覺察到它們的關係也並非經常都是和諧的。有時，由於西方一些關於抽離和中立性的觀念入侵神學，便會帶來彼此關係上的緊張；有時，它又會造成對神學界限產生不耐煩的結果。在下面我們會探討神學和靈修學之間交往上潛在的負面因素。

關係上的消極層面

正如稍前所提到，西方基督教神學通常都明顯地以對基督教信仰內容作學術性反思的形式出現。換句話說，神學就是關乎知識、反思和玄思之事。尤其在現代西方的學術背景底下，這就會帶來兩項嚴重的困難。

1. 神學由於愈來愈關注知性上複雜的事物，便令它忽略了基督教信仰關係性的層面。
2. 由於西方學術界要求做學問的方法應該重視抽離和不受個人情感影響，因而削弱了神學與祈禱之間的聯繫。

承認上述各項確實是要面對的困難，已經有相當一段長時間，我們會從豐富的基督教靈修學傳統去逐一解說。

第一，我們考慮到神學逐漸全神專注於抽象觀念而導致與活生生實在的上帝失去接觸的危險，十五世紀期間多瑪斯·肯培（Thomas à Kempis，約1380～1417年）特別清楚地帶出這點。在中世紀期間，三一神學成為神學上相當重要的玄思性的學科，三一論更間中被視為與數學上的難題或邏輯上的謎差別不大。多瑪斯極力反對這種趨勢，他認為神學所應扮演的正確角色是引領人去愛上帝、悔罪和帶來生命的改變。在他的《效法基督》（*Imitation of Christ*）一書中，多瑪斯展示了一套強烈反玄思式的處理基督教信仰的進路，堅定地表明需要順服基督，而不是沉溺飛翔於智性的空想世界之中。多瑪斯敦促他的讀者避免思想三一論，因為對三一論的玄思正被他挑選出來作為上述這類偏重玄思的例子。

你若會討論三位一體上帝的深奧理論，卻因欠缺謙卑的心而使三一上帝不喜悅，這對你有甚麼益處呢？徒然說些深奧的說話，不能使你成義成聖，或得到上帝的愛，惟有充滿德行的生命才能討上帝的喜悅。徒然知道悔改的定義，莫如內心感到痛悔。就算你能背出整本聖經，並知道所有哲學家的理論，而仍欠缺了上帝的愛和恩惠，又有何用呢？除了愛上帝和專心事奉祂之外，「虛空的虛空，凡事都是虛空」（傳十二8）。最高的智慧乃在於輕看塵世，投奔天國……追求知識固然是人之常情，但有知識而不敬畏上帝，又有何用呢？一個謙卑事奉上帝的農夫，強過一個能考究天象卻不理會自己靈魂的狂妄自大的學者……我若擁有世間所有的知識卻沒有愛，這在那位要按我的行為審判我的上帝面前又有何用呢？所以應當停止過度渴求知識的念頭，因為這樣只會帶來相當大的憂慮和迷惑。有學問的人經常很渴望在人前顯露自己的智慧並讓人稱讚。但有很多的事情，是於靈魂少有或全無用處的。事實上，專注意那些與得救無關之事的人是最愚拙的。

留意多瑪斯強調知識的限制及其益處時所表現的態度，知識並非一定是好的東西，它有可能使我們的注意力從上帝身上轉移往別處，也會成為人狂妄自大的試探。

第二種危險（我們較早前提過），乃關乎西方學術界愈來愈將抽離看為學術上公正不偏態度（academic integrity）的必要條件，所有學科（諸如神學、哲學和歷史）的研究並不要求在學生身上有任何事先的承諾與委身。通常這類方法都被賦予「客觀」的特徵，意思是濾清了任何在學生身上事先的承諾與委身，好讓他們能對該學科獲得一個更準確和沒有偏見的理解。然而，基督教靈修學已公認正正有上述那種對基督教信仰的投入委身作為前設！因此，靈修學和一種以抽離的方法所建構的神學之間存在著一種張力。然而，這不是做神學的惟一方法，修道院和神學院應該在它們的學生身上培養一種委身於基督教信仰的意識，從而為靈修學的發展創造一個理想的學術環境。

以抽離的方法所建構的神學，會為靈修學帶來負面含義，這種觀點是由不少西方靈修學作家提出的，他們對在學術研究工作中為神學培養「中立」的態度這種趨勢提出批判。我們會將注意力放在兩位對以上的趨勢持批判態度的作家身上，他們都主張追求神學和沉思的整合。

第一個例子是托馬斯·梅頓（Thomas Merton，1915～1968年），他是一位熙都會隱修士（Trappist monk），對現代西方靈修學有重要的影響。梅頓肯定沉思和神學兩門學問之間有緊密的聯繫，因此必需肯定和承認它們各自之間的相互好處。

> 沉思默觀（本來就和神學沒有對立）事實上就是神學常態下的完美實現（normal perfection），我們一定不能將對神性啟示真理的知性研究，跟對這種真理的沉思經驗分開，好像以為它們永遠不能夠跟對方在一起做任何事一樣。相反，它們僅僅就只不過是一體兩面。教義神學與神祕神學，或神學與「靈修學」，都不是被設定在互相排斥對方的範疇之內，彷彿神祕主義專為神聖的女士而設，

而神學研究則專為講求實際可惜卻毫不神聖的男士而設一樣。這種錯誤的劃分，或許也能充分解答到，神學和靈修學兩者實際上均欠缺了甚麼，但始終兩者畢竟是彼此相屬的，除非它們聯合在一起，否則神學便欠缺了熱誠、生命及屬靈的價值觀；從另一方面來說，在沉思默觀的生活裏，也會欠缺實質內容、意義和確定的神學取向。

留意梅頓如何為神學和靈修學兩門學科之間製造一種聯繫，並指出將它們人為地分開只會抹煞了它們彼此互為作用的優點。梅頓講過，如果只是單獨地研究或追求神學或靈修學的學問而毋須以對方作為參照對像，那是危險的。嘗試用自己的文字將上述的危險撮錄出來，對你或會有幫助。

第二個反對這種趨勢及關注其嚴重後果的例子是另一位著名的福音派神學家巴刻（J. I. Packer，1927年～），他對靈修學與神學的正面關係因而有以下的評語：

我對系統神學的主要內容單單概念化為有關上帝的啟示性真理的恰當性提出疑問，我亦挑戰經常伴隨這樣一種形式的語句的假設：即那些資料好比其他科學化的資料一樣，最好就是在一種冷靜和客觀的抽離狀態下去研究。試問從何處抽離出來？為何要從相信、關愛、敬拜、順服、服事和榮耀上帝這些關係性的行動中抽離出來：這種行動是一個人真實活在上帝的臨在中，真實被祂呼喚作為談話的對像時，或每一次打開聖經，或反省任何神聖真理時實現的結果。這種行動……繼續進行，猶如教義的研究只會透過引介屬靈操練的事情才可混在一起；它是挑起……認識有關上帝的真正觀念和認識那真實的上帝本身兩者分裂的因由。

留意巴刻如何批評純粹從資料性的角度來看待神學的問題，他認為若然正確地理解神學，神學應該是關係性的。嘗試用自己的文字將巴刻對神學中立化的追求之關注撮錄出來，對你或會有幫助。你可能會問神學與敬拜之間的關係如何說明這概括的要點。

因此，對神學和靈修學之間關係的理解，顯然有部分落在神學究竟如何被理解這事情上。對靈修學所生發的新的興趣，說明了有些人覺得對神學的理解之表現不足是近年出現的事情，部分原因是基於它們與信仰生活欠缺連繫的緣故。

為了對這件事情有正確的了解，在下一章，我們會就著基督教神學七項重要主題的屬靈向度進行探討，強調神學和靈修學這兩門學科之間不可或缺的連繫。

進深參考書目

可以從下列書目探討神學和靈修學之間互相影響這特定議題：

Louis Bouyer, *Introduction to Spirituality.* London: Darton, Longman and Todd, 1963.

J. de Guibert, *The Theology of the Spiritual Life.* New York: Sheed & Ward, 1953.

Bradley Hanson, "Theological Approaches to Spirituality: A Lurtheran Approach", *Christian Spirituality Bulletin*, Spring 1994, 5 ~ 8.

Andrew Louth, *Discerning the Mystery: An Essay on the Nature of Theology.* Oxford: Oxford University Press, 1983.

Robin Maas and Gabriel O'Donnell, "An Introduction to Spiritual Theology: The Theory that undergirds our Practice", in R. Maas and G. O'Donnell eds, *Spiritual Traditions for the Contemporary Church.* Nashville, TN: Abingdon, 1990, 11 ~ 21.

Eugene Megyer, "Theological Trends: Spiritual Theology Today", *The Way* 21 (1981), 55 ~ 67.

James I. Packer, "An Introduction to Systematic Spirituality", *Crux* 26 No. 1 (March 1990), 2 ~ 8.

Wolfhart Pannenberg, *Christian Spirituality and Sacramental Community.* Philadelphia: Westminster Press, 1983.

Sandra Schneiders, "Theology and Spirituality: Strangers, Rivals or Partners?", *Horizons* 13 (1986), 253 ~ 274.

Philip Sheldrake, *Spirituality and Theology: Christian Living and the Doctrine of God.* London: Darton, Longman and Todd, 1998.

Terry Tastard, "Theology and Spirituality in the Nineteenth and Twentieth Centuries", in P. Byrne and L. Houlden eds, *Companion Encyclopaedia of Theology.* London: Routledge, 1995, 594 ~ 619.

Geoffrey Wainwright, *Doxology. The Praise of God in Worship, Doctrine and Life.* New York: Oxford University Press, 1980.

Edward Yarnold, "The Theology of Christian Spirituality", in C. Jones, G. Wainwright and E. Yarnold eds, *The Study of Spirituality.* London: SPCK, 1986, 9 ~ 17.

4

靈修學的神學基礎：案例研讀

在上一章裏，我們已思考過關於基督教神學和靈修學之關係的一些一般性課題。基於先前這些思考，探討與靈修學有關的基督教神學某些層面的內容，必定會有一些得益。必須強調的是，這裏不能為基督教神學提供一個全面性的説明，所能做的只是去研究基督教神學中公認對靈修學具有相當重要性的七項範疇，嘗試説明神學和靈修學以甚麼方式在這七項範疇內相互影響對方。至於基督教神學另外一些部分（例如關於教會的本質和聖禮的功能）雖然在靈修學內也扮演重要角色，可惜在本書內不能完全探討。

以下每一項神學範圍的探討，都會得到相同的對待，就是將問題討論的重點盡量弄得明白易懂。在下面每一案例中，都會以對某教義的**闡釋**作為開頭，會包括思考該教義的聖經基礎，以及它以甚麼方式在繼後的基督教神學反省的豐富傳統內發展下去。再跟著便探討教義的**應用**：即是該教義對基督教靈修學有何潛在的相關性，討論的目的是要展示神學以甚麼方式支撐、維持和激發基督教靈修學的思想。最後，會**提供一個例子去說明**該神學主題如何被套用在基督教靈修學之內，而討論的焦點將會集中在某一個作家所採用的方法之上。只揀選個別作家去介紹其方法，並非有意暗示他們比其他人更優越，不要忘記不少其他作家也可以被邀請作為例子去說明所要說的觀點，我們的選擇完全基於他們表達其神學的清晰度，盡可能解釋得簡單，好讓還處於入門階段的讀者能夠掌握到當中的觀點。

把這些話都記在心上，然後讓我們轉去思考第一個重要的範疇：創造論。

創造

雖然「創造」這觀念能夠在古典的世俗哲學中找到，例如在希臘哲學家亞里士多德（Aristotle）的作品中找到，但一般來說它都被視為一個宗教獨有的觀念。世界被創造，這一個觀念是宗教觀念中，其中一個最具基礎性的觀念。在世界不同宗教中可以找到不同的表達，古代近東宗教通常以一位創造神跟混亂的力量之間的衝突這種方式來表達創造這觀念。創造論佔主導的表達形式均與猶太教、基督教和回教連在一起。在下面我們會思考這教義的基本特徵。

闡釋

「上帝是創造主」這個主題在舊約聖經內非常重要，注意力通常集中在創世記頭兩章所記載的創造故事上面，這兩章正正也就揭起了舊約正典的序幕。無論如何，仍然必須要覺察到，創造這主題乃深深埋藏於智慧文學和先知文學中。將上帝視為創造主此一理解，在舊約聖經中所能找到最全面的表達，是約伯記三十八章1節至四十二章6節。這段經文強調上帝作為世界的創造主和維持者的角色。「上帝是創造主」這個觀念在兩種語境中出現，這兩種語境雖然相關，但我們仍可分辨出這兩種不同的語境：第一，某些語境反映了在以色列的個人和集體敬拜內對上帝的讚美；第二，某些語境強調創造世界的上帝同時也就是把以色列從奴役綑縛中解放出來，並不斷維持供應以色列直到今日的上帝。

正如我們已經提過，上帝是創造主的教義基礎乃牢固地建立在舊約聖經上（例如創一～二章）。在神學史裏，上帝是創造主的教義經常和舊約聖經的權威性連在一起。一直以來，舊約聖經為基督教所帶來的重要性，通常乃建基於下列一件事實上面：舊約聖經所講的上帝，也就是在新約聖經內所啟示的同一位上帝，創造主和救贖主是同一位。從二世紀期間愈來愈具影響力的諾斯底主義這個案例可以看到，諾斯底主義對舊約聖經權威和上帝是世界的創造主這個觀念同時作出強勁的攻擊，我們在下面將會探討這攻擊帶來的重要性。

對諾斯底主義而言，在其佔大部分的重要類型中，都會為兩個不同的神之間畫出一條清楚的界限，其中一個是將人類從世界中救贖出來的上帝，另一位則是在起初時創造世界的某程度上次一等的神（通常稱為「德繆哥」〔the demiurge〕）。諾斯底主義者認為舊約聖經講及那位次一等的神，而新約聖經則與那位救贖主有關。就是這樣，在初期階段對上帝是創造主的信念便和舊約聖經的權威性互相連繫在一起。在初期處理這個主題的作家中，里昂的愛任紐特別具有重要性，由於他大力維護基督教而與諾斯底主義者拆抗。

里昂的愛任紐（Irenaeus of Lyons，約130～200年）

可能出生於小亞細亞，約一七八年被任命為法國南部城市里昂的主教，他最著名的著作要算是《反異端》（*adversus haereses*），在這書中表現了他維護基督教信仰而反對諾斯底在神學上錯誤的主張。

其中一個最明顯的爭論集中在是否從無中創造（*ex nihilo*）的創造觀上。柏拉圖在他其中一部對話錄《蒂邁歐篇》（*Timaeus*）中，發展了世界乃是從先存的物質中被造的觀念，然後這種先存的物質就被賦予今日這個世界的形式而加以塑造。這種觀念為大部分諾斯底主義作家所採用，而二世紀一些基督教神學家如殉道者游斯丁（Justin Martyr，約100～165年），則繼續跟隨他們的路線。這些作家確認先存物質的存在，將這些先存物質塑造成這個世界，就是他們所理解的創造行動。換言之，並非從無中創造萬有。相反，創造只可被視為建基於已經在手頭上現成擁有的物質的一項建構行動，就好比一個人從雪堆中建構一間愛斯基摩人的圓頂小屋、或從石頭中建構一間屋一樣。因此，便站在先存物質難對付這種頑強性的基礎上，去解釋邪惡為何存在於世界中，上帝創造世界時，祂的選項也被手頭上可供應用的物料之差劣質素所限制，在世界內邪惡或缺陷之存在因而不能歸咎於上帝，而應歸咎於那些建構世界的物料本身之缺陷。

然而，由於跟諾斯底主義的紛爭衝突，便被迫要對這課題作重新的思考，部分原因在於從先存的物質中創造這觀念因為跟諾斯底主義連上關係而受到質疑；另外部分原因在於對舊約創造故事愈來愈深奧複雜的解讀而帶來對上述看法提出疑問。一些作家諸如安提阿的提阿非羅（Theophilus of Antioch）則堅持從無中創造的創造觀，這種創造觀從二世紀末以降獲得優越的地位，從這時起直到如今，它被教會接受為正統的教義。

因此，一種上帝與被造界之間的極端二元論終被瓦解，轉為贊成能夠從自然界的秩序中辨別上帝的真、善、美（借用影響當時不少作家的柏拉圖式三元組合的講法）。這種觀點關係到這個大自然的秩序是上帝建立的成果。舉例來說，俄利根（Origen，約185～254年）主張，由於世界是上帝所創造，而上帝為大自然秩序建立一個結構所用的方法，乃是人的思維所能明白的，祂賦予這受造界一種源自及反映上帝本質自身的內在理性和秩序。

在五世紀末葉，基督教圈子內已逐漸廣泛地建立了三種主要構想上帝創造行動的看法，我們會簡單地評論，並指出它們對我們的主題的相關性。

1. **流出（Emanation）**。這名詞被初期基督教作家廣泛用來澄清上帝與世界的關係，以及關於神聖邏各斯的觀念。雖然柏拉圖或普羅提諾（Plotinus）沒有用過這名詞，但不少贊同不同形式的柏拉圖主義的教父時期之作家，都認為這名詞是一個表達柏拉圖思想睿見的就手和適合的方法。主導這種方法的意象是從太陽中發射出來的光與熱，或者是一種人類的資源，例如火這類的東西。這種創造的意象（在《尼西亞信經》中「從光出來的光」這句句子中已有暗示）主張，世界的創造可被看為上帝創造能力的溢流出來，猶如光源自太陽而又能反映太陽的本質，因此受造世界既是源自上帝又能表達上帝神聖的本質。站在這個模式的基礎上，我們可以說在上帝與被造界之間有一種**自然的**或**有機的**聯繫。

然而，這模式有其缺點，其中兩個缺點我們需要留意。第一，那從太陽中發射出來的光或從火發出來的熱的意象，暗示了創造是一種不自願地流出，而不是在意識底下經意志決定的過程。但基督教傳統一貫強調創造活動有賴上帝在創造之前先有的意志決定，而這個模式正正不能恰當地將這種觀念表達出來。這就很自然地帶來第二個缺點，這缺點與正在談論的這模式的非情格化（impersonal）的本質有關。情格化的上帝這觀念，即是指到在創造活動及隨之而來的受造物本身所表達出來的上帝的性情，很難透過這意象傳遞出來。雖然如此，這模式確實清晰地表述了創造者與被造物之間緊密的聯繫，引導我們預期會在受造界中找到一些屬於創造主的身分和本質的東西。因此，上帝的美預期會透過被造物的本質反映出來，這個主題在初期中世紀神學特別具重要性，而在巴爾塔薩（Hans Urs von Balthasar，1905～1988年）的後期作品中，這個主題的重要性再次被呈現出來。

2. 建構（Construction）。不少聖經經文將上帝描寫為精心細意地建構世界的高超建造者（例如詩一二七1），這意象能夠非常有力地傳遞出下列觀念：上帝有目的、有計劃，以及懷著謹慎考慮的意向去創造世界。這意象非常重要，因為它能將注意力同時集中在創造主與受造物身上。除了能夠帶出創造主的技能之外，再加上亦能容讓受造物的美麗和秩序得到欣賞與重視，既能讓受造物成為其本身之所是（what it is in itself），又能見證其創造者的創造性和照料護理。

然而，這意象也有其不足之處，這不足之處與較早前提過柏拉圖的對話錄《蒂邁歐篇》的論點有關，《蒂邁歐篇》將創造描寫為一個需要牽涉先在的物質在內的一個過程，創造被理解為對一些早已現成存在的東西賦予形狀與方式而已，我們曾經看過這種觀念，它最低限度為從無中創造的教義帶來某程度上的張力。上帝作為一位建造者這個意象，似乎暗示了世界是由一些現成存在於手上的物料裝配組合而成，但這樣一種看法有明顯不足之處。雖然如此，儘管面對這輕微的難處，仍然可以見到這模式表達了一種洞見，就是創造主的性情以某些方式在自然世界中表達出來，猶如一位藝術家的特色亦可透過其作品傳達或體現出來一樣。特別是「秩序」這概念很明顯受到這模式的確認，意思是將一種連貫性或結構傳授或加諸於物料身上。在基督教背景內，無論「創造」這複雜的觀念有沒有任何其他的意思，它卻肯定地必然包括秩序這基礎性的主題，這觀念在舊約的創造故事裏尤其重要。

3. **藝術上的表達（Artistic expression）**。在教會歷史上不同時期，不少基督教作家提到創造時，都將它與一件藝術作品相比，除了它本身的美麗之外，亦同時表達了它的創造者的性情，因而都會將創造說成是「上帝親手造成的傑作」。將創造說成是上帝這位創造主「藝術上的表達」這種模式，特別表現在十八世紀一位北美神學家喬納森·愛德華滋（Jonathan Edwards，1705～1758年）的作品上面，我們現在馬上會討論。

上述這種意象對我們的創造觀具有深刻的幫助，它補足了前面所講兩種模式的缺欠——即它們的非情格性（impersonal）的特色。上帝作為藝術家這種形像／意象傳達了一種觀念，就是上帝在創造一些美麗事物時所顯出的情格性表現。不過，一個潛在性的弱點也需留意：舉例來說，這模式會很容易導致上述那種從先存的物質中創造的觀念，猶如一位雕刻家從一大塊現成已經存在的石頭中雕塑出一座雕像一樣。無論如何，這模式畢竟最低限度也為我們思想關於從無中創造這觀念提供了一種可能性。猶如一位作家要寫一本小說，或者一位作曲家創作一首悅耳的樂曲與和諧的音調一樣，它也能激勵我們去尋找上帝在創造中的自我呈現，以及為「自然神學」（乃指到可以透過大自然去認識關於上帝的事情這種觀念）添加神學上的可信性（theological credibility）。在創造作為「藝術上的表達」這概念和那個非常重要的概念——「優美」，之間（後者也是任何講創造的基督教進路中明顯地佔顯著地位的概念）亦存在著一種很自然的連繫。

應用

創造論對基督教靈修學有許多重要的含義，我們會關注其中特別重要的兩項。第一，創造論肯定了被造世界是好的；第二，創造論肯定了人能透過上帝的創造認識關於上帝的一些事情。在下文將會逐一探討。

諾斯底主義者認為物質世界是邪惡的，因而只會玷污人性（見本書頁62）。而創造論則肯定物質世界由上帝創造，因而從某方面反映了上帝的美善，這點對基督教靈修學有很重要的含義。舉例來說，它確認了未必需要從世界中撤離出來才能保證救贖得以實現，或未必需要從世界中撤離出來才能叫做合宜地事奉上帝。在現代靈修學中，其中一個最有趣的發展是不同形式的靈修學之出現，這些形式特別對準那些在職場（market place）中工作的人並專為他們而設，好讓他們就算繼續在明顯地有宗教背景（例如修道院或神學院）以外的地方工作，仍能完全活出基督徒的生命。它同時又肯定關懷世界（包括環境和人）在屬靈上具有深刻的重要性，因而為環境和福利工作提供一種主要的動力。

創造論也能刺激人借助研究大自然作為認識更多關於上帝的智慧與尊榮的途徑。經常有人提到創造論為自然科學提供一種主要的刺激因素。研究被造世界，能提升欣賞和讚歎創造主的智慧和榮美的能力。很少人不會被壯麗的日落景象、或繁星點點夜空的光輝、或阿爾卑斯山景色的浩瀚無際所感動。在上述每種情況底下，由創造所引起的驚歎感覺，具有很重要的屬靈意義，就著上帝臨在於受造世界中而帶來更大的驚歎感覺，這點在法國文藝復興思想家尚·博甸（Jean Bodin，1539～1596年）的作品中清楚表現出來，尤其是他的《自然宇宙的舞台》（*Universa naturae theatrum*）一書：

> 沒有其他理由可以解釋我們為何會來到這個世界的舞台，惟一的解釋是為了要明白那創造一切事物的最卓越的創造主，祂那值得讚美的大能、良善和智慧，若要這樣的事成為可能，則一定程度上要透過默觀宇宙的景象、所有上帝的行動及其個別的工作，以致更加熱切地在對祂的讚美中延展開去。

進一步與此有關的課題，乃關乎人性作為上帝的創造那具體明確的問題，這問題會在本章下一部分進一步探討，現在或者先就著我們的主題去概括地舉例說明創造論的重要性。

舉例說明

創造的優美這主題在整個基督教靈修學史內引起共鳴，賓根的希德嘉寫於一一六三至一一七四年間的〈上帝工作之書〉（"books of divine works"）正正用了很多點去提及這主題。對希德嘉得來說，「雖然我們不能看見上帝，但能夠藉著祂的創造而認識祂，正如由於人的衣服的緣故使我們看不見人的身體一樣。」

賓根的希德嘉（Hildegard of Bingen，1098～1179年）

她是路柏斯堡（Rupertsberg，近賓根）的女修道院院長，是中世紀其中一個最具影響力的女性靈修學作家，主要由於她的具有先知遠見的作品而被人記念，尤其是她那部名為《認識上主之道》（*Scivias*；或譯《西維亞書》）的書，當中包含了二十六個與大自然和宇宙的終局有關的景象。她亦曾製作過一些音樂作品和兩部醫學的專著。

關於上帝創造的美麗這一原則，其中一個最重要的應用，可以在愛德華滋的作品中找到，他是普林斯頓大學（Princeton University）首任校長，同時亦廣泛被喻為美國最偉大的神學家。愛德華滋從若干論點去展示上帝創造自然世界為的是讓人能夠欣賞上帝的奇妙和榮耀這件事實的重要性。

我們稱上帝本身就是無限的智慧是非常合適的，

祂以其智慧使萬物井然有序，以致能夠從祂的行動上聽到其智慧的聲音，這聲音會指導那些注視祂的人，也會更加直接地描畫並展示出那些屬於上帝本身及其屬靈國度的神聖奧祕與事物。上帝的行動不是別的，乃是上帝的一種聲音或語言，在屬於祂自己的萬物中，去教導那些有才智的存有。而且我們何不這樣想：祂除了會透過其他形式的行動，也會透過這樣形式的行動去進行教導和指引，即是透過其行動去展現神聖的事物，以及將它們描畫出來，尤其當我們知道上帝非常喜悅這種指導的方式的時候……如果我們將這些神聖事物的影子看為上帝的聲音，而這把聲音正是上帝故意透過那些神聖事物的影子來教導我們關於所有屬靈和神聖的事物，並去展示它有何卓越的優點的話，我們就會看到這把聲音是如何悅耳和清晰地將指引傳達到我們的心裏，如何將一些事物的印象留在我們心中並去影響我們的心懷意念，透過這種經歷，使我們好像聽到上帝正在向我們說話。我們不論身處何方，也不論我們變成怎樣，我們也許都能見到神聖事物卓越地呈現和展示出來。

留意愛德華滋如何將自然世界內美善的事物說成是「神聖事物的影子」。那些「神聖事物」（例如上帝的智慧和美麗）如果只是一些抽象的觀念，我們或許真的很難掌握和欣賞。不過對愛德華滋來說，上帝不會容讓我們只管去把握抽象的觀念；相反，我們能夠在被造界中看到這些神聖的真實如何在其中呈現及展示出來，因而那被造界能對其創造主作出見證。

喬納森·愛德華滋（Jonathan Edwards，1703～1758年）

迄今為止被廣泛譽為美國最重要的神學家，特別要注意的是，他從那些影響力不斷冒升的啟蒙運動觀念的角度，來為基督教作形而上學的辯護，以及提出一些傳統宗教改革教義的正面論述。

人性與人的終局

毫無疑問，能對人性作出了解，對任何形式（無論基督教也好，非基督教也好）的靈修學都非常重要。究竟人靈性上的滿足，是跟上帝在一起時尋找到，抑或遠離上帝才能尋找到呢？上帝會否在我們屬靈生命的發展上幫助我們，抑或我們需要透過我們自己無外力扶助的功德來達至滿足的境況呢？這兩條非常基本的問題（當然可以在這兩條問題外加上更多的問題）正好指出了對人性（包括其屬靈的能耐）及人類終局之理解，對基督教靈修學的重要性。在基督教的框架之內，同樣需要從上帝創造人，以及其最終與上帝同在這未來的終局這兩個角度底下，去理解人性及人的終局。因此，我們不如首先去思考在基督教傳統內討論這主題的不同進路作為起始點。

闡釋

在基督教對人性的討論中，一個重要的主題就是人乃按照「上帝的形像」被造這觀念（創一27），這觀念在基督教的釋經傳統中曾經成為相當多被討論的題目。一些諸如奧古斯丁這類的作家，主張「上帝的形像」應該被理解為人類理性思考的能力，這種理性的能力是在上帝智慧的樣式(likeness)內被塑造而成的。另外一些人則認為上述這觀念意味著神人之間存在一種相似性，而這種相似性正好成為他們彼此之間關係的基礎。如果人類在「上帝的形像」中存在，隨之而來的自然會是個別的人與上帝之間有可能存在一種關係。因此，救贖的過程可以被視為在跟上帝有一完全的關係中將上帝的形像帶進完滿實現之境況。

這觀念明顯跟靈修學有關。如果人被造時被賦予某種能力去與上帝建立關係，而上帝亦預期這樣一種關係應該存在和發展的話，則如何建立和培育跟上帝之間的關係便成為相當有趣的問題。因此，人性乃按上帝形像被造這主題便可視為基督教靈修學的基礎。

然而，在屬靈生命的發展中，上帝和人究竟各自扮演甚麼角色？屬靈成長應否是可以靠我們自己去實現的一件事情？抑或它要求我們去從別人或其他事情上尋求幫助才能實現的一件事情呢？

五世紀初期伯拉糾主義的爭論(the Pelagian controversy)，可被視為基督教傳統內，就著人對屬靈成長所作的貢獻與上帝對屬靈成長所作的貢獻彼此之間的關係所引起的爭論的一個里程碑。伯拉糾(Pelagius)是一位英國的修道士，於四世紀後期在羅馬定居，他深信當時教會內實在需要有改革。他注意到這時期不少基督徒在他們的宗教儀式上似乎表現得稍微有點馬虎了事，他認為一個人若能遵守上帝的律法，就意味著他同時也有義務要遵守上帝的律法。

伯拉糾主義的爭論發生在伯拉糾和奧古斯丁之間，也許最方便的做法是將這爭論以幾個標題的方式撮要下來。

1. **人的自主性**。對伯拉糾來說，人有完全的自由，包括有順服上帝道德律法的自由，因此，人不能如此行實在是不能原諒的。當上帝一早命令了人應該做甚麼之後，祂就不用再介入其中，因為人無需再倚靠外力幫助，他自己已擁有追尋上帝旨意的能力。伯拉糾因而認為信徒有能力履行律法（例如十誡），基於此，人便有絕對的責任去實踐出來。對奧古斯丁而言，由於罪的破壞力，人性已變得很軟弱和無能，引致人沒有可能再履行律法或實現上帝的旨意。知道上帝想要我們做甚麼並不等於有能力去達到或完成，對奧古斯丁來說，墮落的人性完全需要倚靠上帝的恩典才能得到救贖，也不能單靠自己達到屬靈的成長。信徒不可能單靠自己而能夠遵守上帝的律法，正正因著他們的無能為力而要指出他們在整個基督徒生命中需要上帝的恩典，也指出祈禱的重要性，從而確認人需要依靠上帝。

2. **罪**。伯拉糾認為個別罪行是由於不完全明白上帝對人的要求所帶來的結果，或者是出於其他人對罪行的模倣。人性基本上是善的，因此人不可能故意背叛上帝。伯拉糾因而指出上帝已經滿有恩典地提供了那些構成好行為的楷模，例如已在十誡中或耶穌基督的榜樣中提供了這些楷模，然後就讓信徒自己決定是否跟從這些楷模去行。對奧古斯丁來說，人性被原罪玷污了，他把原罪比作某種形式的先天性疾病，因此，人帶有罪性的個別行動，乃是一種從罪的潛在狀態外顯之結果，就好比病徵是病的結果一樣。當真正的問題仍然埋藏在深處，卻嘗試去醫治表面的徵狀（例如要求信徒完全地遵守律法）實在是說不過去的。對奧古斯丁來說，救贖必須牽涉人性的內在轉化更新，單單給予外在的指引或指導還是不能改變現況的。

最終迦太基會議（Council of Carthage，418年）或多或少傾向奧古斯丁的立場而解決了這場爭論，裁定人在救贖的事情上需要倚靠上帝，不能單靠人的努力就能達到。那由奧古斯丁提出並經迦太基會議確認的基本立場，可以從奧古斯丁一句口號撮要表達出來：「上帝沒有我們也可自己工作（operates），但祂也與我們合作（cooperates）。」這句說話可以被理解為上帝不用我們的合作也能為我們帶來悔改歸信，縱然如此，然而當基督徒生活的過程開始進行的時候，就會有上帝與信徒以某些方式合作的情況出現。就奧古斯丁這種觀點而言，靈修學因而就跟基督徒屬靈生命的發展有關，而基督徒的屬靈生命往往正被視為上帝與信徒合作的某些形式。對奧古斯丁來說，這種神人合作並非等同於一種**平等**的合作，彷彿上帝與信徒同時平等地扮演著一些艱巨的角色。奧古斯丁的立場其實是這樣的：在信徒生命更新和重生的過程中，上帝承擔主要和較為困難的部分，雖然如此，信徒在這過程中的貢獻縱然微小，卻仍是真實的。

自從五世紀以來，仍不停地圍繞同類的議題作出爭辯。鑑於這些議題本身的重要性，我們會集中從伯拉糾和奧古斯丁的一些原典中去較為詳細地探討他們不同的立場。在五世紀初期一封寫給一位羅馬貴族婦女戴美塞斯（Demetrias）的信中，伯拉糾主張既然上帝深知每個人的能力，因此神的命令就應該涵蓋了人的能力和責任。

〔我們不但沒有將上帝的命令視為一種特權〕……

反而向上帝呼喊說:「這太艱苦了!這太困難了!我們辦不到!我們只不過是人,肉體的軟弱攔阻我們遵行祢的命令!」這是多麼盲目愚蠢的行為!這是多麼粗鄙喧鬧的假設!我們這樣做,只是對上帝的雙重無知提出控訴——上帝對自己創造的無知及上帝對自己命令的無知。好像在說,上帝忘記了祂所創造的人類的軟弱,將我們無法承受的命令加在我們身上。與此同時,我們等於指控那位公義者不公義,指控那位聖潔者很殘酷。首先,我們埋怨上帝將不可能成就的命令加在我們身上;其次,我們會想像有些人因為不能成就上帝的命令而會被上帝定罪,因而認為上帝要懲罰我們多過拯救我們,這是多麼褻瀆上帝的想法!願上帝赦免我們……沒有人比賜我們力量的上帝更能知道我們有多少能力……由於上帝是公義的,上帝並不願意將任何我們辦不到的命令加諸我們身上;也由於上帝是聖潔的,上帝亦不會因為我們不能成就祂的命令而定我們的罪。

留意伯拉糾如何堅持上帝的命令必須建立在對人類處境的全然認識這個基礎上面,人性就是這樣的一種東西,它可以不用依靠任何來自上帝的干預或扶助的方式而能達致上帝所意願的至善。奧古斯丁的回應卻反映他對人類境況有不同的理解,他認為人性是墮落的,所以結果人必定不能達到上帝原初所想的目標。

原初被創造的人性肯定是無可指摘及沒有瑕疵

> 的；但現在我們每一位從亞當生下來的不健全的人性卻需要一位醫生。人生而具有的每一樣好東西，例如生命、感受與心智均來自上帝這位創造主。但人性的軟弱已令這些好的天賦品質變得灰暗無用，結果，這種人性需要上帝的光照與醫治。這種人性的軟弱並非來自無可指摘的創造主，而是來自人委身於自由意志的原罪。基於此，人犯罪的本性理應受到公平的懲罰。即使我們現在是基督裏新造的人，按本性而言我們仍然與其他人一樣是可怒之子。但是上帝卻有豐富的憐憫，甚至當我們仍死在罪惡過犯之中的時候，因著祂愛我們的大愛，與基督一同活過來，透過基督的恩典得蒙救贖。若沒有了基督的恩典，無論嬰孩或成人都不能得救。然而，基督的恩典不是靠功德賺取的，而是白白（*gratis*）地賜予，因而被稱為恩典（*gratia*）。

由此可見，奧古斯丁相當強調恩典作為一份禮物的意思，恩典對領受者來說是一些不配得的東西，甚至從本質上來說，恩典就是本應不配受的，它只不過反映了上帝無條件的恩典和慷慨，多過反映人性的內在完善與價值。

我們需要留意基督教傳統內，在屬靈生命發展裏，上帝與人所參與的行動之間的關係的三個主要立場。

1. **屬靈生命發展基本上是一種人的成就。**這種觀點某程度與伯拉糾有關，同時這觀點亦得到正統基督教內某些支持。有趣的是，約翰·衞斯理對這觀點持審慎的歡迎態度，他覺得伯拉糾強調基督徒追求完全這種需要不是錯的，基督徒的完全這觀念在衛斯理的「全然成聖」這教義中找到某程度上的支持證據。

2. 屬靈生命發展是人的行動與上帝的恩典合作之下的結果。這種觀點在奧古斯丁後期學說中可以找到，亦從他那句著名的格言中表達了這種觀點的精義：「上帝沒有我們也可自己工作，但祂也與我們合作。」這句名言表達了以下的觀念：人的皈依歸信是上帝的工作，但基督徒生活本身就以信徒和上帝合作（雖然不一定是一種平等的合作）的形式進行。

3. 屬靈生命發展是上帝的恩典在本質上被動的人性上作工的結果。這種觀點在不少改革宗作家之中可以找到，他們均特別強調上帝恩典在基督徒生命中所扮演的角色。

從上述這個簡單的分析，清楚可見不少對於人性的能力之不同理解均可在現代基督教裏找到。其重要性在於每種理解對基督教靈修學都會帶來不同的含義，上述的第一種立場受到希臘東正教的支持，但目前依然在西方基督教內受到不少的懷疑。第二和第三種立場在西方基督教內比較有代表性。接著下來，我們會探討它們如何被應用在靈修學上。

應用

我們已經提過「按照上帝形像」被造這觀念，如何對基督教所有關於人的本性與終局命運的理解均帶有深刻的含義。人**被上帝**創造**亦為了上帝**而被造，真正的目標乃在於完全實現跟上帝之間的關係。奧古斯丁以下一句名言可說代表了這種觀點的最佳精義：「因為祢造我們是為了祢，我們的心若不安息在祢懷中，便不會安寧。」也許這是基督教靈修學跟它的其中一個俗世相應對像（secular counterparts）之間的張力的其中一個最清楚的觀點。對基督教來說，欲想擺脫上帝作為參照架構去對人類的起源、發展或終局命運進行理解根本是不可能的事。

在下面的背景襯托底下，以上這種觀點的重要性可說最能表露無遺。而那背景就是，在西方的醫學研究裏面，愈來愈承認個人靈命對健康的重要性。愈來愈多實驗證據顯示在個人靈命和正面的治療成果之間存在著很強的積極相關性，目前愈來愈多北美醫學院設有「醫學與靈修學」的課程，這些課程主要處理醫療的屬靈層面。基督教對人性的理解，強烈地肯定如果不去考慮人跟作為創造主和救贖主的上帝之間的關係，人就不可能成為真正的人，也就是說，人不能成為上帝意欲人性之所是。這範圍需要更多的實踐，亦預期在可見的未來，靈修學與保養健康之間的相互聯繫之探索仍會繼續進行。

撇除其他學科單一地去考慮，人性的問題在基督教靈修學本身之內亦具有相當重要性。從下面的問題可見已經預設了對人性能力之理解：「能做何事來加深我們對上帝臨在的意識呢？」或「我如何更能接近上帝呢？」這些問題牽涉到以下一個問題：是否需要我們做一些事情、或上帝在我們身上做了一些事情、或者更應該說是神人合作一起達成了一些事情，才能促進屬靈生命的發展呢？

正如我們曾經提過，基督教神學內佔主流的意見都認為人不能促使或引發上帝恩典的出現，個別信徒只能透過不同途徑從上帝的恩典中蒙福。一個源自十二世紀神學復興時廣泛被應用的詞彙：「讓自己朝向恩典」，如此簡潔地說出這事情實包含下列兩句重要句子的意思：

1. 上帝的恩典並非由人的行動所產生；
2. 信徒透過下列不同方式的行為可以從恩典中蒙福：例如認罪懺悔、或在禱告和謙恭的行為中轉向上帝。

可以用兩個主要的類比來使上述這觀點表述得更加清楚，里爾的亞倫（Alan of Lille，1202/3年歿）主張，認罪懺悔對一個人來說是蒙受恩典的途徑。然而，認罪懺悔本身嚴格來說不能被視為產生恩典的原因，而只是蒙受恩典的要求（occasion）或途徑。

> 認罪懺悔確實是〔恩典〕的必要原因，即是說除非一個人願意認罪懺悔，否則上帝不會赦免那人的罪。就好像惟有打開一間屋的百葉窗，太陽才能光照那間屋一樣，打開百葉窗並非太陽照射的動力因，惟有太陽本身才是光照的動力因。雖然如此，打開百葉窗仍然是光照得以實現的理由。

里爾的亞倫所表達的論點可以簡要說明如下，太陽由始至終都讓光線照射著，雖然如此，惟有打開百葉窗，太陽光才能照射進那間屋的房間之內，打開百葉窗並非促成太陽照射的原因，事實上太陽在打開窗前已經不停地照射著。打開百葉窗只不過是讓光線進入並能照射屋內的一種方法而已，因此，除去光線照射的障礙，在照亮黑暗的房間這件事情上，確實扮演真正的角色。同樣道理，人可以清除阻擋上帝恩典降臨的障礙，由此便能在屬靈生命中發展和前進。

另外一個相關的類比是由中世紀末期一些傳教士發展出來的，當中包括凱撒斯堡的約翰·該拿（Johann Geiler of Keisersberg），從一四七八至一五一〇年他於斯特拉斯堡（Strasbourg；譯註：法國東北部城市）擔任座堂傳教士。該拿採用人張帆駕船出海的類比，人不能做任何事去令到海風吹動，這是人控制範圍以外的事情。然而，當海風吹動之時，人可以做某些事情以致能讓他從正在吹動的海風中得到好處：例如揚帆出航，或者將帆船轉向直接隨風而行。同樣道理，該拿認為信徒不能做任何事去促使上帝的恩典發生，儘管如此，他們仍能以屬靈生命成長和個人發展的方式為自己作出一些安排，好使自己能獲得上帝最大的恩典。因此，儘管承認成聖和更新最終極的源頭和成因仍在上帝裏面，但信徒仍要預期需要主動地在他們成聖和更新的事情上作出貢獻。

就算必須要承認上帝的恩典扮演著主要的角色，但上述兩個類比都預設了信徒需要在某一個位置上對他們屬靈生命的成長作出積極的貢獻。當這種看法被廣泛地視為大多數人的立場時，尤其是處身於根源自約翰·加爾文的新教改革宗傳統之內，仍能欣賞其他立場的存在實在是一件很重要的事。就著特別強調聖靈在改變人生命的事情上所扮演的角色這種進路而言，清教徒派的靈修學為這種進路提供了很好的範例，我們稍後會詳細討論（參本書頁172）。

舉例說明

相信很多人都同意，尚-皮埃爾·卡薩特（Jean-Pierre de Caussade，1675～1751年）為靈修學內神人交往過程中各自所扮演的角色這一課題提供了其中一個最好的研究。在他的《在上帝護理計劃中自我捨棄》（*Self-Abandonment to Divine Providence*）一書中，卡薩特提到「對上帝旨意和方法的動態降服」，這「動態降服」的片語指的是在屬靈生命的成長中神人互動過程的複雜性。一方面，實在有需要對上帝的護理計劃毫無保留地降服，讓上帝以其從上而來的手做掌管的工作。另一方面，降服這行為本身又實在是人的意志的行動，這種對上帝護理計劃的降服，因而會被看為人將其意志屈服於上帝的一種具主動性的決定，然後上帝才會將祂本來意欲賜予信徒的好處分給他們。信徒必須積極地分辨上帝的旨意，然後甘心樂意地順服它。

> 如果此刻要盡的責任就是閱讀一些書，那本書就會在心靈深處達到這神祕的目標。如果神聖的旨意要我們放棄閱讀而代之以沉思的行動，儘管閱讀既會帶來傷害又毫無用處，那種要盡的責任仍會在我們心靈深處帶來重生。如果上帝的旨意是要放棄沉思而去聆聽懺悔諸如此類的話（尤其要用一段頗長的時間！），那麼那要盡的責任會把耶穌基督建立在我們心靈深處，儘管沉思帶來的所有喜悅只會傷害祂……我們必須在完全的信心裏捨棄我們自己並降服於上帝的旨意。這神聖的旨意向著那些完全毫無保留地將他們的盼望放在這旨意裏的人、以及向著那些惟獨愛慕和追尋

這旨意的人、並向著那些以不會動搖的信與信心去相信的人，這神聖的旨意就無限地顯出其智慧、能力和仁愛，如此，在每一刻這神聖的旨意在我們身上所作的就真正是最好的果效。

三一論

三一論是其中一個最獨特的基督教教義，也是其中一個最難明的教義。接著下來，我們會嘗試將這教義主要部分的概括大綱簡述出來，主要集中討論有哪些因素引致三一論在初期教會的歷史發展。

闡釋

基督教三一論的基本主題是上帝的豐富（richness），以及不能以人的語言或意象去完全捕捉上帝不可思議的奇妙。即使上述描述關於三一論所扮演的角色這樣一句簡單的語句，亦已經點出它對基督教靈修學的重要性。在某一個層面來說，這教義非常難明已是眾所週知的事，尤其是那關於「三個位格和一個本體」的語句。然而，正如希坡的奧古斯丁曾經有一次這樣說：「如果你能夠了解明白，那就不再是上帝了。」因此，這教義可被視為避免以簡化或約化的進路去認識上帝的一種預防措施，事實上那些簡化或約化的進路往往無可避免會以掠奪上帝的奧祕、崇高和榮耀來告終。

雖然有兩段經文（太二十八19和林後十三14）肯定地可以開放容納一個較明顯的三一論式的解釋，但需要留意的是三一論這教義在新約聖經事實上沒有明顯地提過。上述兩節經文已經深深地植根於基督徒的意識當中，由於前者與洗禮有關，而後者則是基督徒祈禱和靈修時常用的語式。然而這兩節經文，無論放在一起看抑或分開來看，都幾乎不能設想可以建構出三一論這個教義。

然而，這教義的聖經基礎並非單單建立在這兩節經文之上，而是建立在新約聖經所見證的上帝作為的整個模式之上。聖父透過聖靈在基督裏啟示祂自己。在新約書卷中有表達父、子、靈之間非常密切的聯繫，新約經文一次又一次地將作為部分的三個位格連為一個更大的整體。似乎惟有將所有三個位格連在一起才足以表達上帝拯救的臨在和能力的整全性（舉例來說：林前十二4～6；林後一21～22；加四6；弗二20～22；帖後二13～14；多三4～6；彼前一2）。

在舊約也能看到同樣的三一論結構，在不少書卷內可以找到主要三種上帝的「位格化」（personifications）的觀念，由此自然地帶出基督教三一論的教義，這三種對上帝的描述為：

1. **智慧**。對上帝這種位格化描述最明顯的例子，尤其在智慧文學中可以找到，例如箴言、約伯記和傳道書。在這些書卷中，上帝的智慧這種屬性被當作仿似一有位格的人（person）來看待（因而有「位格化」這觀念），智慧既在上帝之外而存在，卻又倚賴上帝。智慧（順帶一提，它通常被視為陰性）被描繪為主動地參與創造的工作，並以它的特徵來塑造世界（見箴一20～23，九1～6；伯二十八章）。

2. **上帝的道（話）**。在這裏上帝的言說或論述這觀念被視為獨立於上帝之外而存在，卻又是源於上帝的一個獨立存在的實體。上帝的道（話）被描繪為介入世界，以上帝的旨意和目標去與所有人對質，從而帶來引導、審判和拯救（見詩一一九89，一四七15～20；賽五十五10～11）。

3. **上帝的靈**。舊約用「上帝的靈」這片語指到上帝在受造世界中的臨在和能力。這靈常被描繪成為臨在於那期待來臨中的彌賽亞之內（賽四十二1～3），並且也被描繪為當舊的創造秩序最終消逝之後，帶來代之而起的新創造的中介者（結三十六26，三十七1～14）。

嚴格來說，這三種上帝的「位格化」（"hypostatizations"；用這個希臘詞彙來代替英文"personification"這字）的觀念不能推論出三一論這教義。說得確切一點，它們乃是要指出上帝如何在創造中或透過創造而彰顯其作為和臨在的樣式，上帝在其中既臨在又超越。這足以證明純粹的獨一神觀根本就不足以包含這種對上帝動態的理解，而上帝這種行動的樣式正正在三一論裏表達出來。

三一論可被看為不斷地對聖經及基督徒經驗中上帝向人啟示自己的方式作批判性反思的成果。這裏的意思並不是說聖經中含有三一論這教義。而是說聖經所見證的上帝要求我們要以三位一體的方式去認識祂。

三一論的發展跟基督教對耶穌的身分和重要性的理解（尤其是與道成肉身這教義有關的理解）之演化，彼此之間存在著有機體的關係。教會內愈來愈清楚地存在著一種共識，認同耶穌與上帝是「本體相同」（*homoousios*）而並非只是「本體類似」（*homoiousios*）。但如果耶穌是上帝，就這個字任何有意義的意思來說，這字對於上帝又有何含義？

如果耶穌是上帝，是否意味著總共有兩位上帝？或者是否要徹底重新適當地思考上帝的本性？從歷史的角度來說，三一神論的發展與基督的神性的教義之發展息息相關。教會愈強調基督是上帝，就愈有壓力要去澄清基督如何與上帝關聯。雖然有些初期教會的基督徒作家企圖以一個簡單的上帝觀來思考，但隨著基督教對上帝豐富和具深度的理解不斷被發掘和表述出來之後，就愈來愈反映上述那種簡化的上帝觀的問題，對基督完全神性的確認可被視為通往三一論之路的里程碑。

正如我們已經討論過，新約聖經對上帝在基督裏透過聖靈的臨在與工作的見證，就是基督徒對三一論的反省的起始點。對里昂的愛任紐來說，救贖的整個過程，由始至終均見證了父、子、聖靈的工作。愛任紐用了一個日後在討論三一論時非常重要的名詞：「救贖的經世性」（the economy of salvation）。需要釐清「經世性」（economy）這詞彙，希臘文*oikonomia*基本上意即「整理安排某人的事務的途徑或方法」（與這詞彙的現代意義的關係因而非常清楚）。對愛任紐來說，「救贖的經世性」意即「在歷史裏上帝安排人類得以救贖的途徑」。

當時愛任紐受到來自諾斯底派批評者的壓力，他們主張創造主與救贖主有顯著的分別（前者較後者低級）。馬吉安（Marcion，約160年歿）是屬於反對愛任紐立場的一位極具代表性的人物，他支持舊約的神是一位創造的神，跟新約救贖的神完全不同。因此，基督徒可以不用理會舊約，而應該將注意力集中在新約之上。愛任紐猛烈抨擊及反對這種見解，他堅持整個救贖過程，由創造的第一刻到歷史的終結，均是同一位上帝的工作。救贖之經世活動只有一個，那獨一的上帝(既是創造主又是救世主)在其中進行拯救祂的受造世界的工作。

在他的《使徒宣道論證》(*Demonstration of the Preaching of the Apostles*)一書中,愛任紐堅持在救贖的經世活動中父、子、聖靈既獨特又相關的角色,他確認如下的信仰:

> 聖父非受造,祂是無形無體、不可見的獨一的上帝,是宇宙的創造主……是上帝的道,上帝的兒子,我們的主耶穌基督,祂……在時候滿足之時,成為人且住在眾人中間,使萬有在祂裏面同歸於一……毀滅死亡,帶來生命,使上帝與人和好……而且聖靈……以新的方式澆灌在我們的人性之內,為的是要在上帝所看見的全世界更新人類。

這段文字清楚帶出經世三一論的觀念,即是說,這是一種對神格本性的理解,在這神格內,每一位格都要負責某方面的救贖的經世活動,三位一體的教義絕非只是一漫無目標的神學思辨,而是直接建基於在基督裏得贖這複雜的人類經驗之上,並對這種經驗作出解釋的一種教義。

到了四世紀的下半葉,有關聖父與聖子關係的爭辯已告一段落。對聖父與聖子「在本體上的同一性」的確認,最終平息了亞流派的爭端,也在教會內部對聖子的神性之確認建立了一個共識。然而,進深的神學建構仍有待進一步發展,究竟聖靈與聖父的關係如何?聖靈與聖子的關係如何?對於聖靈在神格中不能受忽視一事,則愈來愈能達至共識。例如該撒利亞的巴西流(Basil of Caesarea, 約330~379年)和拿先素斯的貴格利這些作家,為聖靈的神性作出了有說服力的辯護，為三一神學的最後一項元素奠下了基礎並給予其應有的地位。父、子、靈的神性及同等性獲得共識，留下來的便是三一論模式的發展，好讓對神格的理解更能清晰可見。

一般來說，東方神學傾向於強調三個位格的獨特個別性，然後透過強調聖子及聖靈兩者都從聖父而來這一事實來維護神格的合一性。位格之間的關係是建基於那些位格是甚麼。因此，聖子與聖父的關係被界定為「受生」和「兒子」。奧古斯丁偏離這種進路，而寧願採用**關係性**的詞彙來理解位格。西方神學的進路因而較傾向於從上帝的合一性出發，尤其是在啟示與救贖的工作上面，然後以三個位格之間的相互團契的角度去詮釋三個位格之間的關係。

也許有人以為東方神學的進路會主張由三個獨立的行動者各自辦理不同的事情這觀點來構成三一論的學說。不過日後兩種神學上的發展已排除了上述這種可能性，即通常被稱為「互滲互存」（*perichoresis*）和「共同參與」（appropriation）這兩個觀念的發展。雖然這兩個觀念的成熟發展，要到三一論發展的後期才出現，但毫無疑問愛任紐和特土良（Tertullian，約160～225年）曾間接地提過這些觀念，而且在女撒的貴格利之著作中能夠找到更實質性的表達，現在就讓我們來思考這些觀念。

1. 互滲互存。希臘文*perichoresis*（拉丁文為*circumincessio*；英文為 mutual interpenetration）這詞彙在六世紀已廣泛使用。它指到在三位一體中三個位格以甚麼方式彼此建立關係，互滲互存這概念在堅持每個位格皆分享其他兩個位格的生命的同時，也容許位格的個別性存在。通常用來表達這觀念的意象是「存有的羣體」(a community of being),在這羣體之內,每一位格(person)一方面保存其獨特的身分,同時卻又滲透進入其他位格當中,而自己亦被其他位格滲入。

2. **共同參與**。形態論派(modalist)這異端主張,在救贖的經世活動中,上帝在不同時期就會以不同的「存有形態」(modes of being)來出現;因此,在某段時期,上帝以父的形態存在去創造世界;在另一段時期,上帝就以子的形態存在去救贖世界。「共同參與」這教義則堅持三位一體的工作是一個合一的整體;三位一體內每一位格在神格的每一個外顯行動中均共同參與。基於此,父、子、靈乃一同參與在創造的工作中,而並非單單父神的工作。舉例來説,希坡的奥古斯丁指出,創世記有關創造的記載提過上帝、道和靈(創一1~3),由此説明在救贖歷史的這一決定性時刻當中,三一上帝中的三個位格全都在場工作。

然而,設想創造是父神的工作也是適當的。縱然事實上三位一體中的三個位格都牽連在創造的事情上,不過將創造視為父神獨特的行動仍是恰當的。同樣,救贖也是整個三一上帝的工作,不過,將救贖視為聖子獨特的工作仍是恰當的。

將「互滲互存」與「共同參與」兩個教義放在一起,有助於我們將神格設想為一「存有的羣體」,在這羣體當中,所有三個位格分享、聯合、和彼此互換交流。父、子、靈並非神格內三個孤立、分歧的間隔組合,好像一間跨國公司的三個附屬部門那樣。相反,三個位格乃是神格內的差異鑑別，成為救贖的經世活動及人類的救贖和恩典經驗的證據。三一論確定了在救恩歷史和人類對上帝的經驗的複雜性之表層下面，存在著獨一的上帝，亦只有這獨一上帝。

在早期教會歷史中其中一件最重要的事件，要算是羅馬帝國內東西方教會在《尼西亞信經》上所達成的共識。《尼西亞信經》的目的，是要在教會歷史這段重要時期中，為教會營造教義的穩定性。在這份獲得一致共識的信經的其中一部分當中，指出聖靈「從父而出」。但到了九世紀，西方教會習慣地將這句話改為聖靈「從父**和子**而出」（黑體字乃作者自己強調的）。拉丁文*filioque*（「和子」）就是指上述加添的字及其想表達的神學，在現今西方教會內這已經成為一常規性的表達。這種聖靈「雙重源出」（double procession）的觀念，正是惹怒希臘東方教會基督徒的根源，對他們來說不但帶來神學理解上的困難，而且牽涉到擅自改動了一份被認定為神聖不可侵犯的信經的問題。不少學者認為，東方教會這種反感，甚至促成了約在一〇五四年出現的東西方教會的分裂。雖然這是一場重要的爭辯，也跟隨之而來教會合一的討論相關，但由於對我們討論靈修學這目標沒有舉足輕重的重要性，因此我們不會對這課題作進一步的探究。

應用

三一論這教義成為基督教靈修學內不少重要主題的基礎，可以將三一論看為基督教對上帝理解之表述的特殊進路，往往期望它能在**基督教**靈修學的眾多著作中突顯其特色，以下的主題就顯得特具重要性。

1. 基督徒對敬拜和祈禱的理解通常都是圍繞著三一論的架構來建立。舉例來說，基督徒經常說「透過基督在聖靈裏來敬拜上帝」。因此，該撒利亞的巴西流在他的論文《論聖靈》（*On the Holy Spirit*）中，認為上帝在創造、救贖和成聖中所有的行動都是「透過基督」和「在聖靈裏」發生的。這種講法為靈修學（特別跟祈禱有關）帶來有趣的含義，從三一論的角度來說，不能將祈禱看為純粹是人的活動，而是聖靈推動和激勵信徒轉向上帝。我們在新約裏能夠找到經文清楚地描述乃是聖靈驅使我們向「阿爸，父」禱告（羅八15～16）。

2. 三一論充分匯聚了基督教對上帝的複雜理解，以致能夠有一個更寬廣的視野來認識上帝，而對這認識惟一最合適的回應就是對上帝的敬拜和虔誠的祈禱。三一論將基督教的創造、救贖和成聖這些教義匯聚起來編織成一個整體。透過這種做法，為我們建立了對上帝的一種視域：這位上帝創造了這個世界，至於祂的榮耀可從自然秩序的奇妙奧祕中反映出來；這位上帝也救贖了這個世界，至於祂的愛可從基督溫柔親切的面容中看出來；同時這位上帝也在當下臨在信徒的生活當中。這樣說來，三一論這教義可以說是「保存了上帝的奧祕」，意思是確保基督教對上帝的理解不會遭到約化主義或理性主義的損害，巴西籍解放神學家里安納度·波夫（Leonardo Boff，1938年～）對這點有以下的看法：

> 從這個角度來看奧祕，才能促使我們明白奧祕如何引起敬畏之情，這種敬畏之情乃是對我們生活

中發展到至高最盡和最終極的事情之惟一可能應有的態度。它邀請我們擴張心靈而不是壓制我們的理性。它並非一種令我們嚇得啞口無言的奧祕，卻為我們帶來歡悅、歌唱和感恩。它也不是屹立在我們面前的一道牆，而是引領我們進到上帝永恆無限裏的通道。奧祕就好比一座峭壁：我們未必能攀登到頂峯，但我們卻能站立於峭壁腳下，觸摸它並讚歎它的美麗。與三一上帝之奧祕相遇也是如此。

3. 不少作家提過三一論如何模造一個在愛中連結，高舉平等的完美羣體。這個進路特別跟互滲互存這觀念有關（見本書頁88），上帝對被造世界的愛反映出上帝內在生命本身相互的愛。聖維克多的理察（Richard of St Victor）是中世紀神學家中其中一個傑出的典範，他探討上帝神聖生命之內三個位格彼此相愛對神學和靈修學有何含義。近年三一論中位格之間的共同平等性可被視為社會行動的基礎，尤其是與社會上平等的模式有關之事情。一些諸如波夫等神學家就特別參考拉丁美洲的背景來發展這些主題。

舉例說明

正如我們之前提過，其中一個跟三一論連在一起的重要主題，乃是確認基督教上帝觀的視域之闊度。在不少靈修學的作品中已經有討論過這個主題，不過特別在塞爾特式靈修學（Celtic spirituality）的著作中大力發展。塞爾特式靈修學是指到通常被稱為「聖培特里克的護胸甲」（St Patrick's Breastplate）這首古愛爾蘭的聖詩，傳統上都將這首聖詩當作是五世紀愛爾蘭一位被視為守護神的人物——聖培特里克所作。在這首聖詩內，不斷提醒信徒有關基督教對上帝的理解之廣度和深度，而且信徒正是透過信仰而跟這一位上帝連合。

今天我將自己連繫於
三一上帝強大之名，
透過禱告祈求這同一個名字，
三個位格在一個本體之內，同時一個本體在三個
位格之內。

然後這首聖詩繼續綜覽上帝在歷史中各種形形式式廣泛的工作，確認信徒透過信心所相信的那一位上帝就是同一位使世界存在的上帝。那一位以其臨在和能力成為自然世界存在基礎的上帝，就是同一位以其臨在和能力引進個別存在物的上帝：

今天我將自己連繫於
在星光照耀下天上的道德天使，
那耀目的太陽所照射下賦予生命的光芒，
均勻遍佈大地的月光之潔白，
閃電發出光芒的自由，
狂暴的旋風所引起劇烈的顫動，
安穩的大地，深邃的海洋，
圍著那古老永恆的岩石。

接著下來注意力就要轉去上帝在救贖上的工作。那一位創造世界（大地、海洋、太陽、月亮和星星）的上帝亦是

同一位在耶穌基督裏拯救世人的上帝，在耶穌基督的歷史裏，從祂道成肉身起到第二次復臨止，上帝不停工作去拯救世人。

我永遠將這一日跟我連上關係，
透過信仰的能力，基督的道成肉身；
祂在約旦河接受洗禮；
祂為著拯救我的緣故而死在十字架上；
祂從加有香料的墳墓中突然顯現；
祂離開了原地升上天上去；
在最後審判之日祂會回來；
今天我將自己連繫於此。

信徒因而被邀請去反思耶穌基督的歷史：祂的道成肉身、受洗、死亡、復活、升天、以及在末日最後的降臨。培特里克確定所有這些都是那同一位創造世界的上帝的行動。

最後，那首聖詩確定那位叫宇宙存在成形，以及透過耶穌基督的歷史那一連串偉大的事件拯救世人的上帝，跟那位依然與信徒同在，於此時此地支持和加強他們力量的上帝是同一位上帝。

今天我將自己連繫於
上帝支持和引導的能力，
祂以祂的眼睛去看顧，以祂的權能去維持，
以祂的耳朵去傾聽我的需要。
我的上帝以其智慧來教導，
用祂的手來引導，以祂的盾牌來守護；

上帝的道給我有話可言，
祂天上的軍隊成為我的守衛。

道成肉身

道成肉身（譯按：或譯作道成人身）這教義是其中一個最具基督教獨特性的教義，現在需要對這教義作出一些解釋。古典基督教堅稱對耶穌基督惟一最公平的判論，乃是承認祂同時是神和人這個身分，這個基督教的核心教義一般被稱為「道成肉身的教義」，它主要集中討論上帝選擇在耶穌基督裏進入我們這個世界這件事實（「道成肉身」這個詞來自拉丁文，意即「在肉身中存在」）。在思考這教義對靈修學的重要性之前，讓我們首先花多一點時間去進一步探討它的含義。

闡釋

上帝在基督裏進入我們的世界這個主題，其實已很清楚地在約翰福音開頭的部分（約一1～18）展示出來，而下面這節經文正是這表達的最高峯：「道成了肉身，住在我們中間，充充滿滿的有恩典有真理。我們也見過他的榮光，正是父獨生子的榮光。」（約一14）**道**（這個字用來描寫永遠活著、不朽、富創造性及神性的那一位）**成**（進入人類歷史）**肉身**（這個字用來描寫那屬於被造、可朽壞、有限、必死及人性的部分）。簡單來說，「道成肉身」這觀念的意思就是上帝承受了人的肉身，經歷一個甘願降卑進入人類歷史的過程，在當中承擔作為一個人本有的一切存在的經驗。一首著名的聖誕頌歌（其最原初的版本可追溯到十八世紀）《聽啊！報信的天使高聲唱》（"Hark the Herald Angels Sing!"）正正扼要地說明了上述的觀點：

至高上主披肉體，
道成肉身降塵世！
甘與世人居下地，
耶穌是以馬內利！

這觀念對基督教靈修學的意義和十足的影響力會在下文的討論中愈見清楚。

教父時期對基督的位格這教義尤其特別關注，這屬於神學裏其中一個範疇，通常被稱為「基督論」。這個時期的神學作家所面臨的任務，基本上就是要發展一套具一致性的基督論系統，這套系統乃是要將新約聖經內所有可能找到的不同的關於基督論的述句、暗示、意象和模式連結在一起並加以整合，而當中必然要包括「道成了肉身」（約一14）這句子。這項任務確實殊不簡單，它集中討論耶穌基督如何既是「神」又是「人」，而又不會落入在現實上祂是兩個位格或祂的神性比人性更「真實」（或相反）這樣的看法裏。新約聖經無疑肯定了基督的神性和人性，為那些需要對這些洞見作出調適配合而不斷發展的基督論模式帶來非常大的重要性。鑑於它對基督教神學和靈修學如此重要，我們會在下文思考它發展過程中一些主要階段。

基督論頭一階段的發展集中在耶穌的神性這問題上面，對大部分早期的教父作家來說，耶穌是人似乎是不用爭議的事實，所需要解釋的事反而是祂如何跟其他人有分別，而不是祂在哪些方面跟其他人相似。

早期有兩種看法很快就遭否定並被定性為異端。其中一種稱為以便尼主義（Ebionitism），它最初源自猶太教教派的教規，在耶穌紀元最初頭一個世紀發展得最興盛。它將耶穌當作一個普通人來看待，是約瑟和馬利亞所生的完全具人性的兒子。這種約化基督論（reduced Christology）被它的反對者認為在教義上完全不足，不久也就湮沒於歷史當中。比較重要的，反而是與它持相反觀點的幻影說（Docetism），這個詞來自希臘文*dokein*（即看似的意思）。這種觀點或許最好只視為神學的一種趨勢，而不是一種確定的神學立場。它主張基督是完全的神，其人性只不過是一種看似真人的表象。因此，基督的受苦就被視為一種表象而不是真實之事，幻影說大受二世紀諾斯底派作家的歡迎，在這一時期它可謂發展到頂峯。不過，在這時期又有其他觀點湧現，終於令幻影說黯然無光。二世紀一位作家殉道者游斯丁所代表的是其中一個觀點，一般被稱為「邏各斯－基督論」（"logos-Christology"，來自希臘文詞彙*logos*，即「話語/文字」，英文譯作"word"）。

然而，邏各斯－基督論在俄利根的著作中似乎發展到最高峯。必須清楚知道的是俄利根的基督論是很複雜的，而且在某些論點上的解釋亦是高度困難的，以下所講的只是簡介他的進路而已。在道成肉身中，基督內屬人的靈魂與邏各斯（道）聯合，基於這聯合的緊密性，基督內屬人的靈魂便分享了邏各斯（道）的屬性。雖然如此，俄利根始終堅持邏各斯（道）必須隸屬於聖父之下，雖然道與聖父永恆同在，但道必須隸屬於聖父之下。

對基督教關於耶穌身分的具決定性的陳述之形成，其中一個神學爭論尤其顯得重要，這次爭辯爆發於四世紀時，被稱為「亞流派的爭端」。這次集中於亞流（Arius，約250～336年）學說的爭辯乃是古典基督論發展上的里程碑，因此需要詳細的討論。亞流強調上帝的自存性，上帝是一切受造物獨一的源頭，凡在世上存在的，沒有一樣最終不是來自上帝的。很多評論家都認為，這種上帝觀所提出的有關聖父與聖子的關係，乃受希臘哲學影響多過受基督教神學影響。亞流的批評者亞他拿修指出亞流在談論聖父與聖子的關係時曾提過以下的言論：

> 上帝並非經常都是聖父，有一段時間，上帝是完全單獨的，祂還不是父，只是後來才成為父。子也並非經常存在的。所有受造物都是從無到有……因此，上帝的道也是從無到有的。曾有一段時間，子不存在，在祂未被創造之前，祂並不存在。在祂的受造存在中有一起點。

這段說話顯得相當重要，它幫助我們進入亞流主義思想的核心部分，下列所作的幾點說明尤為重要。

1. 聖父被視為先於聖子存在。讓我們引述亞流其中一句富爭議性的口號：「曾有一段時間子不存在。」這句明確的定言宣稱就已經將父與子置於兩個不同的層級，這也正正符合亞流嚴格規定聖子只是一受造物的堅持。惟有父是「非被生的」；子跟其他受造物一樣，均來自這獨一的源頭。無論如何，亞流小心地強調，聖子跟其他受造物相似，子與其他受造物——包括人類在內——乃存在於不同層級。不過亞流在辨別這種差別的精確本質時也感到困難。他主張子是「完美的受造物，但又不像別的受造物一樣；是受生者，但又與其他的受生者不同。」言下之意似乎是：縱然聖子在本質上分享其他受造物的被造與被生的本性，聖子比其他受造物所存在的層級還是較高。

2. 上帝的不可認知性乃是亞流談及聖父和聖子之間差別所在時其中重要的一面，亞流強調上帝的全然超越性及不可參透性，上帝不可能被任何受造物所認知。正如前面所述，子被視為受造物，只不過祂在其他受造物之上，若按照亞流所徹底堅持的邏輯，他就認為子不可能認識父。「凡有起始點者，便不可能理解或掌握那無起始點者。」這句重要的定言宣稱，無疑乃建基於聖父與聖子那徹底而根本的區別的立場上。在這種父與子的鴻溝中，後者無法靠自己認識前者，跟其他受造物一樣，子要依賴神的恩典才能實現神所交付祂的工作。基於以上的說法，批評亞流的人就會認為在啟示與救贖的層面上，子所站的位置恰恰與其他受造物所站的位置根本沒有分別。

但似乎不少聖經經文都指出聖子遠遠超過一個受造物，究竟應如何看待這些經文呢？反對亞流的人很輕易就能列舉出一大堆聖經經文來指出父與子之間的基本一體性。根據紀錄當時爭論的著作來看，約翰福音在這場爭論中顯得尤為重要，三章35節、十章30節、十二章27節、十四章10節、十七章3節和十七章11節都經常被提出來討論。亞流對這些經文的回應很具重要性：「子」的語言在性格特徵上顯出其多義性，在本質上顯出其隱喻性。「子」是一種表達敬意的說法多過是一種神學上的說法。雖然在聖經裏耶穌基督被稱為「子」，這種隱喻性的說法，實有待於神與一切受造物——包括子——在本質上完全不同的支配性原則下方能成事。

亞流的立場中最基本的元素可以撮要如下：聖子是受造物，祂跟所有其他受造物相似，都是源於上帝創造的意志。因此，「聖子」一詞只是一個隱喻，只是一個表達敬意的詞彙，用來強調聖子處於其他受造物中間的地位，卻並非意指聖父與聖子分享相同的本體或地位。

亞他拿修立刻對亞流這種父與子本質上的區分作出批評。如果子是受造物，子就是一種像一切其他受造物（包括人類）一樣的受造物。難道還有別種受造性嗎？對亞他拿修來說，對子的受造性的肯定只會帶來兩個重大的後果，它們都會一致地為亞流主義帶來負面的含義。

首先，亞他拿修指出一點，惟有上帝才能進行救贖的工作，也惟獨上帝自己才能粉碎罪的權勢，帶領我們進入永生。而作為受造物，其中一個本質就是需要被救贖。沒有受造物能拯救另一受造物，惟有創造主能拯救被造世界。在強調惟獨上帝才能救贖之後，亞他拿修又使其邏輯推論向前推展，使亞流派難於招架。新約聖經及基督教禮儀傳統均接受耶穌基督為救主，正如亞他拿修所強調的，到目前為止，依然惟有上帝能夠進行救贖，這樣一來，我們還能怎樣解釋呢？

亞他拿修認為，惟一可能的解決方案，就是接受耶穌是上帝的道成肉身，很多時他的論點會以下列的邏輯表述之：

1. 沒有受造物能拯救另一受造物；
2. 根據亞流的說法，耶穌基督是受造物；
3. 因此，根據亞流的觀點，耶穌基督便不能救贖人類。

亞他拿修所提出的第二點是指到基督徒向耶穌基督

的敬拜和禱告。這是一個極佳的案例，說明了基督教靈修學（尤其是敬拜與禱告的實踐）與基督教神學之間的關係是何等的重要。到四世紀，向耶穌禱告和敬拜已經是公共崇拜中被規定要做的行動。亞他拿修指出，如果耶穌基督是受造物，那麼，基督徒就犯了敬拜受造物代替敬拜上帝的罪，換言之，他們就是落入偶像崇拜的罪。亞他拿修強調，基督徒是完全禁止敬拜上帝以外的任何人或任何物的，因此他認為亞流似乎犯了使基督徒的禱告與敬拜都淪為無意義的行動的錯誤。亞他拿修主張，基督徒敬拜與尊崇耶穌基督是正確的，因為他們這樣做正是承認耶穌就是上帝成了肉身。

如果教會之內要建立和平，就要設法解決亞流的爭端。爭辯的焦點集中在兩個有可能用來描述聖父與聖子的關係的詞彙上。許多人認為，「本體類似」的觀念代表一種明智的妥協，因為它既能確立父與子之間容許有一種近似性；同時又不需要再進一步揣測祂們之間的關係的精確本質。然而，另一個與之相對的詞彙——「本體相同」最終還是佔了上風。雖然這兩個詞彙的希臘文只是一個字母之差別，但所描述的聖父與聖子的關係卻截然不同。

《尼西亞信經》（更準確地說應為381年的《尼西亞康斯坦丁堡信經》）透過宣告基督與聖父「本體相同」而終結了亞流的爭端。從此之後，這個信仰宣認廣泛被視為正統基督論的基準點，所有主流基督教會，無論新教、天主教抑或東正教都會以此為指標。後來迦克墩會議（The Council of Chalcedon，451年）對耶穌基督神性與人性之間的關係之理解，亦成為東、西方基督教會對基督論之理解的標準。迦克墩會議堅持必須接受基督同時是真神和真人，不過沒有精確說明這件事情應如何理解。換句話說，凡支持以上所提關於基督神人二性這基要斷言的那些基督論模式，都具有合法性地位。

> 我們所有人異口同聲地宣告，我們的主耶穌基督是同一位的子，具有完全的神性和完全的人性，是真正的神，也是真正的人，有理性的靈魂及身體，按神性而言，與父本體相同；按人性而言，祂與我們亦本體相同，祂凡事都與我們一樣，只是沒有罪（來四15）。按神性而言，祂是父在萬世以前所生的。按人性而言，為了拯救我們，便在新近時日，由「上帝之母」（*Theotokos*）即童貞女馬利亞懷胎生出。按人性而言，祂是同一位基督、是子、是主、是獨生的，具有二性，不相混亂，不相交換，沒有區分，沒有離散。神人二性的區別沒有因聯合而取消，二性各自的特質反得以保存，並行會合於一個位格和一個存在（subsistence）之內，並非分離或分割成為兩個位格，卻仍然是同一位的子和獨生的神、道、主、耶穌基督。正如眾先知從最起初所宣講關於祂的事，又如我們主耶穌基督所教訓我們的，以及眾教父的信經所傳給我們的。

古典的基督教立場因而已經扼要地包含在耶穌是完全的神和完全的人這「二性的教義」之內，這種觀點在迦克墩會議已經被確認下來，為古典基督論奠立了起支配性作用的原則，從此它在正統基督教神學圈子內被接受為具有權威性。其中的原則可簡述如下：必須承認耶穌基督既是真神又是真人，至於要以哪種精確的方式去解說或探討這問題，尚屬次要。研究教父神學的著名學者莫里斯·衛爾斯（Maurice Wiles，1923年～）將迦克墩的目標簡述如下：

> 其中一方面必須相信救主必然是完全的神；另一方面則必須相信若果救主沒有取了（assumed）人性，就不能達到醫治拯救的目的。也許換句話來說，神必須是救贖的源頭，但人必須是救贖的中心所在。這兩個原則顯然經常往相反的方向拉扯。迦克墩會議正是教會嘗試去抒解這種張力，或者更加正確地說是同意去跟這種張力共存。其實初期教會如此熱烈地擁護這兩項原則，就等於接受了迦克墩信經。

迦克墩信經具決定性地簡單說明了頭五個世紀基督徒對新約聖經反省所得的成果。它為我們界定了一個起點，使我們必須從這起點出發，去承認我們不能離開上帝自己去面對基督，當然那是一個起點，並非終點。但若然期望所達到的結果是可以信賴的，則我們必須要清楚肯定我們的起始點，確認我們出發的地方。迦克墩信經聲稱已經建立了這個起點，無論我們可能會在其誇張的語言和過時的表述中遇到任何困難也好，它所留下的基本觀念無疑是清楚和重要的，同時亦明顯是新約聖經對耶穌基督作見證的一個合法詮釋。

應用

道成肉身的教義在三個主要的範圍上對基督教靈修學具有獨特的重要性：包括我們有關上帝的知識、上帝的受苦和對上帝投身於被造界的肯定。我們會在下文逐一探討，首先讓我們先從如何認知上帝跟甚麼相似這問題談起。

上帝跟甚麼相似？如果上帝是不能見、也不能摸的上帝，那麼我們就不能以任何直接的方式去辨認祂。不過若然耶穌是上帝（正如道成肉身的教義所確認的），那麼便可以將耶穌視為上帝所相似的最佳之可見形像（參本書頁95～96）。新約聖經從多方面去指出這點，舉例來說，它肯定耶穌是上帝面貌最可靠的表象（representation）。保羅稱耶穌是「那不能看見之神的像」（西一15）。在希伯來書內（來一3），我們見到耶穌被形容為上帝本體的「印記」（stamp）或「真像」（exact impression），在這節經文裏所用的那個希臘字，乃是指到那刻壓在硬幣上的圖像，這圖像正傳達了一位統治者或君王如實的表象這個觀念。我們所認識的上帝是那位「我們主耶穌基督的父神」（彼前一3），這位上帝在耶穌基督裏尋找並遇上我們。

因此，基督教神學家堅持惟有在耶穌基督這個位格裏，人才能完全及最可靠地認識上帝。這不等於說不可以透過其他途徑對上帝有不同方式和不同程度的認識，不過基督徒相信，在此生中惟有藉著耶穌基督才能經歷與上帝最深的相遇。上帝在耶穌基督這個形像上讓祂自己得以被我們接受或拒絕，凡與耶穌相遇就等於與上帝相遇。這種進路成為將圖像（icons）運用在個人和集體靈修操練上的基礎，我們即將會返回這點再討論。無論如何，我們同時需要思考道成肉身另一面的課題：就是提到關於上帝參與在創造中的苦難。

上帝能否受苦？也許這是不少基督徒所面對的其中一條最尖銳的問題，尤其對那些有一段時間親身經歷苦難的基督徒為甚。上帝有否親身經驗苦難，會為所有在世界內發生的苦難帶來不同的後果，如果上帝不知受苦為何物，那麼上帝就不能在我們的受苦當中與我們感同身受。從另一方面來看，如果上帝已經驗過這個世界的苦難，我們就能在祈禱中轉向上帝，並且知道我們正在與一位共患難者同在同行，祂知道我們所經歷的，也能明白我們的感覺經驗、恐懼和擔憂。

有關上帝受苦的親身經驗之推論乃建基於道成肉身這教義之上，這推論的結構可陳述如下：

1. 耶穌是上帝；
2. 耶穌曾經驗過傷痛和苦難；
3. 所以上帝經驗過傷痛和苦難。

一些初期教會的基督徒作家不願意接受以上的結論，由於這樣做似乎是羞辱上帝。這種看法是否明顯地暗示了上帝的威嚴遭受損害？不朽的上帝如何受到這種看法所影響？無論如何，特別自從十六世紀之後，上帝在基督裏受苦這種睿見已廣泛地被接受，同時亦成為基督徒靈修和祈禱生活中顯著的特色，這種進路其中一個早期的例子可以在俄利根的以西結書註釋中找到。

> 〔救主〕降世為了感受人類的悲痛，在祂忍受十字架之苦、承擔我們的肉體之前，已親自背負了我們的苦難。若祂沒有受苦，則祂亦不會來到人類生命中分擔苦痛。祂預先為我們所遭受的，是甚麼樣的苦難呢？那是愛的苦難。由於天父是宇宙

萬物的上帝，祂本身長久受苦，又滿有慈悲，祂豈非以某些方式受了苦嗎？或者你是否知道，當祂與人相處時，祂豈非承受了人類的苦難嗎？「耶和華你們的神撫養你們，如同人撫養兒子一般。」（見申一31）因此，上帝已經肩負我們的重擔，如同上帝的兒子承擔我們的苦難一樣。

留意俄利根如何在道成肉身和上帝受苦之間看到緊密的連繫。如果上帝真的成為我們中間的一分子，則上帝就可以背負了人性所能知的所有傷痛與苦難。意思是上帝能夠以人的身分與我們建立關係，上帝好像是我們中間的一分子，已經在我們之前拖著沉重的腳步踏過那傷痛、受苦與死亡之路。

舉例說明

若要舉例說明道成肉身這教義對靈修學的重要性，我們就需考慮在靈修操練內上帝的可見性這重要議題，不過我們要遲些才回到這課題作較詳盡的討論（見本書頁198）。東正教靈修學其中核心的一面，是關於在個人和集體靈修時運用圖像的問題。圖像基本上是一幅宗教圖畫，被視作教導的視象輔助工具。在東正教教會內，圖像被放置在「圖像屏幃」（iconostasis，即畫架）之上，目的是要讓會眾能看到那圖像。尤其在俄羅斯東正教思想中，圖像被視為一扇窗戶，透過它能理解神性實體。

圖像描繪了一系列宗教性的肖像，包括一些重要的聖徒、馬利亞和施洗約翰。在這裏我們的關注主要集中在如何用一些獨特的圖像來描繪基督的問題。這種宗教儀式的神學基礎由八世紀大馬色的約翰（John of Damascus，約675～749年）所奠定，他主張在神學上基督道成肉身這件事實，可以為靈修時應用圖像這種做法提供一個堅固的基礎。「圖像」（*eikon*）是一幅宗教性的圖畫，它被理解為一扇窗戶，敬拜者不可能透過其他途徑，卻只能透過此窗戶更接近地瞥見上帝。

> 由於上帝既無身體也無面容，以前絕對沒有任何形像能將上帝表象出來。但現在祂能在肉身中並活在眾人之中而讓自己給人看見，我能就著我所見到的上帝為祂製造圖像……然後默想上主的榮耀，祂的面容已經被揭露。

因此，圖像是靈修的對像，但意思不是說人崇拜畫像本身，而是敬拜圖像所指向的上帝或基督而已。上帝的榮耀（基於它的耀目輝煌以致人不能看到）因而以一種適切我們人類的能力和本領的方式臨到我們。我們在本書稍後部分會再詳細思考圖像的用途，現在先讓我們的注意力轉移到救贖這教義之上。

救贖

耶穌基督死在十字架而救贖世界這件事，對基督教神學、敬拜、象徵主義和圖像研究都具有很大的重要性。接著下來，我們會探討這個主題對靈修學有何重要。

闡釋

基督教信仰肯定耶穌在十字架上的死亡對世界的救

贖非常重要，因此有必要思考基督教對救贖的基礎和本質的理解。對基督徒來說，救贖乃建基於耶穌基督的死亡和復活之上，新約聖經對基督拯救性之死的必需性和獨特性之確認，已被很多基督徒作家所接受。有關基督十架和復活意義最好的討論方法，大約被歸類為四個核心主題或意象來處理。不過必須強調的是，這四個主題彼此之間並非互相排斥，因此很多時都會發覺一些基督徒作家所採用的進路實際上融合了多過一個的類別。事實上大多數作家對拯救這課題的看法不能化約或規限於單一的類別之內，惟有這樣做才不會對他們所提出的觀念做成嚴重的扭曲傷害。

十架好比獻祭

新約聖經採納了舊約的意象（imagery）和期待將臨的事物（expectations）來表達基督作為一祭牲死於十架上。這種進路尤其與希伯來書有關，表示基督所獻的祭是大有功效及完美的祭，這祭所能成就的事，就算舊約的祭也只能作宣示式的作用，卻無法實際達成救贖之功效。特別保羅用一個希臘文名詞*hilasterion*（「挽回祭」；羅三25）來指出對基督之死採取一種獻祭式的詮釋。

這觀念往後便在基督教傳統內發展。舉例來說，奧古斯丁便運用獻祭的意象，去說明基督「為罪成為一犧牲的祭，如同完全的燔祭般將自己獻在祂受苦的十字架上」。為了使人類回復與神的關係，中保必須以自己為祭；沒有了這個祭，關係就不可能修復。

基督在十架上所獻上的祭與基督三重職分中的其中一個層面特別相關（留意「職分」〔offices〕一詞帶有古老

的意義：即「功能」或「責任」，而並不帶有現代的意思：即一間裏面執行功能或責任的建築物）。根據這種來自十六世紀中期所出現的類型學，基督的工作可以綜合為三項「職分」：先知（透過這職分基督宣告上帝的旨意），祭司（透過這職分基督為罪犧牲），以及君王（透過這職分，祂以權威管治祂的子民）。十六世紀末及十七世紀時期，新教圈子之內一般都接受上述這種分類，而這種分類更令到以獻祭的觀念來理解基督的死在新教眾多救贖論中扮演重要的角色。

然而，自從啟蒙運動之後，獻祭這詞的意思就出現了微妙的轉變。從引喻引伸出來的含義蓋過了原本的意思。原本這詞是指到宰殺祭牲獻祭的一種特別的禮儀性的宗教行動，但意思逐漸轉變為指到個人的英雄式或付代價的行動，尤其是指到犧牲自己的性命，而逐漸沒有了超越性的指涉或期待。

自從一九四五年之後，已愈來愈少人再採用獻祭的意象了。這極有可能與此一名詞在世俗文化背景中在修辭學上的價值日益被貶低有關，尤其是在一些國際性的緊急情況時為甚。世俗對獻祭的意象之用法，經常淪為只是一種口號上的交易（slogan-mongering），愈來愈多人認為這個詞本身及其概念已遭受污染和傷害。英國在第一次世界大戰期間（1914～1918年），這個片語經常被用來指稱：「他為君王和國家犧牲性命」，而希特勒（Adolf Hitler）也曾濫用過這獻祭犧牲的意象，用來合理化經濟的艱難和公民自由的喪失，作為換取一九三〇年代後期德國復蘇所要付上的代價。由於這名詞跟許多負面的事連在一起，使到基督教幾乎無法再將它應用在教導和宣講的事情上。雖然如此，在現代羅馬天主教的聖禮神學中，這觀念依然扮演重要的角色，羅馬天主教的神學家們在觀念中發現到豐富的神學意象資源。

十架好比勝利

新約與初期教會，非常強調基督透過祂的十字架與復活能夠勝過罪惡、死亡和撒但（見本書頁107～119）。這種勝利的主題常與復活節的禮儀慶典相連，啟蒙運動之前，它在西方的基督教神學傳統之內仍佔有非常重要的地位。「基督是得勝者」（Christ the Victor）這一主題與一連串其他主題連在一起，主要想表達的中心思想是：邪惡與壓制的力量已被一決定性的勝利所克服了。

耶穌克勝魔鬼的意念證明在普羅大眾中極具相當的吸引力，中世紀「地獄的痛苦」這觀念正正見證了它的威力。根據這觀念，基督在十字架受死之後，就會下到陰間，打破地獄之門，將被囚的靈魂釋放出來。這觀念乃根據彼前三章18至22節，那裏提到基督「曾去傳道給那些在監獄裏的靈聽」（不過在此必須說清楚，其支持力相當薄弱）。查特瑞斯的富伯特（Fulbert of Chartres，約970～1028年）寫過一首偉大的中世紀的聖詩〈新耶路撒冷的詩班〉，其中兩節提過這個主題，基督作為猶大的獅子（啟五5）擊敗了古蛇撒但（創三15）：

猶大的獅子毀壞了牠的鎖鏈，
壓碎了古蛇的頭；
從死亡的巢穴中大聲吼叫，
喚醒被囚禁的死人。

盡吞地獄深處的擄物，
在祂一聲令下全部復原；
被祂贖價買回的軍隊，
追隨耶穌走過之路。

類似的觀念也曾在十四世紀一齣英國充滿神祕性的戲劇中找到，當中對「地獄的痛苦」有如下的描寫：「當基督死去，祂的靈魂匆忙下到地獄。祂很快搗破了那些不合法地阻擋著祂的強而有力的地獄之門……祂以永恆的鐐銬牢牢地將撒但鎖起來，直到最後審判之日，撒但仍被拘禁著。祂帶領著亞當、夏娃及其他祂所愛的人……祂帶領所有的人離開地獄，並安置在天國樂園裏。」

也許關於上述這種充滿力量的意象最著名的描繪，而又為現代讀者所熟悉的，要算是在那最著名的宗教寓言故事魯益師（C. S. Lewis，1898～1963年）的《獅子、女巫和衣櫥》（*The Lion, the Witch and the Wardrobe*）這本書內找到。在這本書中，魯益師講述那裏亞（Narnia）的故事，四名小孩在一古舊的衣櫥裏四處搜查，偶然發現這個地方。在這本書內，我們會遇見那白人女巫，她看守著鋪滿寒冬白雪的那裏亞。當我們繼續讀下去，就會發現她並非以公正合法的方式而是以篡奪的行動來統治那裏亞。這國家真正的統治者不在，趁著沒有統治者，女巫便以壓制手段征服那國家。寒冬之下，在這國家的中部豎立著那女巫的城堡，不少那裏亞的居民彷如石像一樣被囚禁在城堡之內。

當故事繼續發展下去，我們發現那真正合法的統治者原來是一隻獅子，名叫亞士倫（Aslan），當亞士倫朝著那裏亞前進之時，寒冬過去，春回大地，白雪開始溶化。女巫心中有數，她的權力也開始逐漸消失。在那本書的第十四章裏，魯益師描述亞士倫之被殺，或許這段經歷是兒童故事內最邪惡的一段插曲。黑暗與壓迫的勢力表面上似乎贏得一場可怖的勝利，其實在這場勝利背後卻暗藏他們的敗亡。亞士倫將自己降服於邪惡的勢力，並容許他們將最壞的事情做在牠身上，但其實這樣做最終是要解除他們的武裝。

在第十六章這個現代版本之「地獄的痛苦」裏，魯益師生動地描寫亞士倫如何搗破城堡（魯益師重現猶大的獅子毀壞了牠的鎖鏈這主題），將生氣吹在那些石像裏，復甦他們的生命，然後帶領那被解放的軍隊，穿過那已被損毀但曾經是宏偉堡壘的大門，奔向自由。地獄曾經使人痛苦，也曾被人掠奪，它的居民卻已經從囚禁中得到釋放。

十架與寬恕

至於第三個進路則集中在基督之死作為上帝赦罪的基礎這個觀念之上。傳統上都會將這觀念跟十一世紀一位神學作家坎特布雷的安瑟倫扯上關係。安瑟倫的重點完全在於上帝的公義之上，上帝救贖人的方式，完全符合上帝公義的素質。在他分析的過程中，他同時展示了道成肉身的必要性，以及耶穌基督受死與復活的拯救潛力。他的論證非常複雜，可以簡述如下：

1. 上帝在一種原初的公義中創造人類，目的乃是要使人類進入永恆的福祉當中。
2. 那種永恆福祉的獲得卻以人是否順服上帝為條件。然而，罪使人無法達到這種必要的順服，而且也破壞了上帝最初創造人類時的旨意。

3. 當然上帝的旨意既然不容受到阻礙，就必然有補救的方法。可是，惟一的補救方法就是針對罪作出一種**補償**(satisfaction)，換句話説，必須要做某些事，好使因人的罪而帶來的過犯得以被清除。
4. 然而，由於人類缺乏必需的資源，因此本身不可提供這種必要的補償。在另一方面，上帝卻具備提供這種補償必需的資源。
5. 因此，一位「神人」就同時兼備(作為神)的**能力**及(作為人)**責任**來提供所需要的補償。基於此，道便成了肉身，為的是付出這所需的補償，以致人類得到救贖。

坎特布雷的安瑟倫(Anselm of Canterbury，約1033～1109年)

安瑟倫在意大利出生，一〇五九年移居諾曼第(Normandy)，進入著名的柏克修道院，一〇六三年成為副院長，一〇七八年升任院長職。一〇九三年被委任為坎特布雷大主教。他以大力維護基督教的理性基礎最為著名，其中尤以證明上帝存在的「本體論論證」最為人觸目。

當後來的神學作家採用安瑟倫的進路時，他們都會將它建基於法律的一般原則之上，以致能夠將它置於一個更加安全穩固的基礎上面。十六世紀尤其看重人類法律的重要性，自然將它視為解釋上帝對人類的罪之寬恕的一個合宜模式。在當時一般會透過下列三種主要模式，去理解人的罪被赦免與基督之死連上關係的方式。

1.　代表(Representation)。在這裏基督被理解為人類立約的代表。信徒藉著信，進入上帝與人所立的契約之內，基督透過十字架所成就的一切，都由於這約可以任人取用。正如上帝在過去如何與祂的子民以色列立約一樣，祂今日亦同樣與祂的教會立約。基督藉著十字架上的順服，代表了與祂立約的子民，代表的身分為他們贏得恩惠。每個人藉著信就已經進入約之內，因而可以分享這約所賦予的所有恩典，就是基督透過祂的十架和復活而贏得的，其中包括我們的罪得到完全和無條件的赦免。

2. **參與（Participation）**。信徒藉著信參與在復活的基督裏。用保羅著名的片語說，他們是「在基督裏」。他們在基督裏被抓住，分享祂復活的生命。結果，他們分享了基督藉著在十字架上的順服而贏得的所有功勞。其中一種功勞正是罪得赦免，這是信徒可以藉著信而分享得到的。因此，在基督裏的參與帶來了罪得赦免，並分享祂的義。

3. **代替（Substitution）**。在這裏基督被視為代替者，代表我們走上十字架。本來由於罪人所犯的罪，罪人理應被釘死。基督卻代替我們釘在十字架上，上帝容許基督代替我們，將我們的過犯歸到祂身上，因此祂藉著順服在十字架上而贏得的義也歸予我們。

一位瑞士新教現代神學家巴特將這些主題再加以發展，在他所討論「審判者代替我們受審判」（“The Judge Judged in Our Place”）這個主題中，巴特認為我們能夠見到上帝對有罪的人類施行公正的審判。十字架暴露了人對自己自足性的妄念和自以為擁有判斷的自主能力，巴特認為這一切都已經濃縮記載在創世記三章的故事裏：「人類想自己成為審判者。」然而，情況的轉變令人不得不承認這件事的固有錯謬性。對巴特而言，基督的十字架所代表的，乃是公義的審判者彰顯出祂對罪人的審判，以及同時間由自己來承擔接受此一審判。

> 當時發生的事是這樣的，上帝的兒子透過自己成為人，而代替我們去滿足本來加諸於我們的公義審判，也代替我們遭受本來我們要經過的審判……因為上帝定意要在祂兒子裏面施行對我們的審判，這件事所有一切都在祂的位格之內發生，成為祂**自己的**被控告、定罪和滅亡。祂施行審判，而受審判的乃是審判者，祂容許自己接受審判……為何神要成為人？目的乃是神成了人，便能為我們犯錯的人做到、做成、達成及完成這一切，如此一來，祂就使我們能夠與祂和好，並使我們皈依祂。

卡爾·巴特（Karl Barth，1886～1968年）

被公認為二十世紀最重要的新教神學家，他原初傾向支持自由派新教主義，但在他對第一次世界大戰的反省之後，巴特轉為採納一個較為以上帝為中心的立場。早期他在羅馬書詮釋（1919年）中所強調的上帝的「他性」（otherness），在他的不朽作品《教會教義學》（*Church Dogmatics*）中，上帝的「他性」這觀念得到繼續發展並加以修正。巴特對現代基督教神學作出了很大的貢獻。

十架與愛

新約聖經對十架意義的其中一個核心理解，必定和上帝彰顯對人的愛這主題拉上關係。「神愛這世界，甚至將祂的獨生子賜給他們，叫一切信他的，不至滅亡，反得永生」（約三16；譯文與和合本稍有不同）、「惟有基督在我們還作罪人的時候為我們死，神的愛就在此向我們顯明了」（羅五8）、「我已經與基督同釘十字架，現在活著的，不再是我，乃是基督在我裏面活著。並且我如今在肉身活著，是因信神的兒子而活，他是愛我，為我捨己」（加二20），這重要的主題在隨後而來的釋經傳統中有更詳盡的發展。

在眾多教父時期作家中，希坡的奧古斯丁是其中一個強調以下講法的：其中一個促使基督去完成其使命的動機乃是「向我們顯明上帝的愛」。也許中世紀強調上帝的愛最重要的陳述，可以在彼得·亞伯拉德的著作中找到。需要強調的是，亞伯拉德並非如一些詮釋者所言，他將十字架的意義化約為展示上帝的愛這麼簡單，這只是亞伯拉德救贖論中眾多組成部分的其中一個環節。他的救贖論，其實包括了有關基督之死成為人的罪之贖罪祭等傳統觀念。當然亞伯拉德的理論獨特之處，在於強調十字架在主觀層面上的影響力。

對亞伯拉德來說，「道成肉身的原因與目的，在於透過祂的智慧來啟發這個世界，並以祂本身的愛來鼓舞激動它。」亞伯拉德重新陳明奧古斯丁的觀念，基督的道成肉身，目的乃公開顯明上帝對人的愛之程度有多深，從而激勵人以愛作出回應。「上帝的兒子取了我們的人性，在這人性中祂透過言論、行為的典範、甚至死亡去教導我們，藉著祂的愛使我們與祂結連。」

彼得·亞伯拉德（Peter Abelard，1079～1142年）

為法國神學家及靈修學作家，乃巴黎大學一位極具聲望的教師，在他對中世紀神學發展的眾多貢獻當中，最值得關注的要算是他對救贖的主觀層面的強調。

這個主題繼續對基督徒思想十字架的意義顯得非常重要，十字架肯定及顯明了上帝對我們的愛。對基督徒來說，只有從耶穌的十架這角度才能領略到上帝對我們的愛之完全奧妙。根據基督教傳統，雖然我們的罪激怒了上帝並使祂傷心，但無論我們在哪裏，上帝仍臨到我們當中與我們相遇。基督徒相信耶穌是上帝具體的呈現，上帝成為肉身，祂甘願接受世界的苦難、傷痛和極大的痛苦，為的是寬恕和更新這個世界。耶穌來到不是為苦難作出解釋，也不是要除掉它。祂來到世界是要自己承擔了苦難，取了人的苦難成為自己的苦難，並且透過祂的臨在和同情憐憫，為苦難添加尊嚴與意義。這就是基督教所理解上帝的完全流血犧牲的愛之意思。

在默想耶穌死在十架的景象上，基督教傳統確認我們所見到的，誠然是上帝自己承擔了祂所創造及深愛的世界那極大的痛苦，這就是「上帝的愛」乃是完全流血犧牲的愛之意思。從最深層的意義來說，上帝的愛意味著祂從天降卑進入我們這墮落的塵世，與這個塵世所有的苦難悲痛同在，而以髑髏地那冷酷無情的十字架作為苦難的頂峯。

勾畫出基督教救贖論的基本主題之後，我們將會探討它的應用，特別會集中討論如何將十字架應用在基督教象徵主義之上。

應用

救贖這教義對基督教靈修學很重要，基於此，十字架這一象徵扮演特別重要的角色（參本書頁209～211）。如果能夠辨識到救贖這教義，以那些最基本的方法來與靈修學連上關係，相信對我們一定有幫助，現於下面列舉這些方法。

1. 救贖這教義強調**人得救所要付的重價**。救贖被理解為一種自身擁有巨大內在價值的東西，在耶穌所講的其中一個比喻中，祂提到「重價的珠子」（太十三45～46），耶穌用這枚有價值的珍珠作為上帝國度的象徵。惟有能夠欣賞到那枚珍珠昂貴的價值，才能洞察到上帝國度的本質。因此，基督教靈修學其中一個最核心的任務正是要讓基督徒對他們自己得救所要付的重價能獲得更大的體會，從而也能欣賞到他們各自在上帝眼中的內在價值。

2. 救贖這教義同時肯定**人的罪和上帝對罪人的愛的真實性**。好幾個談論十架的進路都同時強調基督受死以致人的罪被赦免，以及沒有其他方法可以使罪得以洗清。不過上帝對罪人的愛這個主題，跟人有罪這主題仍並排地出現，這種並排出現的方式，說明了就算肯定人有罪這現實也不用否定上帝對罪人的愛。事實上，我們只能從基督為人的罪而死以致罪被取消和洗清這行動上才能看到上帝的愛，罪一旦被洗清，我們才有可能達至與上帝聯合的真正實現。

考慮過救贖這教義所扮演的主要角色（同時亦暗示過十字架這一象徵的重要性）之後，接著下來我們便看看某些獨特的例子如何說明它對靈修學的相關性。

舉例說明

十字架對基督教靈修學的重要性，可以從那些以十架的主題為中心的靈修文學的豐富遺產說明之。在這部分裏，我們會思考十架的一些經典主題，這些主題是基督徒默想救贖所要付的重價和奇妙時的基礎，這是基督教靈修學內其中一個最普遍談論的主題，值得我們深入研究。開始時我們先去思考一首很多人喜愛的詩歌，這首詩歌只是對十架的默想而已，它試圖引起受眾一種驚奇和投入的感覺。以撒·窩特爾（Issac Watts，1674～1748年）在他那今天仍廣泛地誦唱的著名讚美詩《每逢思念奇妙十架》（"When I survey the wondrous cross"）裏，為我們提供一個反思十字架的機會，目的是要讓受眾從他們正確的觀點去看世界的誘惑。以文字描繪出一幅十架的生動圖像之餘，窩特爾更強調從十架的角度看上去，其他所有的東西都只會變得失色而不重要。

每逢思念奇妙十架，
榮耀救主在上懸掛，
從前名利、富足、矜誇，
我看如土，完全撇下。

求主禁我別有所誇，
只誇救主捨身十架，
基督為我獻身流血，
我願捨盡虛空榮華。

試看祂頭、祂足、祂手，
慈愛憂傷和血並流，

從前可曾愛憂交織？
荊棘可曾化作冕旒？

宇宙萬物若歸我有，
盡獻所有何足報恩，
神聖大愛奇妙難測，
願獻我命、我心、我身。

留意窩特爾如何邀請這首詩歌的讀者（或唱歌的人）去默想十架，這首詩歌為十架建立起生動的文字描述，帶領我們的注意力集中在受死基督所經驗的痛苦之上，而事實上這也是世界（包括唱歌的人在內）的救贖得以成就的途徑。這首詩歌總結時，強調需要回應十字架，當然沒有任何回應可以與基督所擺上的祭相提並論，但我們起碼可以嘗試將我們自己獻給基督，以致祂的愛能夠被所有人認識。

依納爵·羅耀拉（Ignatius Loyola，1491～1556年）在他的《屬靈操練》（*Spiritual Exercises*，參本書頁289）一書中卻採用另一個頗為不同的進路。跟窩特爾一樣，羅耀拉盼望基督徒將他們的思念集中在十架之上，並思考十字架對基督徒生命有何含義。然而，羅耀拉卻採用一套非常不同的技巧，邀請其讀者與受死的基督就著救贖所要付上的重價，以及創造主在救贖這被造世界所彰顯的愛這兩個課題上展開對話。在他的《屬靈操練》裏談到這部分的時候，羅耀拉概括地勾畫了一個操練的方法，他要求那些跟隨他指導的人，跟他一起將思維集中在基督死在十架這件事情上。透過採用他在那本書上所發展的技巧（參本書頁151～152），羅耀拉引導他們將自己投射在耶穌的處境裏，然後與受死的基督進入對話之中。首先牽動默想者對所發生的事情作出反思：包括創造主為被造世界受苦；那位本來理所當然地擁有永恆生命的上帝，卻選擇為了罪人的緣故而忍受肉體的傷痛與死亡。然後將上述的默想當為自我檢視的途徑，再配合一種遠見去為將來屬靈生命的成長和操練的發展而訂下一個議程。

> 想像我們的主基督就在我們面前，懸掛在十字架之上。問祂創造主如何成為人，本來擁有永恆生命的祂如何為了我們的罪而讓自己任由肉體的死亡去擺佈。然後我會反省己身而問道：
>
> 我曾為基督做過甚麼事？
> 我現在可以為基督做甚麼事？
> 我應該為基督做甚麼事？
> 當我仰望祂身懸十架之時，我會默想那臨到我心裏的意念。

留意羅耀拉期望那些運用這種操練而進入與基督對話的人，如何令那段對話帶來由思想轉化到行動的效果。那段對話邀請他們默想基督的受苦，反思基督為我們做過甚麼事之後，羅耀拉要求他的跟隨者去追問，接著會有哪些自然發展明顯地會激勵和促使那進深的過程，會在基督徒生命裏面發生。

然而，十字架與復活節所慶祝的基督之復活總是並排出現的，在下文我們將會探討復活跟我們靈修學這門學問有何相關性。

復活

對不少基督徒來說，復活節是一年內最重要的事件。在這日裏，基督徒回憶和慶祝耶穌的復活。福音書上記載耶穌受難之後，跟著確認在第一個受難的星期五晚上，祂被埋葬在一個借來的墳墓裏，然後在第一個復活節的星期日，祂從死裏復活。對初期教會的基督徒來說，慶祝主復活的重要性在於每星期猶太人休息的日子（即每逢星期六的安息日）改為星期日，好讓基督徒在這日裏慶祝基督的復活。主復活對基督教靈修學相當重要，我們將會在下文清楚看到。

闡釋

「復活」一詞用來指到發生在耶穌死後一連串的事件，亦是復活節慶祝的事件。一般來說，「復活」集中指到耶穌死後所發生的一大堆彼此相關的事件，現在簡述如下：

1. 在星期五傍晚將耶穌的屍體放置在一個墳墓裏，但在星期日早上發覺剩下一個空墳墓。那些發現空墳墓的人被他們所發現的嚇了一驚，不少跟耶穌相熟的友人都不能相信這些人回來報告的消息。
2. 門徒報導耶穌親身的顯現，亦經驗到祂是活著的。
3. 門徒開始去宣講耶穌是活著的主，而不是一個已逝的夫子。

這裏所提「空墳墓」的傳統具有相當大的重要性，它是四卷福音書中每卷重要的內容（太二十八1～10；可十六1～8；路二十四1～11；約二十1～10），因而必須斷定這些經文乃建基於歷史事實之上。每一卷福音書都以不同角度來描述這故事，同時亦包含了在一些次要事情細節上的分歧，但它們都是見證人如實報導的特色。有趣的是四卷福音書都將空墳墓的發現歸功於婦女，四卷福音書的作者明顯提到，復活節事件中惟一在細節上彼此有關連的，就是婦女去探訪耶穌的墳墓。然而猶太教卻摒棄婦女對這事的見證之價值，只考慮男性在這事情上重要的合法地位。馬可福音甚至提及她們每人的名字各自三次：抹大拉的馬利亞、雅各的母親馬利亞和撒羅米（可十五40、47，十六1），卻沒有提及當時在場任何男性門徒的名字。也許對現代西方讀者來說，很容易就慣性地將這件事與男女平等這些牢不可破的信念扯上關係，卻忽略了聖經這裏所提的觀點之重要性。在此一父權色彩濃重的猶太文化時期中，婦人所講的見證實質上無需重視。在一世紀的巴勒斯坦地，有足夠理由懷疑所有關於這件事的記載。如果空墳墓的報導，正如有些人所講的，只是憑空捏造，就很難明白為何這些報導的捏造者，仍用那些在他們觀眾眼中實質上已被證實為不可信的事去修飾他們所「發現」的報導事件。

其中一個更進一步的講法能作支持，是跟「墳墓敬拜」（tomb veneration）這宗教儀式有關的。這儀式規定要回到一位先知的墳墓作為敬拜的地方，在新約時期這習俗是非常普遍的，或許在馬太福音二十三章29至30節也曾暗示過。位於耶路撒冷的大衞之墓，今天仍然是不少猶太人前往參拜的地方，但沒有任何紀錄提過耶穌的門徒前往參拜耶穌之墓，除非有一個非常合理的理由能解釋此事，否則其實是很難想像的。這個理由其實似乎就是一件很簡單的事實：耶穌的身體就是從墳墓中消失了。

耶穌復活很明顯對門徒來說是一件意外及詫異之事，必須指明的是，在猶太人的思維裏根本沒有這類復活的事作為先例可援，當時大部分猶太人似乎都相信死人可以復活，不過當時一般的想法，都只是相信死人在將來時間終結之時才會復活，沒有人相信在歷史終結之前就已有復活。法利賽人可被視為這種觀點最典型的代表：他們相信將來的復活，亦主張無論男女死後都會按著他們的行為施以獎賞或懲罰。然而撒都該人卻堅持沒有任何形式或種類的復活，無論男女死後都沒有將來的永存等待著他們。保羅在其宣教職業最困難的時期，有一次曾成功地揭露法利賽人和撒都該人在上述觀點上的區別（參使二十六6～8）。因此，基督徒的宣稱完全不符合任何已知的猶太模式。耶穌的復活不應被宣告為一件將來的事，而是一件已經發生於此世的時空當中，發生在一些見證人面前的事。

路加記載了一件插曲，這事件帶出耶穌復活那種不能預計的本質。這段插曲一般被稱為「往以馬忤斯路上」的事件（路二十四13～35）。在這段故事裏，路加提及兩個門徒，其中一個的名字是革流巴，當他們兩人從耶路撒冷行往以馬忤斯途中，他們談論著那日所發生的那些令人迷惑的事情（路二十四13～17）。正當他們傾談的時候，一位陌生者上前來與他們同行。直到那位陌生者為他們擘餅（這是提及最後晚餐的重要暗示）的時候，他們才能認出祂是誰。

從神學上來說，基督的復活特別跟兩件事情有關。

1. 它是對耶穌的身分一個重要的象徵。對保羅來說，復活是耶穌真正作為上帝的兒子最重要的公開展示（羅一3～4）。因此，任何神學上關於耶穌的身分或其重要性的敍述都需要牽涉復活的討論。

2. 復活也是構成基督徒盼望的一個組成部分，本書這一部分正提到這一件跟我們每一個人特別有關係的事情。如果耶穌真的已經復活，則那些信祂的人同樣也會從死裏復活，新約聖經提過耶穌是那「死人初熟的果子」（林前十五23），意即其他人也會跟祂一樣復活。

下文我們將會探討這教義跟個人和集體靈修有何相關性。

應用

復活節標誌著耶穌的復活，亦廣泛被視為基督徒一年內最重要的節期，這節期帶有非常重要的宗教意義。首先，它確認了耶穌是復活的救贖主這個身分。在東正教傳統裏，上述觀點會透過教堂內的圖像或畫像帶出，顯示一位得勝與復活的基督（通常稱為「全能的基督」，*Christos pantocrator*）因著從死裏復活而結果成為宇宙的統治者。其次，復活節亦肯定了基督徒的盼望，意即那種相信基督徒能從死裏復活，因而不用再懼怕死亡的基本信念。上述兩項主題均主導了復活節聖詩和禮儀的內容。

在十八世紀初期的《大衛迪卡聖詩集》（*Lyra Davidica*）中，有一首詩歌就是代表上述觀點一個很好的例子，這部詩集最先在一七〇八年出版，其中包括一首在復活節經常唱的詩歌，這首詩歌除了強調耶穌為了救贖世界的緣故而忍受在十架上的痛苦之外，亦強調因知道耶穌現在已從墳墓中復活過來而有的那份喜樂。

基督耶穌今復生，哈利路亞！

我們得勝的聖日，哈利路亞！
祂曾死在十架上，哈利路亞！
受難為補贖我們，哈利路亞！

讓我們唱詩讚美，哈利路亞！
基督我們屬天王，哈利路亞！
祂忍受十架墳塋，哈利路亞！
罪人得贖也被救，哈利路亞！

祂卻忍受著痛苦，哈利路亞！
使我們獲得拯救，哈利路亞！
今日天上祂為王，哈利路亞！
天使在天上歌唱，哈利路亞！

相類似的主題也可在基督教傳統的詩歌中找到。英國詩人佐治·赫伯特（George Herbert，1593～1633年）的文字很能說明這一點。對赫伯特來說，復活節是關於信徒盼望與主一同復活的節日：

我的心啊，興起吧！主已復活。歌唱讚美祂
不用遲緩，
祂用手牽著你，你同樣地
可能與祂一同復活。

在希臘東正教的教會裏，下述傳統的復活節祝福詞廣泛被採用，並在現今世紀於其他基督教傳統內愈來愈常見：

基督已經復活（*Christo anestos*）

祂實在已經復活（*Alethos anestos*）

遍及整個基督教世界裏，復活節以非常不同的方式標明出來。在天主教和東正教的教會裏，特別強調光明與黑暗這種象徵主義的重要性。在古代的教會裏，在復活節舉行洗禮，以此作為一種方式，表示信徒經過黑暗進入光明，亦即是由死亡進入生命。在西方文化裏所廣泛流傳的送復活蛋的習俗，似乎正是透過雞蛋作為一種新生命的象徵這一觀念，指出基督教福音所帶出的新生命。

基督教會的禮儀和詩歌是對耶穌基督從死裏復活這信息的重要性的一種特別有力的見證。在拜占庭式禮文內的《復活節聖頌》（"Troparion of Easter"）清楚地展示了復活節事件對世界的重要性：

基督從死裏復活！

在死亡中，祂克勝了死亡！

為死人帶來新的生命！

基督教信仰特別強調信徒對復活和永生的盼望，這種盼望對於基督徒對死亡的態度有相當重要的含義。這些信念所造成的影響有可能在基督教的喪禮中看得最清楚，在喪禮中對一個信徒之死的哀悼這主題，與在復活的盼望中嘗到喜樂這主題通常並列在一起。在一六六二年「為死人埋葬」那舊英式制度的葬禮裏，最能清楚地看到盼望這個主題被展示出來。

葬禮開始時，一位牧師聚集參與葬禮的人在教堂墓地的入口處，然後誦讀約翰福音十一章25至26節，這兩節經文確認信徒處身於一個變幻無常與死亡的世界裏仍有盼望的真實：

> 復活在我，生命也在我。信我的人雖然死了，也必復活；凡活著信我的人必永遠不死。

然後葬禮以誦讀哥林多前書十五章繼續進行下去，保羅在這一章裏強調復活的重要性，以及復活對基督徒帶來的分別，所誦讀的就是以下的經文：

> 死被得勝吞滅。死啊！你得勝的權勢在哪裏？死啊！你的毒鉤在哪裏？死的毒鉤就是罪，罪的權勢就是律法。感謝神，使我們藉著我們的主耶穌基督得勝。所以，我親愛的弟兄們，你們務要堅固，不可搖動，常常竭力多做主工；因為知道，你們的勞苦在主裏面不是徒然的。

最後，當屍體被埋下在墳墓裏的時候，牧師就會講以下的說話，再次強調盼望的主題。

> 由於全能的上帝樂於以祂極大的恩慈接收了這位離開了我們的親愛**弟兄**的靈魂，因此我們把**他的**身體埋葬在地裏。土歸土，灰歸灰，塵歸塵。透過我們的主耶穌基督，我們對由復活而進入永生懷有確實和肯定的盼望。

復活的教義對基督徒的行為有顯著的果效。在初期教會裏，復活的盼望對為信仰而被判處死刑的基督徒殉道者相當重要，他們能分享基督的復活這堅強的信念，被視為當他們因信仰而要面對死亡時的重要幫助。

不過這教義對普通基督徒同樣相當重要，它肯定了死亡不是終局，反而在面對死亡時提供了一個真實的盼望，我們將會在以下部分舉例說明之。

舉例說明

透過復活而克勝死亡這一主題，在基督教傳統的屬靈著作中被賦予特別重要的地位。其中一個居主導地位的主題是以強烈肯定的語氣來表達「盼望」一詞，即是說，縱然身處於世界的死亡和腐敗之中，仍對永恆的生命持有確實和充滿信心的期望。以下的例子是取自英國一位擅於描述形而上世界的詩人約翰·當（John Donne，1571/2～1631年）的著作，他展示了復活的教義如何為我們對死亡的態度帶來含義。在這段節錄自他的〈上帝的沉思〉（"Divine Meditations"）著名的文字裏，他展示了如何透過復活擊敗死亡，留意下列一段對死亡與睡覺之間所作的比較。

> 死亡別狂傲，雖然有些人稱你
> 為偉大和勇敢，但你卻不是如此，
> 對於那些你曾想過、曾實際擊倒的人，
> 最終沒有死去，可憐的死亡啊，你也不能殺害我；
> 只能以休息和睡覺來描述你，
> 從你當中必定要湧出更多的歡愉，
> 在不久之將來，我們最優秀的人會和你同往，
> 他們的骨頭得到安息，靈魂也得到解脫。

你是命運、機會、君王和絕望之人的奴隸，
你與毒物、戰爭同工，也與疾病同住，
罌粟或符咒都能令我們入睡，
而且比你的擊打還好；為何你還自命不凡呢？
當一個人短暫的睡眠成為過去，我們就會永遠地
甦醒過來，
死亡就不再算是甚麼，死亡，你也將會死去。

應該要慢慢地閱讀這首詩，去欣賞約翰·當在這詩中所提及的觀點。死亡被描繪成人格化，好比某人聲稱有能力將人擊倒。約翰·當最後一點乃提到死亡本身已被征服，雖然沒有明顯提到基督之復活，但毫無疑問這是死亡之被征服這一論題背後的驅動力。

終末完成

復活這教義是基督徒的盼望其中一個層面，另一個層面就是萬物最終的完滿實現這一觀念，後者通常以屬天的字眼來表達。在本章的最後一部分裏，我們會思考基督教靈修學這一重要主題。

闡釋

正如我們已經提過，基督教是一個關於盼望的宗教，焦點集中在耶穌的復活作為信靠上帝之基礎。而這位上帝就是那能戰勝死亡，以及為所有那些受苦和死去的人賦予盼望的上帝。終末論（eschatology）一詞通常用來指到基督教關於「最終的事物」（希臘文：*ta eschata*）的學説。猶如「基督論」指到基督徒對耶穌基督本質和身分的理解一樣，「終

末論」就是指到基督徒對屬天和永恆生命這些事情的理解。鑑於新約聖經對塑造基督徒在思考終末論這課題上的重要性，我們會思考這方面一些重要的主題。一般都同意這課題來自兩個最重要的來源，就是耶穌親自的宣講和保羅的著作，我們會在下文分別逐一詳細思考。

在耶穌的宣講中一個具主導性的主題是上帝國的來臨，這個詞彙明顯包含現在與將來的意思在內。這國是「臨近」（可一15）的國度，但它仍屬於將來完滿的實現。仍然在基督徒個人及集體禱告和敬拜中佔相當重要性的主禱文，正正包含了這國度將來會降臨的意思（太六10）。在最後晚餐中，耶穌亦向祂的門徒提過將來他們會在上帝國裏喝葡萄酒（可十四25）。新約學者一般都同意，在跟上帝國有關的「現今」與「未完成」之間有一種張力，跟芥菜種長大的比喻（可四30～32）所要影射的事情相類似。「開展中的終末論」（inaugurated eschatology）一詞愈來愈廣泛地被用來指到上帝國度現今的開始和將來的完滿實現之間的關係。

保羅的終末論同樣指出「現今」與「未完成」之間的張力，這種講法可以透過他所用的幾個重要意象表明出來，簡述如下：

1. 「新紀元」的出現。保羅在好幾個地方都強調，基督的來臨開始了一個新紀元或「世代」（希臘文：*aionos*）。雖然這個新紀元（保羅稱之為「新的創造」〔林後五17〕）尚待完全實現，但它的臨在如今已可以經歷。基於這個理由，保羅便可以在基督裏談及那「末世」（林前十11）。保羅在哥林多前書開頭所反對的立場，明顯跟一種實然的終末論（realized eschatology）互相呼應，這種終末論主張那將臨的世代的每一方面都已經在現今實現了。對保羅來說，有一種延後的元素存在：世界的終極轉化仍尚在來臨當中，但我們可以憑信心等候它的來到。

2. 保羅將耶穌的復活看為一件終末事件，這事件肯定了「新紀元」已經開始。縱然這不能窮盡基督復活的所有意義，但保羅清楚表示，基督復活一事能促使信徒明白死亡（「現今世代」的主要特徵）已被征服。

3. 保羅期待耶穌在將來時間終末之時會降臨審判，從而肯定了信徒的新生命和他們在罪和死亡上的得勝。有幾個意象都用來提及這點，包括「主的日子」在內。有一次保羅用一個亞蘭文詞彙*maranatha*（字面的意義是：「來吧！我們的主」）來描述基督徒的盼望。而希臘文詞彙*parousia*則通常用來指到基督將來的降臨（例如林前十五23；帖後二1、8～9）。對保羅而言，基督最後的降臨和最後審判的執行之間有密切的關聯。

4. 保羅的終末論其中一個重要的主題是聖靈的來臨。這個基於猶太人長久以來的期盼而有的主題，將所賜下的聖靈視為新紀元已在基督裏開始展開的印證。保羅在這方面其中一個最重要的思想，就是他將聖靈作為一份禮物賜給信徒這件事解釋為「憑據」（*arrabon*；林後一22，五5）。這個非一般的詞彙，基本的意思是「保證」或「抵押」，確認信徒由於現今已經擁有聖靈，因此最終必然得救。雖然拯救仍是將來才得以完全實現，但信徒透過住在聖靈裏，便能對這件發生在將來的事件有了現今的確據。

因此，新約的終末論很明顯是相當複雜的。雖然如此，其最重要的主題還是很清楚的，就是某件發生於過往的事已開創了某種新局面，而這新的局面卻要等到將來才最終臻於圓滿，基督徒因而處於「現今」與「未完成」的張力之間。我們已經強調過，這一點跟包含了過去、現在和將來等元素的救贖本質的基督教學說彼此之間的關係是何等的重要。

「天國」（heaven）這一名詞在新約保羅的著作中，經常用來指到基督徒的盼望。雖然將天國想像為一個將來才出現的實體也是很自然的事，但保羅所思想的似乎卻包涵了將來的實在，以及跟物質世界中的時間與空間共存的屬靈領域。因此，「天國」既是信徒將來的家鄉（林後五1～2；腓三20），也是耶穌基督現今居住的地方，祂將來會從這地方降臨作最終的審判（羅十6；帖前一10，四16）。保羅其中一句與天國有關的最重要的言論主要集中在信徒是「天上的國民」（腓三20）這一觀念之上，以及提到現今以某些方式分享天上的生活。「現今」與「未完成」之間的張力，很明顯在保羅關於天國的論述中出現，這種張力令到我們很難將天國這觀念維持在一個很簡單的講法之上，很難簡單地說它要到將來才會實現，或說我們現在無法經驗它的存在。

也許最能幫助我們想像何謂天國的方法，就是把它視為基督教救贖教義的終末完成，在這狀況裏，罪的存在、懲罰和力量最終都一筆勾銷，而上帝在個人和信仰羣體中的完全臨在也全然實現（參本書頁135）。應該留意的是新約有關天國的比喻本質上有很強的公共性格。舉例來說，天國被描繪為宴會、婚禮的筵席、或城市（新耶路撒冷）。由於基督教將上帝理解為三位一體的上帝，所以凡對天國或永生作個人主義式的詮釋，亦被擯出門外。永生因而不再是個人存在的投射，反而被理解為一個整體的得贖羣體在團契裏共同分享上帝的愛。

到了這裏應該要強調基督徒之間其中一點最主要的分別，天主教的基督徒會教導「煉獄」的存在，而新教和東正教的基督徒卻不會這樣教導。鑑於這種分別的重要性，我們需要詳細一點來思考。或許最理想就是將煉獄理解為一個居間狀態，在這狀態中，那些在恩典的境況下死了的人，得以在最後進入天國之前，被賦予一個機會去洗清自己所犯的罪。雖然在馬加比後書十二章39至45節（這卷書被視為次經，因而新教作家認為此書欠缺權威性）論及猶大馬加比（Judas Maccabeus）「為死去的人贖罪，使他們能脱離他們的罪。」

這觀念發展於教父時期，亞歷山太的革利免（Clement of Alexandria）和俄利根都主張，那些已經死去卻沒有時間來得及履行贖罪善工的人，可以在來生裏（in the next life）「透過火來煉淨」。於頭四個世紀，在東方教會愈來愈廣泛流傳的為已死的人禱告這種宗教儀式，對神學發展帶來重要的影響力，也為禮儀以甚麼形式影響神學這個主題，提供了一個極佳的案例研究。有人問到如果那些代禱者不能改變死人存在的狀態，那麼為死人禱告的論據為何？相類似的觀點也能在奧古斯丁的思想中找到，他主張人在進入來生的喜樂之前，有需要先從今生的罪中潔淨過來。

到了四世紀，當為死人禱告這種做法似乎已經愈來愈被確立的時候，「煉獄」這觀念較明確的表達似乎要到兩個世紀之後，在大貴格利（Gregory the Great，約540～604年）的著作中才出現。在他寫於五九三或五九四年的馬太福音十二章31節的註釋中，貴格利論到「在來臨中的世代裏」（in the age to come）可以赦免的罪這個觀念，他對這觀念作出以下的解釋：那些在地上未蒙赦免的罪，在將來的世代裏可得赦免。潔淨之火相對於懲罰之火這個主題，在熱那亞的凱瑟琳（Catherine of Genoa）出版於約一九四〇年的《論煉獄》（*Treatise on Purgatory*）一書中得以盡情發揮。

在十六世紀期間，新教改教家否定煉獄這觀念。對這觀念的批評主要分為兩方面。第一，它被認為欠缺實質的聖經基礎。第二，這觀念與因信稱義的教義不一致，後者宣稱個人能夠透過信而被安立於「與神一起站在正義的一方」（"right with God"）或「被算為正當」（"justified"）這種關係中，一旦建立了這種關係，便可免除煉獄的需要。宗教改革家清除了煉獄觀之後，便再找不到迫切的理由要保留為死人祈禱的宗教儀式，因而從此之後這一做法便從新教的禮儀中刪除了。當代天主教卻仍保留煉獄的觀念和為死人祈禱的宗教儀式。

一個與煉獄有關的觀念需要在這裏提出，它就是「永生」，「永生」這觀念本來似乎要指出的只不過是生命不斷的延續，意即我們現今的存在持久不斷地伸延下去。但這卻不是原本的意思，新約聖經以希臘文寫成，希臘文用兩個不同的詞彙來形容生命，其中一個詞*bios*大概有「生物性存在」的意思；而另一個詞*zoe*的意思則是指到「生命在其完全實現的狀態」。基督教福音所關心的就是上帝所賜予那豐盛完全的生命（約十10），這種完全實現的豐盛生命，甚至連死亡本身也不能毀壞。我們的生物性存在並沒有被賦予無盡的延伸，卻是經歷一種轉化更新。永生的意思是指到我們現在與上帝的關係不會受到死亡的摧毀或挫敗，反而因死亡而持續下去和發展得更深。因此，在基督裏與上帝進入一種圓滿的關係這一基督教基本的主張可以被理解為：這種關係由現在已經開始，將來才會完成。

基於此，永生明顯不應被視為一件完全發生在將來的事件，它是我們現今已經能夠開始經歷的。當然永生在其完全實現的狀態，也只可以是我們惟有盼望在將來那日子臨到的時候才能獲得（路十八30）。儘管如此，我們現今亦能預嚐永生的滋味。在基督裏的信，就是與上帝開始一種新的關係，連死亡也不能將這種關係奪去，反而實際上深化這種關係，在這關係裏，死亡掃除了餘下攔阻我們經驗上帝臨在的障礙。

這並不是説我們的復活經已發生（這種觀點一定受到新約作者的反對，正如提後二18所講的）；它要説的卻是我們也許在此時此地就能瞥見那永恆生命的樣式。永生已經在我們作為信徒的現今生命開始，卻未完全實現。完全進入永恆的生命，並非等於要經歷一種完全陌生和完全不認識的狀態，相反，它是要我們延伸和深化我們那種經歷上帝臨在和愛的經驗。

應用

萬物在屬天的耶路撒冷之終末完成這一主題，對基督教靈修學具有相當大的重要性。在中世紀時期，拉丁文"*viator*"（直譯為旅行者）這詞被用作描繪那被想像成往天國之城旅行朝聖的信徒，天國之城的景象被視為給予那些正在參與朝聖旅途中的人的激勵和鼓舞。屬於這時期的不少著作，都會引導信徒將焦點集中在最後進入新耶路撒冷的榮耀盼望，以及這盼望所帶來的歡欣喜樂裏。這類思想廣泛被視為堅強信徒在處理那些經常在他們命途中出現的失意和艱難事情上的一種鼓勵。當然，同樣的主題也大可以在其他類型的靈修學中找到，例如本仁·約翰（John Bunyan）於一六七八年寫成的一本著名寓言《天路歷程》（*The Pilgrim's Progress*）就是一個例子。

這個層面的基督教信仰固然亦引來馬克思（Karl Marx，1818～1883年）這類人的嚴重批評，馬克思之所以將宗教看為「人民的鴉片」，部分原因乃在於基督教對將來生命賦予強烈的積極想像，為的是促使基督徒從擺放在他們前面的盼望這個角度去適應困難、苦難和失落。對馬克思來說，這種盼望正正使他們偏離而不去正視此世問題的重要性，諸如減輕貧窮所帶來的痛苦，以及關注社會公義的問題。

基督徒的盼望這一主題也可以從瞥見那應許之地這個角度來理解，正如摩西從山頂遠眺，跨過約旦，而最終進入應許之地一樣。這種講法在那位偉大的美國黑人民權領袖馬丁·路德·金（Martin Luther King，1929～1968年）不少的講章中展示了出來，同時為了反對馬克思的立場，他又舉例說明基督徒的盼望這一主題如何與被呼召參與直接的政治行動能夠連上關係。金牧師于一九六八年四月三日在田納西州孟菲斯市的梅森教堂（the Mason Temple in Memphis, Tennessee，是美國境內美籍黑人最大的五旬宗總部）作最後的一次講道，這篇講章既滲滿了參與行動的呼召，同時亦附以對將來盼望的重要性之肯定，然後將這兩者跟應許之地的意象連上關係，這篇講章以下列內容作為結束：

> 在我們面前還有一些艱難的日子，但現在已經不能難倒我，因為我已經立於山之頂峯，所以我不

> 再介意困難的臨到。就好像任何人一樣，我也喜歡享受悠長的生命。長壽在我心目中固然有它的地位，但現在我所關心的卻不是這些。我只是期望能按照上帝的心意而行，祂已經讓我直攀高峯，我亦在此遠望開去，我已見到應許之地。也許我不會再和你們在一起，但我期望你們今夜知道，我們作為一羣子民，將會到達那應許之地。因此我今夜非常快樂，我不再憂慮任何事情，也不再懼怕任何人。我的眼已經看見上主來臨的榮耀。

其中一個特別有趣的應用需要留意，那就是「榮福直觀」（"beatific vision"）這觀念。它背後基本的觀念乃是由於人性的限制，所以人絕對不能完全看見上帝的臨在。基督教會初期教父通常會將人對上帝的理解跟人直接望向太陽作出比較，人的肉眼絕對不能抵受太陽的強光，就好比人的肉眼不能適應太陽的光輝一樣，人的才智同樣不能適應上帝的榮耀和光芒。説到這裏，外邦君王造訪猶太拉比哈拿尼亞的兒子約書亞（Joshua ben Hananiah）那個故事就顯得很有趣。那位君王要求約書亞將他的上帝顯明給他看，拉比回答這是不可能的事（這答案自然不能滿足君王的要求），因此拉比帶領君王走出屋外，叫他直接望著夏日正午的太陽。那君王答道：「這是不可能的事！」拉比便回答：「如果你不能望向那上帝創造的太陽，你又如何能看到上帝的榮耀哩！」

不過中世紀的作家卻強調，沒有事情比起能夠看見上帝是更大的榮幸和愉快，當透過人的被造性和罪性而加諸在人性上面的限制被擱置一旁的時候，這種特權因而被認為保留在天國上面。在天國裏，最後能見到上帝所發的光輝、榮耀和美麗這最終的景象是可能的，而這亦是我們在期待將來要發生的事中擁有至高價值的事。我們能在不少中世紀的著作內找到這個觀念，也許最為人熟悉的就是在但丁（Dante）的《神曲》（*Divine Comedy*）之內。這部很可能橫跨一三〇五至一三一四年期間寫成的偉大作品，描寫靈魂穿過多層地府、煉獄和天堂而逐步向上提升，直到最後一刻，詩人能夠瞥見「那愛本身正在移動太陽和其他星體。」這是全書的最高峯所在，也就是基督徒生命的最高峯所在：最終能永遠面對面地見到上帝，而不是單單在現今的生命中遠距離和短暫地瞥見上帝。昆尼的伯納德（Bernard of Cluny，約1100～1150年）以下列文字表達這種盼望：

> 上帝，我們的君王乃我們的一部分，
> 在祂完全的恩典裏
> 我們將會永遠看到祂
> 和面對面地敬拜祂。

舉例說明

天國的主題特別在中世紀的靈修學有很大的發展，有關這個主題的重要性，昆尼的伯納德之著作是最佳的說明。我們將會稍為詳細地探討其中一部作品。在他那新耶路撒冷的經典景象中，昆尼的伯納德展示了基督徒關於萬物終末完滿實現的景象之基本元素。特別要留意的是他強調人類語言不能充分描述信徒等待甚麼來臨，以及如何運用與筵席、喜樂和安息有關的意象。

閃耀金光的耶路撒冷
得到流奶與蜜的祝福，
沮喪的心靈和受到抑壓聲音
都在你的注視底下。
我不能知道，噢，我不能知道
在前頭有甚麼喜樂等待著我們，
那榮耀的光輝
那欣喜若狂超過我們所能比較。

那些錫安的城堡屹立著
全部以歌聲歡呼，
很多天使帶來明亮璀璨的光輝，
所有的殉道者擁擠在一起。

王子永遠與我們同在，
日光是晴朗的，
被祝福者的牧場
以璀燦的光澤作為裝飾。

這裏有大衛的寶座
從牽掛中釋放出來，
他們凱旋的高呼聲，
他們宴樂的歌聲。
他們和他們的領袖，
在爭戰中已得勝
永遠永遠地
被白色的長袍所覆蓋。

噢！可愛和充滿福氣的家鄉
是上帝所揀選的家！
噢！可愛和充滿福氣的家鄉
是那渴望的心靈所期待的！
耶穌，在恩慈裏帶領我們
來到那可貴的安息之地；
祂與天父上帝同在，
也與聖靈同在，永遠地祝福我們。

伯納德在他那著名的聖詩中發展了與新耶路撒冷的富麗堂皇有關的基本主題，這新耶路撒冷乃相比於以色列人所預嚐過的應許之地。伯納德展示了一個擺在面前的遠象，作為當下鼓勵與支持基督徒信仰的途徑。留意伯納德所強調的乃是人類語言不足以傳達天國的奧妙，而且他也堅持一個信念，就是信徒必能確實知道所有這些奧妙的事情都在前頭等待著他們，按照伯納德的意思，那些覺得信仰生命疲累和沮喪的人，能夠透過這天國的景象得到安慰和鼓勵，因而可以繼續走那通往天上之城的路。

總結

到這裏為止，我們關於靈修學之神學基礎的考察將要結束。如果理解正確，很明顯神學和靈修學之間存在正面和重要的相互作用。本章既不嘗試處理它們之間所有的關係，也沒有探討與基督教靈修學有直接相關性的神學之每一部份。舉例來說，一個完全足夠的討論說明理應包括教會觀與聖禮觀的詳盡探討。雖然如此，仍盼望在本章所列學的資料內容會讓讀者自己能進深一步探究神學與靈修學之關聯。

進深參考書目

本章之內所有提過的論題都會在一般規格的基督教神學導論中概述，最通用的導論是本書的另一本姊妹作：

Alister E. McGrath, *Christian Theology: An Introduction*, 2nd edn. Oxford: Blackwell, 1997.

下列的導論性書目也會推介給那些期望在本章所引起的課題作進深研究的讀者。

C. E. Bratten and R. W. Jenson eds, *Christian Dogmatics*. 2 vols. Philadelphia: Fortress Press, 1984. 這書明顯從信義宗的觀點去寫作，非常難讀。然而，就算困難也值得一讀，尤其是關於啟示和上帝觀的文章。

Millard J. Erickson, *Christian Theology*, 2nd edn. Grand Rapids: Baker, 1998. 從廣義的浸信會和福音派的觀點寫成。

Francis F. Fiorenza and John P. Galvin, *Systematic Theology: Roman Catholic Perspectives*. 2 vols. Minneapolis: Fortress Press, 1991；單本裝由 Dublin 的 Gill and Macmillan 於 1992 年出版。這是一本從羅馬天主教觀點概覽系統神學重要主題的優秀作品。

P. Hodgson and R. King eds, *Christian Theology*. Philadelphia: Fortress Press, 1982. 此書亦有一加長版，額外附加了兩篇分別談及神學方法和聖禮的文章。從一般性的自由派觀點寫成，本書較優勝之處是較多對古典問題的近代討論。

Daniel E. Migliore, *Faith Seeking Understanding*. Grand Rapids: Eerdmans, 1991. 這是一本從一般改革宗觀點去探討神學所有主要範疇的很有用的概論，作者是一位非常有啟發能力和有吸引力的人。

下列書目特別跟某些個別的神學論題有關：

Donald M. Baillie, *God was in Christ: An Essay on Incarnation and Atonement*. London: Faber & Faber, 1956.

Leonardo Boff, *Trinity and Society*. London: Burns & Oates, 1988.

David Cairns, *The Image of God in Man*. London: Collins, 1973.

Colin E. Gunton, *The Actuality of Atonement*. Edinburgh: T. & T. Clark, 1988.

Colin E. Gunton, *The Triune Creator: A Historical and Systematic Survey.* Grand Rapids, MI: Eerdmans, 1998.

Robert W. Jenson, *The Triune Identity.* Philadelphia: Fortress Press, 1982.

John Macquarrie, *In Search of Humanity: A Theological and Philosophical Approach.* London: SCM Press, 1983.

John Meyendorff, *Christ in Eastern Christian Thought.* Washington, D.C.: Corpus, 1969.

Jürgen Moltmann, *The Crucified God.* London: SCM Press, 1973.

Jürgen Moltmann, *The Trinity and the Kingdom of God.* London: SCM Press, 1981.

Wolfhart Pannenberg, *Anthropology in Theological Perspective.* London: SCM Press, 1985.

H. E. W. Turner, *The Patristic Doctrine of Redemption.* London: Mowbray, 1952.

Thomas G. Weinandy, *The Father's Spirit of Sonship: Reconceiving the Trinity.* Edinburgh: T. & T. Clark, 1995.

5

聖經的意象與基督教靈修學

基督教靈修學包含一些建基於新舊兩約而具有指導性作用的意象（images），每一個這類的意象都可以幫助我們理解基督徒生命的本質，以及可以透過甚麼途徑而把生命提升。在本章裏，我們會探討這些意象中的其中一部分，看看它們在豐富的基督教靈修學傳統內如何發展。我們的注意力首先會關注聖經在基督教靈修學所扮演的角色，跟著再會思考對這門學科具有重要影響力的一些意象。

聖經作為靈修學其中一個資料來源

所有基督徒都會承認聖經對於基督徒的思想與生活具有根本的重要性。從最早期開始，如何讓聖經去塑造、培育和發展基督徒信仰已是一個相當重要的問題。接著下來，我們將會探討聖經的本質，以及歷世歷代的基督徒以甚麼方法為靈修學獲取和開啟聖經這豐富潛在的資源。

在繼續講下去之前，先說明一件很重要的事，在基督教神學內「聖經的」（biblical）和「聖典的」（scriptural）乃兩個同義詞。就正如「聖經」（Bible）、「聖典」（Scripture）或「神聖的經典」（Holy Scripture）乃同義詞一樣。這三個詞彙本書都會採用，故此一開始就需要辨識到，在本書內對這三個詞彙的用法，根本就不用預設它們之間有任何神學意義上的分別。（譯按："Scripture"一字的中文翻譯一般都只會譯成「聖經」，本書的中譯本都會沿用此一貫的譯法。）

能夠了解可以有好幾種不同解讀聖經的方法是很重要的。它可以被某人解讀為一部歷史文獻，舉例來說，某個想要了解一些約於所羅門王時代以色列及其鄰邦歷史的人。它也可以被某人解讀為基督教教理觀念的一本資源手冊（source-book），舉例來說，某個想找出聖保羅對教會的本質有何想法的人。不過基督徒又不會把聖經僅僅看為歷史或神學的資料庫，而是兩者兼而有之，甚至多過兩者。除了作為驗證的資料外，在一個適當的解讀方法底下，基督徒也會把聖經用作靈性培育和更新的資源，這不等於說這種閱讀聖經的方法是「對」，而其他方法就是「錯」，相反，聖經應被視為一種多面體和豐富的資源，能夠（亦應該）以好幾種方法去解讀。釋經的模式跟讀者的關注、問題和旨題相關。基於此，好幾種釋經的系統便發展出來，目的乃是促使讀者與聖經文本會遇時，能得到最大的收穫。

於中世紀後期有系統性地發展出來的其中一種最重要的釋經進路，就是有時被稱為「聖經的四重含義」（"fourfold sense of Scripture"），亦有時以拉丁文*Quadriga*來稱呼這種系統。其基本觀念乃是可以用四種方法去解釋聖經的某一段經文：即字面直接的解釋，或依據下列三種任何一種靈意的解釋：**寓意的解釋**（allegorically）、**借喻的解釋**（tropologically）或**屬靈性的解釋**（anagogically）。我們將會在下文解釋上述四種釋經法，開始時先解釋經文的字面意義。

一段經文的「字面意義」可以被理解為該段經文明顯的或自然的意義，該段經文便在這層意義中被接受其表面價值。因此，以色列人出埃及那偉大的報導，就僅僅被接受為在上帝子民的歷史中一段重要時刻的一件簡單的歷史報導。然而，從最初的時候開始，基督徒作家就已相信能夠在聖經的表層之下分辨出一個更富深度和更加屬靈的意義。因此，辨識這種更富深度的意義便成為一件相當重要的事情。基於此，希坡的奧古斯丁認為舊約經文擁有一個「被遮蔽」的更富深度的屬靈意義，一旦那遮蔽被挪開，該段經文真正的屬靈意義便會逐漸清晰明顯。

> 律法中有些教訓和命令是基督徒現在或許不會再按照其規定去遵守的，例如安息日、割禮、獻祭等等，當中所包含的奧祕無非是這樣，每一個宗教徒都應該明白解經最大的危險莫過於只按字面的意思去解釋經文，而另一方面，最健康妥當的解經亦莫過於讓聖靈將聖經真理啟示出來。基於以下這個理由：「那字句是叫人死，聖靈是叫人活。」（林後三6）再者：「直到今日誦讀舊約的時候，這帕子還沒有揭去。這帕子在基督裏已經廢去了。」（林後三14）在基督裏被廢去的，並非是舊約，而是遮蔽舊約的帕子，叫人藉著基督可以明白舊約。沒有基督時，舊約是難解的、隱藏的；但在基督裏，卻是敞開的……〔保羅〕沒有說：「律

法或舊約已被廢去。」因此，主的恩典並非廢去那被遮蓋的，視之為無用。相反，遮蓋那有用之真理的帕子已被挪去。這樣的事乃發生在那些敬虔渴慕追求聖經真義（而並非傲慢邪惡）的人身上。聖經中事件發生的先後次序，行為及話語的理由，以及新、舊兩約的和諧，都向他們全然顯露出來，以致沒有一處地方仍然有矛盾不協調的情況。隱藏的真理乃透過圖像來傳達其意思，而這些意思需要藉著解釋把它們發掘出來。

希坡的奧古斯丁（Augustine of Hippo，354～430年）

公認為最有影響力的拉丁教父作家，三八六年的夏季，奧古斯丁在意大利北部一個叫米蘭（Milan）的城市皈依基督教，後來他返回北非，並於三九五年出任希坡主教。他牽涉入兩場主要的爭論中——多納徒的紛爭（Donatist controversy）及伯拉糾的爭端，前者集中在教會和聖禮的爭論，後者則集中在恩典與罪惡。他同時亦對三一論的發展及基督教的歷史觀兩方面作出過重大的貢獻。

那麼，那些能夠透過正確的詮釋而被啟示和理解的「隱祕真理」又是甚麼？於中世紀期間，三種一般性的屬靈含義都已被辨識出來。

1. 經文**寓意上**的意思。經文被理解為擁有一個與基督教教義有關的象徵意義。舉例來說，出埃及的故事可以被理解為透過基督救贖世界的一個寓言。需要留意的是，這種解釋沒有否定出埃及是一件在歷史中發生的事件，或否定它對以色列人所具有相當大的重要性。這種解釋反而包含對這件歷史事件表層底下一種更深層意思的辨認，因而出埃及事件可被看為在基督裏得救的一種預嚐。

2. 經文**道德上**的意思。有關信徒行為的屬靈含義被辨認出來。如果聖經寓意上的含義關注的是教義的事情，則道德上的含義（有些作家亦稱為「借喻性的含義」）所關注的卻是倫理的事情。

3. 經文**預表性**的意思。這個不常見的詞彙含有「引領向上」或可能有「提升」的意思，亦含有信徒以何種方式作出盼望的屬靈含義。中世紀解經家經常強調某些聖經經文如何鼓勵信徒去獲得上帝奧妙之嶄新景象，也懷著興奮向前仰望期待的心情預嚐在天國裏與上帝最終的會遇。

中世紀時期其中一個關於如何正確解讀聖經的最重要的討論，由加爾都西會修道院作家蓋高二世（the Carthusian writer Guigo II，約1188年歿）提出。按照蓋高的意思，在閱讀聖經文本的過程中，可以分辨出四個階段（譯註：在靈修傳統中，這四個階段也就是靈閱〔*Lectio Divina*〕的四個步驟）：

1. 閱讀（*lectio*）；
2. 默想（*meditatio*）；
3. 祈禱（*oratio*）；和
4. 默觀（*contemplatio*）。

蓋高主張以閱讀聖經文本作為開始，這樣做時要完全期待我們在某些事情上會與上帝相遇。這樣會引領我們去默想我們所遇到的，意思並不是叫我們倒空思維上一切的東西，而是容讓我們的心思意念集中匯聚於經文的意思和意象之上，而將所有外來的思想排拒於外。這樣便會引領我們去祈禱，而祈禱正是我們對會遇中所經歷的惟一恰當的回應。最後，便引領我們在默觀中經過寧靜之門，而進入上帝的臨在之中。蓋高將這四種行動之間的關係，以下列一連串精簡的句子展示出來：

沒有默想的閱讀是沒有果效的。

沒有閱讀的默想則易於犯錯。

沒有默想的祈禱只會不冷不熱。

沒有祈禱的默想則顯得貧乏。

以忠誠熱切之心祈禱就能達到默觀。

蓋高二世（Guigo II，約1188年歿）

大約從一一七三年起至一一八〇年止，出任加爾都西會大修道院（the Grand Chartreuse）第九任副院長，這修道院是加爾都西修會的母院。蓋高是中世紀靈修學其中一位最具影響力的作家，他的《修道院的標準》（*Scala claustralium*）特別被人記得。（這本著作曾一度被當作為克勒窩的貝納德的作品。）

上述這種一般性的方案在中世紀時大行其道，也為打開聖經豐富的靈修資源提供一個架構。舉例來說，瑞波特（Geert Zerbolt van Zutphen，1637～1400年）被廣泛視為現代靈修學派（*devotio moderna*）其中一個最重要的早期大師，他正正將蓋高所寫的《修道院的標準》的基本主題引入其主要著作〈論屬靈的超昇〉(*de spiritualibus ascensionibus*)之內。

就瑞波特而言,對聖經進行屬靈閱讀是為讀者準備默想而設;默想是為準備祈禱而設;而祈禱則是為了默觀而設。若果首先沒有閱讀聖經而只去默想,就會冒著被騙或犯錯的危險,同樣若果只去閱讀聖經卻沒有祈禱,就會顯得貧乏和沒有果效。在澄清這一點的時候,瑞波特為默想下了一個定義,這定義可被視為中世紀在這一課題上達致共識的一個綜合性看法:

> 默想的意思是指到將你所讀或所聽的在心內孜孜不倦地反覆思考之過程,懷著渴慕的心去對所讀或所聽的進行反思,並因此在某種特殊的方式底下燃點起你的感情,或光照了你的理解。

耶穌會的創辦人依納爵·羅耀拉也提出過類似的進路。羅耀拉發展了一套同理心的投射(empathetic projection)或想像性代入(imaginative engagement)的技巧,透過這種技巧,讀者在閱讀一段聖經經文時,想像將自己投射進入那段聖經敘事文裏,然後從當中觀看和經歷那段經文。這種觀念其實也不是羅耀拉原創的,被發現早在薩克森的魯多夫(Ludolf of Saxony)一三七四年出版的《基督生平》(*Vita Christi*)一書中,這個觀念已經有很好的發展,作者在書內展示出他意圖「按照某些想像性的表象來描述一些事情」,目的是讓他的讀者能夠「令自己臨在於耶穌所行或所言的事情當中。」這個過程牽涉要運用想像力去為聖經中所發生的事件建構一個清晰生動和真實的思想上的圖像,加上以一個禱告的方式去與文本對話，為的是要以預期的方式去影響讀者。羅耀拉在他的〈第一課操練〉（"First Exercise"）中展示了他的靈修方法的基本原則，考慮到讀者在閱讀一段跟耶穌有關的福音性經文之後應該如何處理該段經文。

> 一開始時首先要為該地方塑造一個視象上的概念，在這一步上需要留意的是，當默觀的對像是一些可見的事情（例如默觀我們主基督在世的生活），那意象會包括以心靈的眼睛去觀看我們預期默觀的對像所臨在的具體地方，我所謂具體的地方，譬如是指耶穌或有福的童貞女馬利亞所在的會堂或山坡，當然亦視乎默觀的主體而定。但當默想的對像是一些不可見的事情，就正如默想罪，那思想上的圖像是要透過想像我的靈魂被囚禁於它那不朽的肉體之內，以及我整個的存在陷於低谷之中，猶如在一羣野生動物中的被逐流放的人一樣，至於所謂「整體的存在」乃指到肉體和靈魂而言。
>
> 第二步是要就著我所想所欲求的事求問上帝我們的主，所要求的必須要依據正在默想的主要內容來求。因此，如果所默觀的是關於復活的主題，我就應該要求跟基督同在那種歡欣快樂的喜悅；但如果所默觀的是關於受難的主題，我就應該要求去經歷與基督同受苦難的傷痛、眼淚和受苦。

十六世紀新教宗教改革經常被描繪為對聖經重新關注的一個運動，尤其平信徒自己愈來愈能直接解釋聖經，這無疑是當時改教運動其中一個重要的主題。宗教改革運動其中一個最核心的要求，就是應該所有人都能閱讀聖經，這自然就需要一種所有人都能明白的語言。而聖經翻譯的成果，也經常為西歐語言的塑造帶來重要的影響。舉例來說，大家都公認現代德語很受馬丁路德所翻譯的新約聖經所影響塑造，猶如現代英語仍然包含不少直接來自英王詹姆斯一世欽定聖經英譯本（the King James Version of the Bible）所制定的用語。

聖經成為宗教改革靈修學的核心，可以從宗教改革家所提供的著作資源（literary resources）中反映出來，其中三樣尤其重要。

1. **聖經註釋書**的目的有幾方面，就是讓讀者能夠仔細閱讀和明白上帝的話語，闡釋一些難解的用語，識別一些具重要性的要點，以及整體來説讓讀者熟悉某段聖經經文的主旨和關注。某些作家例如加爾文、馬丁路德和慈運理（Huldrych Zwingli，1484～1531年）所寫成的釋經書，都是為不同對像的讀者羣而設的，當中包括學術界人仕和平信徒。

2. **釋經講章**的目的，包括融合聖經文本及其聆聽者的視域，將隱藏於經文下面的原理應用在受眾的處境之上。加爾文在日內瓦所講的講章正是這類型的一個典範。加爾文在其講道中廣泛採用*lectio continua*這個觀念，意即連續順序圍繞聖經一卷書來宣講，而不是按講員的意思抽取（lectionary）選擇某一段經文來講。舉例來說，據我們所知介乎一五五五年三月二十日到一五五六年七月十五日這段日子期間，加爾文圍繞著一卷書（申命記）講了約二百篇道。

3. **聖經神學**著作，例如加爾文的《基督教要義》（*Institutes of the Christian Religion*）的目的，乃是透過按照神學上的重要性原則將某些聖經的陳述放在一起並加以綜合，好讓讀者能正確地識別到聖經在神學上的融貫性。透過這種做法，望能促使閱讀這些聖經神學著作的讀者能建立起一套融貫及前後一致的世界觀，而這套世界觀就成為他們每日生活的基礎原則。對加爾文來說，正如跟一般的改教家一樣，聖經塑造教義，而教義轉過頭來塑造現實中基督徒的生命。

其中一個說明聖經對早期新教靈修學的重要性的最佳例子，可以在馬丁路德一五三五年一篇作品〈簡單的祈禱方法〉（"A Simple Way to Pray"）中找到，這篇短文乃是路德為其理髮師彼得·伯士健多夫（Peter Beskendorf）而作的。文章為祈禱提出一個方法，就是將祈禱建立在閱讀經文之上，例如主禱文（太六9～13）和十誡（出二十1～17）。路德為祈禱所提出的方法，乃是建基在一種跟聖經文本的四重交互作用的行動上面。以十誡為例，路德提出了下列他個人認為很有幫助的祈禱方法。

> 我領受完一部分後再領受另一部分，我又會盡可能令自己從一些會導致分心的事物中抽離出來，為的是能夠專注地祈禱。然後我會將每條誡命分為四部分，目的是要製造一個由四股繩而形成花環形狀的裝飾。換言之，當我思想每一條誡命時，首先我會將它看為教導（意即事實上它應該如何）。第二，我會將它轉為一種感恩。第三部分是懺悔。而第四部分就是祈禱。

路德強調這種架構只是對祈禱的一種輔助，卻絕不容許它反過來對聖靈造成障礙。雖然如此，這架構確實被證實為非常受人歡迎，也在信義宗的圈子內外廣泛被採用。路德所賴以編織在一起而產生出來的「讚美花環」（garland of praise）之四個基本元素以下列方式展示出來。

1. **教導**。在這一點上，路德期望信徒能醒覺到在任何事情上都需要信靠上帝，而不是將倚靠放在其他諸如社會地位或財富等事物之上。
2. **感恩**。在這一點上，路德將注意力轉往默想上帝曾為他所做過的所有事情，特別與救贖有關的事情，同時亦回憶起身處困難之時，上帝曾應許成為他的「安慰、保護、引導和力量」。
3. **懺悔**。反省過上帝曾做過的所有事情之後，路德繼而會承認他自己的失敗和軟弱並為之表示懺悔。
4. **祈禱**。在前面所列舉的三個項目的角度出發，然後路德會組構成一段禱文，把上述三種元素編織在一起，在禱告裏他會請求上帝更新他的信仰和信靠，並加強他順服和忠信的決心。

馬丁路德（Martin Luther，1483～1546年）

也許是歐洲宗教改革運動最偉大的人物，尤以其因信稱義的教義及強調以基督為中心的啟示觀而聞名。他的「十架神學」亦引來二十世紀後期神學界很大的興趣。路德在一五一七年十月所張貼的九十五條（Ninety-Five Theses）一般被公認為宗教改革運動的開端。

默想聖經經文的重要性因而早於新教靈修傳統最初期的階段已經被牢固地建立起來，這原則實際上從新教靈修學任何一個時期的發展都能找到例子來說明。為了達到我們的目標，我們會將注意力集中在一位浸信會講道家查理斯·赫頓·司布真（Charles Haddon Spurgeon，1834～1892年）的著作中所採用和發展的方法，司布真被廣泛視為十九世紀其中一位最出色的講道家。對司布真來說，透過對默想的強調，就會使我們看到因過度地關注技術性的讀經方法所帶來的危機：

> 聖靈在我們的默想中教導我們沉思它（譯按：指聖經）的信息，如果我們願意，不妨將我們試著透過預備要獲得的信息傳達出來的責任放置一旁，而為著那信息單單信靠上帝。不過首先要默想它，並安靜地沉思，讓它深深地沉進我們的靈魂當中。當聖經被打開，猶如黃金之城的城門被開啟讓你進來時，你曾否被那份喜悅所驚訝和征服？在上主面前幾分鐘靈裏面安靜的敞開，比起數小時學習研究更能為我們帶來更寶貴的真理。

聖經的意象與靈修學

正如我們以上提過，閱讀聖經文本並且默想這文本，歷代以來對基督徒都非常重要。因此，當我們發現原來很多聖經的意象（biblical images）對基督教靈修學履行一種主導性的影響力時，其實一點也不應該覺得出奇，事實上，對一個意象進行反省，比起對一個觀念進行反省來得容易。

接著下來，我們會探討一連串聖經的意象，同時亦會留意它們以甚麼方法在傳統內開展及發展下來。

筵席

耶穌經常將上帝的國度比作筵席——或許好像在慶祝婚禮時所舉行的大宴會（路十四15～24）。當那浪子回轉歸回他的父親時（路十五11～24），父親亦為了慶祝曾經迷失的兒子終於能夠安全歸來而舉行了一場筵席。這個主題對靈修學很重要，部分原因在於它為基督教信仰本身加入了新的亮光，另外部分原因在於，它向我們所暗示的，是我們需要實踐的，好使我們在這信仰裏面得以進深。

筵席這個意象可以使人聯想到一些主題，這些主題可以拆開為下列幾方面。

1. 這意象使人聯想起能夠解決和滿足人饑餓的豐富食物和飲料，這是基督教對人性理解的一個重要主題，提到我們被造為的是要與上帝結伴相交，否則我們就會感到空虛。希坡的奧古斯丁在他那著名的向上帝祈禱的禱文內表達了這一點：「祢曾為祢自己創造了我們，除非直到能夠在祢裏面找尋到安息，否則我們的心不能得享安息。」
2. 它亦使人聯想起邀請這觀念，筵席是當我們在歡愉和宴樂中享受之前，我們被人邀請出席的一個聚會。耶穌自己與當時被猶太社羣視為被社會唾棄的一班人共席吃飯這件事，可以被理解為這班不幸的人被歡迎也被接納在主的同在裏面。赴宴就是指到被某位尊貴和重要人物邀請和歡迎出席某場合的意思，它是一件深深帶有積極肯定性的事情。

3. 筵席跟慶祝和喜樂有關，擺設筵席乃標志著一個重大盛會的舉行，例如婚禮，為的是使到所有認識和愛護那對結婚男女的人，都能分享和表達他們的歡欣和喜樂。

上述每一個主題都在基督教靈修學內被發展開來，尤其跟聖餐禮有關，餅和酒提醒我們，人性裏面同時有兩種的需要（靈裏面的饑餓與口渴），以及福音能夠以甚麼方式去識別和滿足那些需要。

不過聖餐禮亦會引領我們指向基督徒的盼望。「赴筵席」這意象在「羔羊的婚筵」（啟十九9）這遠象中才能落實其完滿的實現，而聖餐禮可被視為這遠象在現今日子的一個預嚐。第二次梵蒂岡大公會議將聖餐禮看為「天上筵席的預嚐」，約翰·衛斯理則稱它為「天上的諾言」（"pledge of heaven"）。基本的主題講到天上是一處歡欣和富足的地方，亦歡迎我們進入該處。在現今主餐中的慶祝既是對過往所發生的事（耶穌的死亡與復活）一個重要的提醒，也是對將來會發生的事的一個確據（被歡迎和接納進入永活上帝的臨在裏）。

釋經學中屬安提阿學派立場的一位作家，莫蘇士底亞的費奧多亞（Theodore of Mopsuestia，約350～428年）特別清楚地提到這一點。

> 每一次當這種令人敬畏的獻祭禮儀（這是天上實體很清楚的意象）舉行之際，我們應該想像我們是在天上……信仰使我們能夠在我們的思維裏描繪那些天上實體的圖像，正如我們提醒自己，同一位基督現今既在天上（同時亦臨在）亦在這些象徵之下。故此，當信仰促使我們的眼睛默觀

> 現今所發生的事情，我們正是再一次被引領去目睹祂的死亡、復活和升天，而這些事情是為了我們的緣故一早已經發生的了。

費奧多亞所發展的基本觀念，乃是提到聖餐讓我們既往後看也往前瞻。當往後看的時候，我們被提醒不要忘記基督乃是為我們的緣故而死和復活。當往前瞻的時候，我們便能開始想像我們自己居於天上，在那裏，基督在所有祂的榮光中被看見。現今透過聖禮上的象徵而在暗淡的微光中所見到的基督，將來會在所有祂的榮光與奧妙中被啟示出來。當我們進入復活基督的臨在裏，則再沒有需要提供那記號與象徵了。

如此說來，這筵席的意象對我們了解靈修學能提供甚麼深刻的洞見呢？其中一個可供參考的答案可以在布萊斯·巴斯葛（Blaise Pascal）的著作中找到，在他看來，人對自己內在虛空之省覺最終乃在於上帝的缺場。

> 這種渴望和無助感，雖然曾經在每一個人中成為一種真正的快樂，但現在所有剩下來的除了是空白的印記和痕迹之外，還有其他甚麼可宣告呢？我們嘗試以圍繞我們身邊的每樣事物去填滿這種空虛也只是徒然，由於在那些存在的事物中我們找不到幫助，便惟有在一些根本不存在的事物中尋覓。然而，沒有人能改變事物，由於惟獨本身是無限和不變的那位才能把這無限的深淵填滿——換言之，惟有靠上帝自己，惟獨上帝是我們真正的美善。

巴斯葛的論點是要說明，在上帝以外，沒有其他可以填滿內在於我們裏面的深淵，也許我們嘗試以其他事物來填補這種空虛感，例如經濟上的成就或地位，但最終這些成就不會亦不能滿足我們，惟獨上帝才能滿足這種需要。所以對巴斯葛而言，筵席的意象乃指出，我們需要確認，除上帝以外，我們不容許其他人或事物成為我們渴望欲求的對像。若然我們這樣做，這些人或事物就會出賣我們並使我們失望。真正的靈修應該包括對上帝的追尋，同時不容許我們的渴求依附在其他任何人或任何事物之上。

布萊斯·巴斯葛（Blaise Pascal，1623～1662年）

他是法國一位具有影響力的羅馬天主教作家，也是一位相當有聲譽的數學家和神學家。在一六四六年經歷了一次生命轉變的宗教經驗之後，他便為自己的信仰發展了一套強調以基督為中心及經驗性的模式。他最著名的作品便是在他死後數年，即始於一六七○年結集成書的那部稱為《沉思錄》（*Pensées*）的文集。

愛德華滋和魯益師也提出過上述相類似的觀點。在他的講章〈基督教的朝聖者〉（"The Christian Pilgrim"）裏，愛德華滋這樣斷言：「上帝是理性受造物中至高的善，因此惟有在祂裏面所享有的歡欣快樂，才能滿足我們的靈魂。」對魯益師而言，人裏面的渴求和空虛的感覺，正是朝向上帝的一個指標，惟獨上帝能滿足人的意欲渴求。魯益師在一篇於一九四一年六月八日在牛津大學宣講的名為〈榮耀的重價〉（"Weight of Glory"）的著名講章裏，整全地提出了以上的看法。魯益師提到：「沒有任何自然的幸福快樂能滿足的一種欲求」，「這一種欲求，依然漂流不定，不能確定它的欲求對像，同時依然大部分未能看到那些對像真正所依循的方向。」在關於人的欲求這件事情上，有一些違背自己原意的情況出現，到頭來所欲求的對像和達成願望的時間似乎反而令到那欲求不能得到滿足。魯益師透過對美的追求這存在已久的事實作為例子，採用了一個最終來自奧古斯丁的意象來說明這道理：

> 如果我們相信美乃藏在於書本或音樂之中，其實這種想法已出賣了我們。美並非藏在於它們之中，只是透過它們而出現，亦只是透過它們而渴求的對像而已。書本或音樂這些東西（美的東西，我們自己過往的記憶）真的是我們真正渴求的出色意象，但如果它們被誤解為美本身，它們就會變成為不能說話的偶像，徒令它們的崇拜者心碎。由於它們不是美本身，它們只是我們從沒有找到過的花香，從沒有聽過的曲調之回音，以及來自一個我們從沒有探訪過的國家的消息而已。

旅程

無論舊約和新約聖經都對旅程有所描述，例如亞伯拉罕往迦南之旅程，或保羅偉大的宣教旅程。也許在舊約中所描述兩次最重要的旅程分別是：以色列民進入應許之地前在曠野漂流四十年的旅程；以及耶路撒冷居民經過幾十年被擄到巴比倫大城之後歸回他們故土之旅。而每一個上述這類旅程都會成為基督教靈修學中具有相當重要性的意象。

基督徒生命中其中一個最有力的意象正是旅程。誠然，新約聖經記錄早期基督徒最初將自己稱為「道」（“the way”）

的跟隨者（舉例來說，可參考徒九2，二十四14）。正如上帝帶領以色列民離開埃及的奴役而進入那應許之地一樣，故此，基督徒的生命可被看為凱旋地被引領進入天上之城之前，從罪的綑縛中得釋放的一次緩慢過程。

我們在保羅的作品中有好幾處地方都能找到旅程這意象的修訂版本。對保羅來說，基督徒的生命好像一場賽跑——一段在壓力底下進行的漫長和艱難的旅程，在這旅程中勝利者能得到冠冕（見加二2；提後四7）。這意象同樣在希伯來書被採用，在當中激勵其讀者透過定睛仰望耶穌而鍥而不捨地參與這場生命的賽跑（來十二1～2）。這意象讓保羅得以強調在基督徒生命中紀律的重要性。

關於紀律在基督徒生命中所扮演的角色，傳統上會在禁欲主義（這詞源於希臘文詞彙*askesis*，意即「紀律」）中進行探討，這詞彙容易引起一些沒有裨益的聯想：舉例來說，從事一些荒謬的自我否定的嚴格程序項目，以及對世界、對人、對性一般採取消極的態度。禁欲主義的意思是指到自我約束紀律的過程，好使基督徒猶如信徒一樣能過一個更加真誠和有效的生活。新約聖經當中所用運動員和士兵的模式，目的乃是要傳達一個信息，就是紀律和訓練作為保證一個人行動的質素之手段的重要性。無論士兵和運動員都需要接受訓練，為的是能夠恰當地履行他們的任務。因此，禁欲主義只是達到目的的手段，而並非目的本身。訓練導致有更好的基督徒生命，因此自我約束紀律不能被視為目標本身，而只是促使能達到一個更偉大的目標之過程而已。

因此，自我否定可被視為消除一些阻礙屬靈成長的具支配性力量（例如驕傲、自我中心、以及普遍地對其他人缺乏關心和愛）的一套系統性的程序項目。舉例來說，禁食是自我約束紀律的一種上佳的方法，它測試我們履行任務的能力，也提醒我們過渡消費的傾向，這種過渡消費的傾向，會吸引我們離開我們屬天的目標，同時會帶引我們忽略那能幫助我們達成目標所要履行的紀律。

由此可見，基督徒生命的目標是要安全地到達那屬天的家鄉，任何令我們離開這任務的事情都被視為具有潛在的危險性。基於這個理由，不少靈修作家都強調對世界培養一份漠不關心的態度是何等的重要。愛德華滋在他的講章〈基督教的朝聖者〉正強調這點的重要性：

> 我們不應安頓於此世及其享樂之中，卻應要嚮往天上之鄉……我們應要超越所有事物而嚮往屬天的福樂；嚮往與上帝同在；也嚮往好好地與耶穌基督同在。縱然我們被外在的享樂所圍住，也已在值得擁有的朋友和人際關係的家庭中安頓下來；縱然我們擁有一些與我們相處交往得很快樂的同伴，也能夠在孩子中見到不少大有可為的素質；縱然我們與一些好鄰舍同住，也在認識我們的人中普遍地受到愛戴；然而，我們也不應在這些事物中安頓下來，好像將這些事物視為我們生命的一部分一樣……我們應該帶著一種隨時預備捨棄的態度去擁有、享受及使用它們，沒有其他看法比這一種看法更適合，無論何時我們都是被這種態度所感召，然後為著天上之鄉而充滿喜樂及甘心情願地改變它們。

留意愛德華滋並非以任何方式去貶低這個上帝所創造的

美好世界，他所關注的只是基督徒似乎重視受造物多過造物主，結果便在一些看為好的事物中安頓下來，而沒有將上帝視為生命中的最美好。

也許值得留意的是，在基督教靈修學中有兩部著作均將焦點放在「旅程」這一主題之上。但丁所作《神曲》的中心主題，正是描述從一個幽暗的森林通往一處充滿極樂景象的境界在那裏與神相遇之旅程。在這漫長與艱難的旅程之中，詩人對他自己的身分、得救的本質和獲救的途徑都有更深的領悟。也許我們更加熟悉的就是那部本仁·約翰所寫著名的《天路歷程》，這本書正寫於他反對查理斯二世（Charles II）的宗教政策而結果被判下獄，被監禁在貝德福德（Bedford）時寫成的，其首要主題是描述基督徒從「毀壞之城」（City of Destruction）走向「屬天之城」（the Heavenly City）之旅程。這本書以十分簡易及直接的英文寫成，因而對英語這種語文的發展起了很重要的影響力。再者，其重要的主題包括通往新耶路撒冷的旅程中所遭遇的困難、試探和激勵，作者正是企圖以此主題來鼓勵和告誡其讀者。

那麼，旅程這意象究竟能為那些欲想發展靈修學的人帶來甚麼洞見呢？這意象其實很豐富，以致能夠辨識到好幾個不同的見解出來。

1. 在旅程出發前，通常認為較聰明的做法，就是手執一張能指示如何到達想到的目的地之地圖。在靈修學裏面，所提及的「地圖」就是很多在我們之前已經走過這旅程的基督徒的共同經驗，並將他們的智慧、知識和鼓勵流傳下來給我們。與其他人結交來往（無論獨自透過閱讀書本，抑或花時間在羣體內與其他人嘗試活出基督徒的生命），都是其中一種度過基督徒生活最有幫助的方法。

2. 在一個漫長的旅途之中，其中一個能得到鼓勵的最好方法，就是那人能預先嚐試去到目的地的滋味。意思是為一個人最終的目的地形構一幅圖像，然後預先嚐試去到目的地的喜樂，同時亦在那幅圖像裏想像有那些人將會在目的地出現。不少基督教靈修學最偉大的作品，其目的都是為那些在這個旅途之中的人給予一幅新耶路撒冷的景象，以致令到他們渴望住在那裏，並體驗到在其中的喜樂。
3. 對大部分基督徒作家而言，都不會將信仰之旅視為個人的朝聖旅程，反而會視之為一種集體合作的成就，因為在這旅途之中，那些弱者會幫助那強者。基督徒的旅程注定就是一樁彼此合作和支持的事情，這意味著在基督徒生活中團契和互相支持是何等重要，事實上這是不少靈修學著作的其中一個主題，包括潘霍華的《團契生活》（*Life Together*，1938）。

潘霍華（Dietrich Bonhoeffer，1906～1945年）

德國信義宗神學家，受巴特影響，在一九三○年代期間，對教會合一運動尤其感到興趣。一九四三年被捕，一九四五年被納粹分子處決。他在獄中所書寫的文章及信件涉及上帝受苦、以及神學跟一個「非宗教的社會」關聯的需要等課題的重要討論。

流放

在舊約中所記載的其中一件最重要的事件莫過於從耶路撒冷被擄到巴比倫的事件，這事件發生在主前五八六年。於主前六○五年，巴比倫王尼布甲尼撒在迦基米施打敗了埃及大軍，在區內為巴比倫建立了最主要的軍事和政治力量。連同在這區域內的其他眾多版圖，大約在主前六〇四年，猶大國的領土終於被巴比倫人所統治。猶大王約雅敬決定反抗巴比倫，他之所以如此做，有可能因為受到埃及人於主前六〇一年對巴比倫一次成功的反擊所鼓勵，這場反擊戰也許反映了巴比倫的力量已經衰退。但結果證實這是一次可怕的錯誤判斷，猶大國被巴比倫的軍隊入侵，此事被當時的作者清楚地詮釋為：上主對不忠不信的子民和君王所施行的曾經預告的審判。曾經成為猶大國希望的埃及亦被打敗，同時亦被武裝中立。（這些事件亦被耶利米生動地描述下來並加以分析，而他的先知書的最後幾章也應該從這個歷史敘事的角度去解讀。）

約雅斤接續約雅敬（這兩個名字的極度相似性經常引起讀者的混淆）作王至主前五九八年年底，跟著不久便發生了巴比倫人最後圍攻耶路撒冷城之事。翌年年初（即主前五九七年年初），約雅斤王、王室一家、以及王室大臣那個圈子的人都向圍城的軍隊投降。他們跟幾千名俘虜被擄到巴比倫。巴比倫人安排約雅斤的其中一個親戚西底家繼承王位好成為他們的附庸，而且為了當下的情況，亦似乎樂於讓事情如此地發生。可是西底家意圖背叛巴比倫，巴比倫人的反應非常大和果斷。於主前五八八年一月，他們圍攻耶路撒冷城。主前五八六年七月，城牆被攻破，全城落入他們手中。抵抗的軍隊嘗試逃走但被擊敗。第二個月，一名巴比倫官員抵達耶路撒冷，履行監督該城防禦設施及其主要建築物的毀壞及將其人民驅逐出境的工作，聖殿內的陳設裝飾被拆下來當作戰利品運往巴比倫。

新約作者特別有興趣關注這些事件的詮釋。首先，被擄的一段時期被詮釋為對猶大墮落為外邦宗教信仰和習俗所遭到的審判；然後就是一段國家悔改和更新的時期，這段時期帶來一班復興中的上帝子民之重建。

「流放」這意象在基督教靈修學內（尤其透過中世紀時期的作家）得到發展。流放的基本主題乃是取材自耶路撒冷的歷史，正如我們在上文所提過的。然而，它卻以一個特別的方式被詮釋和發展。取材自保羅將基督徒描述為「天上的居民」這意象，以及基督徒最終會進入新耶路撒冷這盼望，這些作家認為地上的生命可被理解為從天上的耶路撒冷流放出來的一段時期。這世界非我家，它只是我們被放逐所到的地方。

其中一個最能代表這種看法的例子可以在亞伯拉德的著作（尤其是他的詩歌《偉哉安息》〔*O quanta qualia sunt illa sabbata*〕）中找到，在這首詩歌中，亞伯拉德將當時基督徒猶如被擄到巴比倫的情況跟回歸耶路撒冷的盼望作出對比：

> 現在此刻，眾心都被提升至高處，
> 我們必然想望與思慕這家鄉；
> 透過我們漫長被放逐在巴比倫所身處的困局，
> 讓我們尋找耶路撒冷，那親愛的本鄉。

另一個相關的看法也在安瑟倫的〈向基督祈禱〉（"Prayer to Christ"）一文中找到。在這篇禱文裏，安瑟倫提到他欲想在天國裏與基督同在的渴望。這種與基督同在的思想同一時間提高了他在現今不能與基督同在的愁苦感覺，並給他終有一天能與基督同在的盼望和鼓勵。再者，流放的意象在以下這一點上支配了他的思想：

一切我能持守的就是這堅定不移的信仰
並為了流放的艱苦而哭泣。
因著祢來臨這獨特的安慰而生的盼望
熱切地渴慕為祢面容而有榮耀的沉思。

站在這模式的基礎上，中世紀作家們開始發展一連串解釋基督徒身分的洞見，並為他們應如何活在世上而提供指引。舉例來說，他們強調培育那回歸家鄉的盼望之重要性。不少這時期的作家，都為天上的耶路撒冷提供了很多強烈的視覺意象，為的是鼓勵讀者將他們的心思意念緊緊地傾注在天上。舊約聖經指出，有些耶路撒冷被擄的居民原來寧願留在巴比倫，當其他人歸回故土的時候，他們卻選擇逗留在這城裏。克勒窩的貝納德和另一些人都能辨識到基督徒生命中一件相類似的危險的事：就是基督徒喜愛他們流放之地多過他們的家鄉，於是實際上便寧願選擇停留在流放的狀態。

鬥爭

基督教通常被描繪為上帝與世界之間、或善與惡之間的一種鬥爭，當然這亦不等於基督徒將世界看為一處邪惡的地方。正如我們較早前提過，在基督教傳統內佔主流的觀點，是將世界看為上帝美好的創造。所關注的是一些本來不是上帝的事物會取代上帝，基督徒也許要放下世界上次好的事物而更喜愛上帝本身這更大的美善。世界只是指向上帝，但它本身不是上帝，因而不能接受它成為取代上帝的代替品。

這種對基督徒生活之內的張力之理解，特別可以為鬥爭這意象提供一個很好的認識。保羅曾說過「穿戴上帝所賜的全副軍裝」(弗六10～18)作為抵抗屬靈攻擊的保障，基督徒好比士兵，如果他們要面對擺在他們面前的戰爭仍能不屈不撓堅持到底的話，他們務必先要接受嚴格紀律的訓練(提後二3)。

在基督教靈修學內，鬥爭這意象被放在三種不同的境遇中展開。

1. **向那些對基督教或其中一種形式的基督教懷有敵意的人展開外在的鬥爭。**不少人都認為當基督教處於受攻擊或被逼受苦的時候，似乎就是最能表現其真實性的時候。舉例來說，新約聖經經常假設基督徒由於他們的信仰的緣故，因而落在羅馬政權的手中受到苦待。清教徒作家又經常覺得他們在英國受到聖公宗當權者的迫害，不過仍能透過這些經歷深化他們的屬靈生命。在這種情境底下，因信仰而帶來鬥爭這意象，就勉勵了基督徒就算處於困難的境況中仍要在信仰中堅持下去。在史太林(Stalin)時期的俄羅斯東正教靈修學的發展，正好以特別慘痛的經歷帶出這點，就正如我們在薛雲哥夫斯基(Anatolii Zhurankovskii，1897～1939年)或拔托斯基(Tavrion Batotskii，1898～1979年)的作品中所能看到的。

2. **對試探誘惑展開內在的鬥爭。**不少靈修學作家都強調對罪的識別及與其抵抗鬥爭之重要性。阿維拉的大德蘭(Teresa of Ávila，1515～1582年)所寫的《七寶樓臺》(*Interior Castle*)正好作為一個很好的例子，這部作品勉勵其讀者往內察看並了解自己的靈魂，然後跟那些從他們生命裏頭被分辨出來的罪爭戰。這種跟自己裏頭的罪鬥爭的主題，在基督教靈修學整個系譜中隨處可見，同時亦是非常重要。其中一部較詳細發展這一主題卻又某程度上被後世所忽略的作品，要算是史葛普利（Lorenzo Scupoli）於一五八九年出版的《屬靈戰爭》（*Combattimento Spirituale*），由一五八九至一七五〇年間它一共出了二百五十版。

3. **與上帝搏鬥**。鬥爭僅僅發生在信仰與世界之間這種想法必然不能成立。基督教多種值得注意的傳統之中其中之一，就是信徒同樣會跟上帝搏鬥這種觀念。局部來說，這種搏鬥跟想完全能理解上帝這種意欲有關。聖經中跟這觀點有關聯而經常被引述的意象，就是在雅博渡口雅各跟一位未能識別身分的人那整夜摔跤的神祕經歷（創三十二22～32）。這次的搏鬥被廣泛地詮釋為人奮力想理解認識上帝的一個寓意故事。因此，祈禱便被視為跟上帝摔跤搏鬥（例如，不同的作家如阿奎那和衞斯理都提出這種看法），透過這行動冀能使個人洞悉上帝的旨意。

清教徒主義特別有興趣使用「鬥爭」這主題，雖然對「清教徒主義」一詞起源的了解仍然不清晰，同時它的準確意義還不斷在爭議當中，單就著我們學習的目標來說，也許可以將這運動界定為發生於十七世紀期間，宗教改革神學和靈修學在英國及北美殖民地區興旺的一個變體（version），這場運動比較起其歐陸改革宗的同僚們，更加確認體驗和教牧議題的重要性。清教徒將基督徒的生命視為對抗罪和不信的一場持久鬥爭，在這場爭戰中，信徒一直會得到上帝的支持。

這種看法的主要思想可以在約翰·奥雲（John Owen，1616～1683年）其中一篇最具影響力的作品《論信徒中對罪的克制》

(*On the Mortification of Sin in Believers*)中找到。這篇文章提到「把罪治死」的觀念,罪被想像成一種有人格性的力量,與上帝為敵,要脅要將信徒囚禁在它的枷鎖之中,並阻止信徒達到生命的完滿實現。在這篇文章中,奧雲強調與罪的鬥爭不可能單單倚靠信徒的力量去進行,賜給信徒的聖靈乃是與罪抗爭的一個主動資源。

> 當我們裏面合適被鍛煉,聖靈就在我們裏面工作,為的是保存我們屬己的自由和不加強制的順服。祂在我們的理解、意志、良知和感情中工作,兼且並不違反它們各自的本性。祂**在我們裏面**並**與我們一起**工作,而並非在**反對我們**或**缺少了我們**的情境中工作,所以祂的幫助是為了有利工作的發展而有的鼓勵,而對工作本身沒有任何輕忽的理由。而事實上我在這裏亦要為到那些可憐靈魂的無盡和愚昧的工作而悲痛,他們深信自己有罪,亦沒有能力抵禦他們確信自己有罪的那種力量,透過數不清的令人困惑的方式和責任去安定自己、去壓制罪惡,然而,對上帝的靈來說,他們還是陌生人,因此所做的一切均屬徒勞。他們爭戰卻沒有勝利,發動戰爭而沒有和平,在所有的日子裏他們都處於奴隸的狀態。他們並非將力量花在麵包上,他們所付出的勞力也只是花在那些沒有回報的事情上,這是任何不幸的受造物能夠參與的最悲痛的戰爭。一個處於法律宣判有罪這種力量底下的靈魂,正是處於一種壓力底下要去跟罪惡爭戰,但卻沒有能力面對戰鬥。他們沒有能

> 力卻仍要爭戰，他們永遠不能征服對方；他們好像那些為了被敵人殺死而將自己刺在敵人劍上的人一樣。**法律**驅使他們往前衝，而罪惡卻擊打他們使他們後退。事實上，當他們只是輕蔑地離開罪，而又當自己眼看不見的時候，有時他們真的會想到自己已經把罪打敗；也就是他們將自己那些關乎恐懼、悲傷和極度痛苦的自然情感弄得混亂，當這些情感沒有真正被觸及，便會使他們相信罪已被征服。在那時他們便會表現得冷酷，他們必須再次進入戰爭當中；而他們想被人殺死的那種欲念卻表面上似乎沒有傷口。

雖然奧雲所用的是現代已不通用的古舊英語，但他所陳明的觀點卻依然有其重要性。在上面一段文字中其中一個最重要的主題，乃是基督徒縱然相信自己能夠在抵禦罪惡的搏鬥中發揮其力量，但最終亦注定要面對失敗和痛苦，由於這種戰鬥不能純粹僅靠人的資源力量而取勝。基督徒的信心需要落在上帝親自在信徒生命裏去與罪惡抵抗爭鬥，而最後的結果將會是上帝得勝。

滌淨洗罪

其中一個與基督教靈修學有關的最重要的聖經意象是滌淨洗罪。辨別出靈性上與肉體上的滌淨洗罪之間的分別，是一件非常重要的事，雖然後者能夠作為前者的一個類比或說明，但它們彼此之間始終有很大的分別。在舊約聖經裏，相當強調在面臨上帝的臨在之前先要有好的預備。在利未記十六章被詳細描述的贖罪日的宗教儀式中，正好指出那些被批准接近上帝的人（如大祭司）潔淨的重要性，同樣的主題對個人所犯的罪亦同樣重要。舉例來說，傳統上詩篇五十一篇會被看為大衛在與拔示巴通姦這件事情（撒下十一章）發生之後的一首懺悔詩，「從罪中得潔淨」這一主題在整篇詩重複出現，正如下面一段節錄就能清楚表達這主題（詩五十一2、7）：

> 求你將我的罪孽洗除淨盡，
> 並潔除我的罪……
> 求你用牛膝草潔淨我，我就乾淨；
> 求你洗滌我，我就比雪更白。

這篇詩篇被引用於聖灰星期三（Ash Wednesday）的敬拜儀式當中，聖灰星期三是大齋日的首日，是復活節前的一段時期，傳統上將這段時期視為一段悔罪和個人為了記念受難節和復活節而預備自己的一段時期（參本書頁228）。

有關人的罪性的主題在新約聖經中有進一步的發展。希伯來書其中一個核心主題是基督就是那完全的祭，祂除去了罪的玷污，以致信徒能夠有信心進入上帝的臨在當中（來四14～16）。這卷書信用上了潔淨的意象來指涉滌淨洗罪的事情，這是將基督之死撥作洗淨罪惡的用途所帶來的結果（參本書頁107）。基督在十架上之死「撒在信徒的心上」（“sprinkles the hearts”；參照舊約聖經的一種滌淨洗罪的儀式）和「潔淨了自覺有罪的良知」（“cleanses guilty consciences”；來十22）。這種意象在關乎洗禮中得到進一步的發展，洗禮中的水部分被視為潔淨的象徵，當然這是基督在十架上所作的成果。

其中一個談及這潔淨過程而特別引人注目的新約意象要算是「被羔羊的血洗淨」這個意象（啟七14），這意象起初時令人百思不得其解，或者甚至帶有吊詭性，因為一般來說，血只會令衣服沾污多過是去除污漬的方法。然而，這意象卻試圖傳達以下這件事實：基督在十架上之死（「羔羊的血」就是一個象徵）乃是將罪從人類中除去的途徑。這個意象顯著地成為很多福音派聖詩的特徵，其中一個特別明顯的例子可以在彼得遜（Hallgrimur Péterson，1614～1674年）所作的經典冰島語的詩歌《耶穌受難的聖歌》（"Hymns of the Passion"）中找到。這首作於一六五九年的詩將焦點集中在基督為信徒受苦和死亡所帶來的功效上，同時亦多次提及透過基督的血從罪中得潔淨的觀念。這部廣泛被視為在冰島語中屬於經典的作品，在一種很高戲劇性和視覺方式下，展現路德關於基督受難的本質及其功效這經典觀念。

在基督教靈修學內，「污染」或「玷污」這意象已經廣泛被用作為理解罪的本質的一個方法。舉例來說，俄利根主張，基於人類的根源，人類進入一個被罪污染的世界，惟有耶穌基督由於是童貞女所生，因此祂依然沒有受原罪的污染。

> 每一個來到這世界的人都可以說已被某種污染所影響……事實上人被置身於母親的子宮裏，而且構成其肉體的質料之根源亦是取之於父親的精子，可以說已從父母親當中受到污染……因此任何人都已從父母親當中受到污染。惟有主耶穌出生時沒有受到污染，祂沒有受到母親的污染，故此祂是進入一個未被污染的軀體之內。

對俄利根來說，救贖的過程包括逐漸消除這種污染，人性被上帝的行動所轉化，並最終使自己神性化。

俄利根（Origen，約185～254年）

亞歷山太學派重要的代表人物，他的寓意釋經法及結合柏拉圖哲學在神學上（特別是基督論）的運用尤為著名。很多他用希臘文寫的作品原稿已經遺失，留下來的一些拉丁文譯本的可靠性備受質疑。

「被罪污染」這一觀念經常被連於「上帝的形像」這一觀念，舊約聖經肯定人是按照上帝的形像和樣式被造（創一26～27），不過這上帝的形像又在某方面因著人的罪而受到破損或被遮蓋，因此，這形像雖沒有被完全廢掉，卻顯得模糊不清。為了要回復到之前本來的狀態，便有需要同時透過上帝的恩典和人的紀律來潔淨人性。正如克勒窩的貝納德在他的《雅歌講章》（*Sermon on the Song of Songs*）中如此說：「藉著上帝的恩典，我們正在生命裏頭修補著上帝的形像，並為我們預備了方法。為的是補償我們曾經擁有卻因罪的緣故而喪失的榮譽。」

在中世紀期內，上述這種觀念循著多種途徑去發展，當中最重要的也許就是「洗罪之路」（*via purgativa*）的觀念。十三世紀一位作家包馬的雨果（Huge of Balma）在基督教靈修學中分別出三種「方法」或「途徑」出來，當中第一種方法乃是洗淨靈魂中的罪，因這罪玷污了靈魂，並使它不能達到它正確和預期的靈命成長，一旦罪被清洗，信徒便能透過「光照之路」（*via illuminativa*；上帝智慧之光線藉著聖經和祈禱作為中介去光照啟迪人的靈魂）和「聯合之路」進一步向前邁進，而最終靈魂得以跟上帝聯合（參本書頁272）。

在清教徒主義的思想當中，在發展潔淨這概念的過程中尤其參考「罪的克制」這觀念。約翰·奧雲貢獻了為數不少教牧神學的主要著作，其中包括《論信徒中對罪的克制》，談及如何「克制」（或說治死）住在我們裏面的罪。正如上文所說，將基督徒生活看為一場鬥爭，這種富有清教徒特色的強調，便自然會讓它的作家（包括奧雲和本仁·約翰）以跟住在我們裏面的罪和死亡兩者搏鬥這些詞彙去描述潔淨這概念。

其中一個與之相關連的最重要的主題就是我們剛剛思想過的「內化」（internalization）。在下面我們將會再詳細討論。

信仰的內化

正如我們較早前提過，靈修學這概念與宗教信仰的內化有緊密的連帶關係。基督教承認奉行某些形式化的外顯的宗教責任（例如返教會），跟將信仰成為內在生命的一部分，彼此之間有區別。固然將信仰變成內在生命的一部分與奉行它的外在禮儀之間不需要有張力，本來後者自然地理應導致前者的出現。然而，在基督教傳統內，不少作家提及過其中一個重要的關注，就是擔心有些基督徒單單滿足於履行了一些信仰活動，僅僅將宗教視為一種需要奉行的行為準則，而缺乏任何更深更內在的本源或基礎。

這課題在聖經中曾有頗長的篇幅談論過，尤其見於先知文學。舊約先知其中一個常見的責難，就是那班曾經對上帝懷有強烈情感之愛的以色列人，卻墮陷在一種宗教衰頹的光景之中，他們以單單對外在法律的依從來代替早前那種對上帝的愛。以賽亞責難以色列人單單延續遵行宗教的外在禮節儀式，例如獻祭、獻香品和奉行月朔節期（賽一10～17）。類似的責難在舊約隨處可見。基本共通的主題乃是以依從宗教性的外在要求來代替一種有深遠根基和內化的信仰。以色列人可能只「用咀唇尊敬上帝」，但他們心裏卻沒有上帝（賽二十九13）。

當那班舊約的先知一方面對宗教作出純粹外在的理解這種趨勢提出異議的時候，他們同時強調有需要將信仰看成為一件關於內心的事情。「內心的割禮」（申十16；耶四4）這句說話說明了信仰的外在表記（割禮）需要跟內在的情感連上關係。耶利米先知提到上主會更新與以色列人所立的約；在這件事情上，約被寫在以色列民的心中（耶三十一33）。無論律法也好、約也好，都不再是一件關乎外在規則的事情；它們會成為上帝子民智性和感性生命的一部分。

在新約聖經中也能找到類似的主題，尤其見之於保羅對聖靈角色的重要性的強調（加五16～26）。對保羅來說，聖靈轉化信徒的內在生命，令他們擁有「仁愛、喜樂、和平、忍耐、恩慈、良善、信實、溫柔和節制。」這些「聖靈所結的果子」（加五22）並非藉著奉行外在的法則而產生，而是藉著聖靈作內在生命的改變。

在西方靈修學內，上述這一主題的重要性最明顯是在十一和十二世紀修道院的改革中反映出來。在這項改革之前，重點通常落在宗教生活的外顯特徵之上，舉例來說，對宗教儀式所要求的生活規則的遵從，穿著某種特定款式的衣服裝束，以及奉行某些既定形式的祈禱。這些做法很容易令人只從一種專注於宗教的外顯事情這角度來理解，因而便相對地欠缺了對宗教的內部感到興趣。

這段期間的宗教改革將一個新的重點放在「內在生命」上面。蘇格拉底的箴言「認識你自己」(*scito te ipsum*)成為最重要的座右銘,並導致一種重視個人默想和祈禱的轉向,相對地亦減少對宗教外在形式的興趣。這時期當大部分的宗教儀式保持為一種「生命的法則」時,就愈來愈多人將之解釋為一種加強祈禱默想的內在生命的方法,多過僅僅將之看為一連串被要求形式上要順服依從的法規。這種看法尤其在十一世紀期間安瑟倫的作品中清楚找到,在這些著作中,我們會找到宗教生活的一些傳統外在形式被保存了下來,但卻以它們對靈魂的內在生命的益處這一角度去詮釋。舉例來說,安瑟倫認為修道士的服飾充滿了象徵主義,這有助於修道士祈禱和默想:

> 那深沉黑色的衣服提醒修道士也是一個罪人,衣服從頭到腳遮蓋著他,為的是引導他一生一世都有以上這種想法。它們同樣既表達了十字架的形式,又在他裏面再次建立了上主的受難經歷……不要期望穿著帶有宗教性的服裝會帶來任何果效,除非當某人外顯地有所表現的同時,內在生命也同樣付上了努力。

這種加強對禱告的內在生命的關注,以及確定宗教信仰永不可能是一件純粹奉行外在規條的事情,在宗教改革時期重新得以確認其重要性。馬丁路德和加爾文同樣對修道主義那種宗教儀式提出批判,其批判的基礎乃在於這些宗教儀式會鼓勵或暗示下列這種信念:就是可以藉著奉行外在的法規而獲得並保障救贖的實現。對路德來說,信仰乃是人的靈魂之內一樣活生生的事情，它有賴上帝的道來孕育。在反宗教運動（The Counter Reformation）之內亦有不少作家表達過類似的關注，當中包括以「西里西亞的天使」（the Silesian Angel）為筆名寫作的約翰·舒化（Johann Scheffler，1624～1677年），也許他最著名的作品要算是《天真無邪的漫游者》（*The Cherubic Wanderer*，1676年），在這部著作中，作者強調一種切合個人信仰的需要。

61. **上帝一定在你裏面誕生**

縱然基督在伯利恆誕生一千次，
卻沒有在你裏面誕生，你依然最終會失落。

62. **外在的東西沒有幫助**

各各他的十字架不能把你從罪中拯救出來，
除非那十字架在你裏面被舉起。

63. **要你自己從死亡中活過來**

如果你仍然被罪和死亡所綑縛，
基督的復活也對你沒有幫助。

尤其在敬虔主義者的圈子中，特別強調有需要將一個內在化的信仰和皈依歸信上帝這主題連上關係。皈依歸信上帝一般被理解為個人內在生命完全的轉變。親岑多夫（Nicholas Ludwig von Zinzendorf，1700～1760年）這位也許是最著名的德國敬虔主義的作家，就從個人生命完全更新的角度去解讀皈依歸信上帝的意思，他如此寫道：

有些事必定會發生在我們身上，路德把它們稱之為「上帝在我們裏面的工作」，上帝的工作能夠改變我們，給與我們新生的生命，並且令到我們在心、靈、思想與所有我們的能力上成為完全不同的人。

類似的觀念也可以在約翰·衛斯理和查理·衛斯理的作品中找到，而且隨後亦能夠在北美新教主義的奮興運動的傳統中找到，當中包括培理·辛地（Billy Sunday）和葛培理（Billy Graham）等佈道家。這一傳統（由現代福音主義所舉例説明）堅決拒絕被形容為具有「宗教性」，由於這種描述被視為會強調信仰生命的外顯部分，但根據這個傳統，它理應更強調信仰的內在生命。

曠野

曠野被認為是一處孤寂的地方，沒有令人分心的事會發生，在那裏個人單獨與上帝在一起，因而有機會去反省屬靈層面的事情。在基督教靈修學內關於「曠野」這一主題背後所採用的其中一個主要的聖經意象，就是以色列人進入應許地之前在曠野飄流那段經歷（附帶地説，這段經歷將「旅程」和「曠野」兩個主題連在一起）。某些舊約先知（尤其是耶利米和何西阿）將曠野説成是以色列人生命被煉淨與更新的地方，這些先知經常回顧以色列人在曠野飄流那段日子，並將這段日子看為以色列國在主前八世紀由於財富的增加而帶來腐化之前最親近上帝的一段時期。

曠野除了被認為是一處煉淨生命的地方之外，也是一處禱告的地方。以利亞和施洗約翰兩人同時就是從這方面跟曠野連上關係。福音書多次提到耶穌退到曠野去禱告，具體來説，福音書記載耶穌受洗之後，他退到曠野留在那裏達四十天之久，在這段期內，他面對不同的試探，但最終都能成功勝過試探（路四1～13），在大齋期就會記念這段時期（參本書頁228）。

在三世紀期間，基督教東方教會分別以兩種不同的方式發展對沙漠或曠野這主題的關注。有些人選擇以字面的意思去解釋這意象，埃及的安東尼（Antony of Egypt，約251～356年）由於愈來愈警覺到城市生活那種財富的不斷增長而帶來的腐化，因此便和他的跟隨者一同退到曠野去建立一個新的且沒有被城市的罪惡所污染的羣體。透過從人類社羣撤離退隱到曠野這一行動，安東尼相信他能夠以某程度的專注力去處理自己的屬靈狀況，而在其他地方這是不可能做得到的。曠野為根除分心和試探提供一個解毒的良方，讓人得到解脱而能自由聚焦在上帝和屬靈生命上。

相類似的觀念也能在賈仙（Cassian，360～435年）的著作中找到，他最初進入伯利恆一間修道院隱修，最後在埃及安頓下來。對賈仙來説，曠野是每個人得以正視及處理自己的罪的一處地方。儘管如此，但對那些不能成功解決難題的人來説，反而會覺得情況比起之前更糟糕！

> 那些追求完善（即每一樣罪都被洗清）的人應該進到曠野裏去。若他們在修道生活中打算要潔淨自己的過犯，他們就應該進入獨處之中（這樣做並非由於他們是一班從自己罪惡中逃走出來的弱者，而是由於他們渴慕追求要默觀上帝，以及追求惟有在獨處之中方能找到的一個更加崇高的〔關於上帝的〕景象，而且也惟有那些完善的人才能找到）。對於每一樣被我們帶進曠野卻沒有

> 被洗淨的罪而言，那些罪仍然會在我們裏面存在、隱藏而並沒有被摧毀。對於一個已把罪洗淨的生命來說，獨處能打開通往那最純全默觀之門，並能將屬靈奧祕的知識展現出來。不過在相同方式底下，它通常會保存甚至偶然會使那些未被治愈的過犯更加惡化。

對賈仙而言，曠野的確為默觀上帝提供了無可比擬的機會，不過這句說話只能應用在那些已完全為自己準備好要獲得這好處的人身上。

這個「退隱進入曠野」的主題隨後以一些稍微不同的方式發展下去。舉例來說，加爾默羅會修士（the Carmelites）原本是以迦密山（Mount Carmel）作為基地，同時又跟貝霍德（St Berthold）有關的一班隱修士，在耶路撒冷的艾伯特（Albert of Jerusalem，1206～1214年）領導底下，建立了一個適切這種曠野地區的生活常規。然而，地區內不斷增長的政治上不穩定的狀態，迫使修會惟有遷移往歐洲。「曠野」這觀念就是這樣被保存下來，然後在十六世紀由改教者引介開去，規定每隔一段時間就要往那些與世隔絕的中心去退修，在那裏這種迦密山式的獨處便得以重現。

關於藉著曠野而深化一個人的屬靈生命的一個更加近期的例子，是由查理斯．傅科（Charles de Foucauld，1858～1916年）所提供，在他作為一個在北非服役的法國騎兵軍官期間，傅科孕育了一份對撒哈拉沙漠的愛，最終他在這裏安頓下來，住在遙遠的沙漠地區，並且在獨處與缺乏安全感的環境下生活卻為他帶來歡欣喜悅的感覺。

第二種進路是以寓意的手法去詮釋曠野的意思，意即它是令信心和聖潔增長的一段屬靈旅程。俄利根正是將以色列人在曠野漂流那段經歷看為基督徒生命的一個寓意，而並非將它單單看為以色列史裏面一段特別重要時刻的描述。基督徒必須期待要有曠野漂流，然後最終越過約旦而進入應許之地這種經歷。

> 靈魂在趨於完善之前，需要先住在曠野裏，因為在那裏可以在上主的誡命底下操練自己，而且也會在試探引誘底下試驗其信心。故此當靈魂克勝了一個試探並且其信心由此通過試驗之後，便要迎向另一試探之來臨。就是這樣，靈魂在一個地方停下來一段時間後，便要離開那裏通往另一處，也就是在一個地方停下來經歷了那裏所發生之事情後，然後再繼續通往另一處再停留。換言之，即是透過經歷生命與信仰中所有的磨煉，也就是所謂停下來的地方，德性在其中所經歷而獲得的成長才是那真正的結果，而在它們裏面所實現的也就是聖經所講的：「他們行走，力上加力。」直至它們到達德性那最後、最高的階段，也越過了上帝之河，而得到那應許會得到繼承的產業。

描述這一進路的另一版本，乃是以色列人在曠野漂流期間，上帝施恩降下嗎哪供應以色列人那件事情。不少作家認為可以用寓意的方法解釋這件事情，即是說，在以色列人越過曠野走往那應許之地這段旅程之中，上帝施恩供應以色列人屬靈的養料（例如透過道的宣講或透過施行聖禮來供應)。在二十世紀一位修道院院長杜斯的魯珀特(Rupert of Deutz,約1075～1130年)的作品中可以找到一個優秀的範例。

> 聖靈何時打開使徒、先知甚至教師的口去宣講救贖的道和揭開聖經的奧祕,上主就會隨時打開天上的大門使嗎哪如雨水般降下供應我們享用。我們以信心而不是以眼見來行過此世的曠野,總之我們一日未行完,我們就仍然不顧一切地需要這些供應。透過閱讀和聆聽上帝的道來餵養我們的心靈,也透過從上主的筵席吃生命的餅和喝賜下永恆救贖的酒來餵養我們的口。然而,當我們最終到達那生命之地,即是那蒙祝福的耶路撒冷,也就是將會面對面看見眾神之上的神的那地方,在那裏我們不用再需要教義的語言、也不需要吃外表是普通的餅和酒而實質是眾天使的餅,而是在其本身真正之本體中相見。

魯珀特在上文將在曠野漂流的意象,擴展到同時包含我們透過甚麼途徑來維持生命和我們最終達到的結果兩層意思。就好像當以色列人最終在那流奶與蜜之地安頓下來後,就再無需要嗎哪一樣;同樣道理,當基督徒面對面見到上帝,他們也再無需要接受道和聖禮的牧養,因為他們所預見的先兆現在已在其完滿的狀態中見到一切。

升高

升高這主題(尤其是登上高山的主題)同樣在舊約和

新約聖經中佔有相當大的重要性。摩西登上西乃山接受律法誡命；耶穌登山變像。在上述每一例子中，升高的觀念均與貼近上帝一事連在一起，當然亦不應該將它當成某種幼稚的觀念，即一個人所攀的山愈高，他就愈能接近上帝。這升高的觀念當然複雜得多，而且牽涉到以象徵主義來談論超越性。因此，登上高山這意象作為基督教靈修學其中一個核心主題（即如何在基督徒生命裏貼近上帝這一主題）的解說或支持基礎就成為自然的選擇了。

升高這主題固然並非只限於高山的意象。當雅各夢見梯子立於天地之間時（創二十八12），其所關心的課題乃是那永恆與超越如何突破界限進入這短暫無常的人間世界之中，梯子的意象正象徵著這兩個世界之間轉化過渡的可能性，這一課題在基督教關於啟示的本質之討論中正正就很成問題。然而，我們關心的焦點始終較多放在貼近上帝這屬靈問題上面。接著下來，我們會特別以高山和梯子的意象來探討聖經中關於升高的主題。

攀登高山的意象愈來愈深地植根於基督教靈修傳統之中。作為法蘭西斯學派主要的神學家和靈修學作家的波拿文土拉（Bonaventure），在其寫於一二五九年的《心向上帝之旅程》（*Itinerarium Mentis in Deum*）這部作品中發展了下列這種觀念：就是以默觀作為升高進入上帝之內的方法。這一登山旅程以基督的愛作為起始點，透過被釘十架的基督作為中介去維持和培育基督的愛。波拿文土拉如此寫道：「再沒有其他途徑，惟有透過被釘十架那一位的燃燒著的愛，這份愛促使保羅被提到第三重天之時會被改變成為基督。」透過基督的受難，我們得以進到天父當中。

十六世紀西班牙作家十架聖約翰（St John of the Cross，1542～1591年）寫了一本具有非常大影響力的著作，名為《攀登迦密山》（*The Ascent of Mount Carmel*），書內附有一幅為那些欲想登山的人而設的迦密山的手畫地圖。那山固然只可以象徵性地詮釋，登山的歷程被解釋為相當於在屬靈生命的成長和發展中所獲得的某些洞見和掌握到某些困難。不過那意象所要表達的焦點卻是很清楚的：靈修是基督徒生命中有關的進程，在其中讓人貼近上帝的臨在。因此，但丁在他的《神曲》攀登煉獄山（Mount Purgatory），為的是把他以前所犯過的罪留下而更貼近上帝。另一個類似的意象（雖然以另一種方式來表達或使用），則可以在梅頓的《七重山》（*Seven Storey Mountain*，1946年）中找到，這本書基本上是梅頓以自傳式的文體，並以七個山嶺——肯聶居（Canigou）；加維爾（The Calvaire）；布洛克山（Brooke Hill）；牧場（The Pasture）；煉獄山（Mount Purgatory）；奧彌衞特山（Mount Olivet）；康章忠格峯（Kanchenjunga）——來述說他自己的屬靈歷程。

在這一章的較前部分（本書頁149），我們提過蓋高二世的閱讀聖經的四重方式，透過這種方式，修道士從閱讀進到默想、再從默想進到祈禱、然後從祈禱進到默觀。他建立這架構的那部非常重要的作品之名稱就是《修道士的梯子》（*The Ladder of Monks*）。蓋高很清晰地將他的四個「步驟」理解為不單只是一個歷程內不同階段這個意思而已，它們是一種中介的方法，猶如一把梯子上的腳踏，使用者便可藉著它們攀登至屬靈覺悟性（spiritual awareness）的最高層級。另外引用「梯子」主題的做法，又可以在十四世紀華特·希爾頓（Walter Hilton，約1343～1396年）的《完美的級別》(*Scale of Perfection*) 一書中找到。在這本著作中,希爾頓建基在保羅關於呼召、被改造(希爾頓原本在這裏用上「糾正錯誤」一詞,我卻採用了一個意譯的詞彙)、頌揚(magnifying)和榮耀這連串主題上,而發展出一種四重步驟的一套方法,它們被視為升高進入上帝裏面的途徑。

黑暗與光明

聖經經常開展黑暗與光明的主題,它們在基督教靈修學中也曾扮演重要的角色。在創世記的創造記述中,黑暗跟混亂一片的觀念連在一起(創一1~3)。當上帝創造光的時候,宇宙就成為截然不同的地方。聖經多次引用照亮一詞來描述上帝的臨在和權能,舉例來說,在黑暗中行走的百姓看見了大光(賽九2)。耶穌被描繪為「世界的光」會驅走黑暗(約八12)。然而,亦有幾處以黑暗來提及上帝的臨在(出二十21;申五23),這詞所指涉的意義可能最好的理解乃是指到人不能完全掌握上帝的真實。摩西正是在黑暗和密雲遮蓋底下被呼召去臨近上帝,這意象已廣泛地被用來象徵人沒有能力掌握上帝。保羅有另一相似的講法,就算最終我們能夠面對面的看見上帝,他還是把我們目前的處境說成是「對著鏡子觀看,模糊不清」(林前十三12)。

光明與黑暗這意象效力很大,能發揮很大的效果,因而很多作家選擇要發展這聖經意象也不足為奇。強調屬靈上的光照這主題,能在富影響力的德國靈修神學家艾哈特的著作中找到,尤其在他的關於「突破」人類本質的界限的討論中,談到信徒在屬靈光照下如何被神性的良善所充滿。要明白艾哈特在這一層面上的教導有一定的困難，在這裏初步要強調的只是想帶出艾哈特觀察到上帝臨在與光明彼此間有密切聯繫。

> 這種誕生的其中一個特性就是它會伴隨著創新的光輝而出現，它通常會為靈魂帶來強光，良善的本質在靈魂裏將自己散播到任何它能找到自己的地方。在這種誕生裏，上帝將如此豐盛的光輝傾注充滿了靈魂，以致靈魂的本質和底層都被佈滿強光，而最終更傾流出來並充滿肉眼可見的人的不同能力之中。

然而，在下面一段裏，我們會特別將焦點集中在我們這主題較消極的一面，闡明靈修學家以甚麼方式去應用「黑暗」這主題。黑暗的意象最主要的用途包括以下幾項：

1. **黑暗作為疑惑的意象。**在這種情況底下，黑暗跟不能正確地觀看連上關係，因而不能對正在發生的事情獲得一全面的理解。「在黑暗裏」的意思就是不能成功地理解正在發生著的事情。當我們沒有能力明白上帝在此世內奧祕的工作和臨在的時候，疑惑通常就由此而生，顯而易見的是黑暗如何能夠跟疑惑連在一起。故此，光便跟消除疑惑連上關係了。
2. **黑暗作為罪的象徵。**對不少靈修學家來說，人的罪引致在上帝跟人類之間設置了一重障礙。故此，基於人的罪的緣故，人不能認識上帝、也不榮耀上帝。雖然有些靈修學家主張，人對上帝的盲目無知乃基於人作為受造物的後果多過是由於人犯罪的緣故，但有另一些靈修學家選擇仍要強調屬靈上的盲目無知跟人被罪綑縛有關。結果，屬靈操練被視為獲得屬靈光照的一個途徑。

3. **黑暗作為上帝的不可知性的象徵。**這一主題通常在否定神學的傳統內找到（見本書頁211），它所強調的是人對上帝的知識之界限的問題。對一班靈修學家如女撒的貴格利和拿先素斯的貴格利來說，一個有信仰的人彷如被投進「神性的黑夜」裏，縱然毋須懷疑上帝的臨在，但在這黑夜裏上帝依然是不可知的。僅僅由於受造物的有限性，他們便不能完全明白他們的創造主。

上述第三個講法特別在十四世紀一本著作《未知之雲》（*The Cloud of Unknowing*）中可以見到。雖然有人認為這本書是華特·希爾頓所作，但我們事實不知道這本書的作者是誰。這書的基本主題是要說明經常有「一種未知之雲」存在，它常被放置於信徒和上帝之間，結果是上帝永遠不能被清楚看見、永遠不能被心靈理解、或永遠不能在人的情感中體驗得到。雖然有很多很好的理由令我們想到《未知之雲》一書的作者受到亞略巴古的偽丟尼修（見本書頁212～213）的否定神學所影響，但很清楚的是這書的作者在一些具重要性的觀點時發展了他獨特的進路。正如摩西進入雲中去經驗上帝一樣，信徒同樣必須要學習怎樣跟隨那未可知的黑暗路途，以及在當下生命中內在所承受的苦痛。儘管偶然經歷過一種因著對上帝那不完全和暫時性的掌握而帶來的狂喜經驗，但不要忘記對上帝完全和永恆的擁有乃是超越此生此世的生命方能達到的。

不少靈修學家從舊約聖經那通常稱為雅歌的作品中引用黑暗的意象，雅歌描繪一對戀人在黑暗中的相遇。這是一種寓意法的詮釋，帶有指向那信仰的靈魂與上帝在「信仰的黑暗」中相遇的意思。舉例來說，十架約翰採用黑暗的意象，去指涉在黑夜裏偷走出來去跟靈魂所意欲追求的對像（即上帝）相遇這觀念。在他的《黑夜》（*The Dark Night*）這部詩歌裏，我們看到他以激動喜悅的心情去默觀一次跟他所愛的戀人在夜間進行的約會。

最廣為人知的關於探討黑暗的主題，也許在十架約翰有關那著名的《靈魂的黑夜》的著作中找到。約翰用「靈魂的黑夜」這片語來描述靈魂以甚麼方式把它的過分自信和依靠自我的心除去，為的是打開通向那能與上帝建立更緊密關係的路途。我們可以從兩種不同的方式去設想「靈魂的黑夜」的意思，其中一種認為上帝做主動；另外一種則以信徒做主動。「黑夜」主動的一面乃指到信徒方面的自願性的紀律操練和自我服從，從中基督徒能夠學會逃避罪惡，並學會從世界的享樂和屬靈的誘惑中抽離出來，這是對大多數基督信徒來說正常的生活模式。

不過約翰也肯定上帝會為那些被認為已有心理準備接受這條路的人打開另一條道路。在這種情況底下，信徒是被動的，而上帝才是主動。「黑夜」被動的一面牽涉到基督徒被上帝帶領或引導去透過默觀獲得那嶄新的更有深度的洞見。然而，這就會牽涉到需要放下慣常熟習的禱告方式，而且在早期階段會有很強的混亂和迷惑的感覺。為了讓上帝能引領我們，便有需要放下那些到目前為止仍維持著屬靈生命的慣常熟習的常規和見識。

特別就這點而言，約翰認為信徒太倚賴心靈和想像力去描繪上帝並以此作為奉獻的一種途徑。那被動的「靈魂的黑夜」牽涉到承認任何關於上帝能夠被掌握或理解的事均需置諸腦後。在這一點上，約翰大量地採用否定神學的主題，強調關於上帝的中介性知識（mediated knowledge）的限制。如要獲得上帝的非中介性（unmediated）和直觀（direct）的知識，就要好像被太陽光弄瞎了眼一樣，不能基於太陽光耀眼的光輝而看見它。約翰乃全面地談及「黑夜」給信徒帶來的悲痛，他們或會感到孤單、被遺棄、以及混亂。有人認為約翰這一層面的靈修學在近代的日子為他帶來一種特別的吸引力，能夠跟現代世界的憂慮感和含混性產生共鳴。

另一個在意念上走得更遠，卻又證明在基督教靈修傳統內收效大的有關黑暗的意象就是黑森林。個體會逐漸完全迷失於那龐大的黑森林這個主題，是不少歐洲民間故事主要的題材。舉例來說，格林兄弟（The Brothers Grimm）收集了很多故事，它們都是圍繞人們如何迷失在德國大森林裏作為其中心主題。在但丁寫於十四世紀第一個十年的《神曲》中，我們可以看到他用這意象象徵人的迷失乃是犯罪的結果，但丁的《神曲》以一個從一三〇〇年聖週（Holy Week）開始，經過地獄和煉獄而進入天堂的富想像性的旅程作為表達的方式。這部戲劇除了可以看為一部經小心處理、言簡意賅，記敘十三世紀義大利不同面貌的政治狀況（尤其跟佛羅倫斯這城有關的事）的紀事錄之外，也可以從一個個人得贖的角度來閱讀。詩歌開頭便描寫但丁在一個山的山腳樹林中迷路，被他的生命的旅途弄得筋疲力竭。那「黑森林」正是在一個有罪的世界內人的迷失的象徵，就是從這一點開始了但丁的旅程，而以看見上帝這景象（The vision of God）作為終點：「那能移動太陽和其他星辰的愛。」

寧謐

當面臨上帝的威嚴之時，人類只好歸於寧靜。不過需要注意的是聖經其他的經文均肯定了在上帝的臨在裏祈禱、崇拜和讚美的重要性，故此安靜決不被認為是惟一合適的回應。雖然如此，許多聖經經文仍主張，安靜是人類對無法用人自己的説話去充分恰當地言説上帝的實在之一種合宜的承認。這一主題在舊約先知傳統中有清晰的表達：舉例來説，哈巴谷宣告當上主臨在祂的聖殿中，全地的人都應當靜默（哈二20）。同一主題亦在智慧傳統中出現，約伯記（留意它那種對上帝的本質和目的之激進的發問）以約伯回復安靜並從上帝的觀點醒覺到他自己的愚昧作為終結（伯四十二1～3）。而啟示錄所指的「天上寂靜」（啟八1）明顯是表達人經歷上帝臨在而生的驚歎。

從這一意義而言，「寧謐」這主題可被視為跟上帝的奧祕這否定神學的主題有關：即是説，承認人的語言永遠不能充分恰當地言説上帝。正如我們在討論「黑暗」那主題時所提及過的，透過採用這一意象而帶出其中一個要點，那就是單靠己力的人類心智根本就沒有能力穿透進入上帝的奧祕之中。「寧謐」這主題直接跟這要點有關，它肯定了人類語言不能表述上帝完全的奧妙。與其對不言而喻的事作十足的陳腔濫調，不如以安靜作為面臨上帝完全的奧妙之合適的回應。

「寧謐」這主題在基督教靈修學內非常重要，部分原因是由於它讓人的心智與想像力從束縛中得到釋放以致能將焦點集中在上帝永活的臨在上面。「你們要休息，要知道我是上帝」（詩四十六10），安靜通常被視為有效禱告（亦可以被理解為「聆聽上帝」）的先決條件，很多修道院的院規都鼓勵以安靜作為促進默想的媒介。梅頓在其自傳式的著作《蒙揀選的寧謐》(*Elected Silence*,1949)一書中記載了他決意進入苦修會羣體,這段記述指出寧靜在輔助反思這一事情上具有很高的價值。而聖公宗靈修學家藍西(Arthur Michael Ramsey,1904~1988年;有時又稱為坎特伯雷的大主教〔Archbishop of Canterbury〕)指出,寧靜的價值在一定程度上會從多方面產生回響,無論它們作為基督徒的效忠對像是甚麼:

> 寧靜讓我們能夠意識到上帝,讓心智和想像力停駐在祂的真理中,讓祈禱在述說之前先有聆聽,而且讓我們以一種在我們製造或聆聽噪音時不可能實現的方式去發現我們的自我。有時在我們裏頭出現了一種內在的寧靜,靈魂在這樣的寧靜裏得以從一種新的向度來看活力與安寧並從而發現自己,無休止的生命卻會錯失上述這種向度……在基督徒所習慣的寧靜裏,會傾流出上帝創造主的奧妙,對耶穌生、死和復活的回憶,對祂的生命中一些場景片段的回想,通常聖經裏面的一段經文,因著上帝指頭的臨在而令大自然擁有的輝煌,個人蒙福的感恩或詩人述說奇妙與美麗的言語。

東正教其中一個最重要的運動的名稱正是取自希臘文「寧靜」或「寂靜」的意思,希臘詞彙*hesychia*可以蘊函不同的意義,但基本上乃是指涉寧靜和寂靜這觀念。這思想學派被普遍稱為「息靜修」,強調安靜在基督徒生活中的重要性，特別重視它在提升反思和默想中所扮演的角色。雖然這詞彙可以指到一種「外顯」的寧靜（即是說，猶如隱士所做的乃是身體上從其他人中孤立出來），但它更一般地用來指到「內在」的寧靜，在這種寧靜裏，信徒從所有令他分心的事情中抽離出來，為的是將注意力集中在上帝身上。

這種安靜默想的過程通常會跟「耶穌禱文」連上關係，這禱文借用那瞎子在耶利哥城外向耶穌所講的說話而作出輕微的修改（路十八38），通常以下列的方式表達出來：「主耶穌基督，上帝的兒子，可憐我吧。」（偶然地會在後面加上「這個罪人」等字）。這段禱文在十八世紀時正式形成了標準的格式，在東正教靈修傳統中廣泛地使用。不少作家建議此禱文可以伴隨某些身體姿勢合拼來做：舉例來說，把頭部上下移動、用呼吸來協調說話的節奏。息靜修的發展尤其跟十四世紀作家貴格利·帕拉馬斯（Gregory Palamas，約1296～1359年）有關，他主張縱然承認上帝的本質已經超過人類知識的界限，但內在禱告卻能讓人見到上帝能力這景象。

息靜修這模式的實踐性內容的詳情在西奈的貴格利（Gregory of Sinai，約1295～1346年）的著作中已有陳明，尤其是他那部《對息靜修者的指導》（*Instructions to Hesychasts*），貴格利很強調身體姿勢有助信徒集中祈禱的重要性，並對在個人靈修時使用「耶穌禱文」的不同方法提出下列的意見：

> 坐在你的密室裏，在祈禱中要保持恆切忍耐，正如保羅對我們的教導（羅十二12）。將思維意念聚集於你的心靈，然後向主耶穌釋放出你的呼喚，請求祂的幫助說：「主耶穌基督，可憐我吧。」……

有些教父教導我們念這篇禱文時應該全部念出來:「主耶穌基督,上帝的兒子,可憐我吧。」但亦有其他教父建議我們念一半,如此說:「耶穌,上帝的兒子,可憐我吧。」或「主耶穌基督,可憐我吧。」輪流地有時念全文,有時只念較短的版本。不過如果因為懶惰而經常去改換字眼則實屬不智;相反,保持一定程度相當長的時間才能作為你的耐力的考驗。有些人教導應用嘴唇去念這段禱文;但另一些人則教導應用心智去念。我的看法則認者兩者都要採用。

總結

在本章裏,我們已經概括論述過經過挑選出來被認可在基督教靈修學內有廣泛流傳應用的聖經意象。在這個關於意象的豐富範圍內,我們只能探討其中一些有代表性的選擇,盼望在本章所陳明的資料能夠指出這些意象的屬靈功效和重要性。意象有一潛在能力能刺激人的想像力,並且對於那些想用意象去深化他們對其信仰的知性和存在層面的掌握的人,意象能對這些人的思想起控制和指引的作用。由此便自然帶出「視象化」(visualization)的課題:即是說,人在應用屬靈事物之前有需要首先能夠把它「圖像化」。在下一章裏,我們會較詳細地發展這重要的題目。

進深參考書目

George B. Caird, *The Language and Imagery of the Bible.* London: Duckworth, 1980.

David Cairns, *The Image of God in Man.* London: Collins, 1973.

E.W.T. Dicken, *The Crucible of Love: A Study of the Mysticism of St. Teresa of Jesus and St. John of the Cross.* New York: Sheed & Ward, 1963.

Gordon D. Fee and Douglas Stuart, *How to Read the Bible for All Its Worth: A Guide to Understanding the Bible*, 2nd edn. Grand Rapids, MI: Zondervan, 1993.

Thomas M. Gannon and George W. Traub, *The Desert and the City: An Interpretation of the History of Christian Spirituality.* New York: Manmillan, 1969.

Arthur Holmes, *Dante.* Oxford: Oxford University Press, 1980.

William Johnston, *The Mysticism of the Cloud of Unknowing.* Wheathampstead: Anthony Clark, 1978.

Alan W. Jones, *Soul Making: The Desert Way of Spirituality.* San Francisco: Harper & Row, 1985.

David Knowles, *The English Mystical Tradition.* London: Burns & Oates, 1961.

Jean Leclerc, *The Love of Learning and the Desire for God: A Study of Monastic Culture*, 3rd edn. New York: Fordham University Press, 1982.

Tim Lehman, *Seeking the Wilderness: A Spiritual Journey.* Newton, KN: Faith and Life Press, 1993.

Vladimir Lossky, "Darkness and Light in the Knowledge of God", in *In the Image and Likeness of God.* London: Mowbray, 1974, 31 ~ 44.

Gregory Mayers, *Listen to the Desert: Secrets of Spiritual Maturity from the Desert Fathers and Mothers.* Liguori, MO: Triump Books, 1996.

Susan Annette Muto, *John of the Cross for Today: The Ascent.* Notre Dame, IN: Ave Maria Press, 1991.

Hallgrimur Pétersson, *Hymns of the Passion.* Reykjavik: Hallgrims Church, 1978.

David Runcorn, *Space for God: Silence and Solitude in the Christian Life.* London: DLT, 1990.

Philip Sheldrake, *Living Between Worlds: Place and Journey in Celtic Spirituality.* London: DLT, 1995.

面容、地方與空間：基督教靈修學中的視象化與空間化

跟基督教靈修學有關的其中一個最重要的課題是「視象化」(visualization)。基督教信仰中那些通常被認為複雜的主題，如何能夠以圖像化的方式來處理?這課題跟生活中很多領域息息相關，也特別能從自然科學的角度好好地舉例說明之。我們會透過思考量子論(quantum theory)的發展歷史中一段插曲來探討此課題，量子論被廣泛視為牛頓(Isaac Newton，1642～1727年)以降理論性物理學中其中一個最重要的發展。

一九二○年代其中一個支配了量子力學發展的主題，乃是量子理論中的哥本哈根學派(the Copenhagen School)所建議的，能夠「描繪」(picture)或「以視覺來想像」(visualize)不同類別東西的需要性，當中包括逐漸被人認識的「光子」(photon)。丹麥物理學家鮑爾(Niels Bohr，1885～1962年)認為，我們能夠透過將光子構想成為一些有時好像波浪，有時好像微粒般活動的東西來以視覺想像它。無論波浪和微粒都是很容易被想像的，一塊小圓石落在池水中就形成波浪，小圓石本身可被構想為微粒。「光子」既非池水也非微粒，但它可被視覺想像為其中之一。這一進路（通常被稱為「補足原則」〔principle of complementarity〕）讓我們能夠以較熟悉及有助於了解的字眼來「描繪」一樣複雜和抽象的東西。

不過「視象化」的主題在哲學上同樣重要。摩爾（Paul Elmer Moore，1864～1937年；Moore亦作More）無疑是美國其中一個最偉大的柏拉圖主義的哲學家，最後他也因為上述所講的關於「視象化」的問題而成為一個基督徒。那美麗的柏拉圖式的理型世界（即是那純然理想的世界），經常令摩爾著迷及感到深深的滿足。不過，一個從幻想中覺醒的過程逐漸展開，他開始經驗到一種不能言喻的陰寒和孤獨的感覺。他被那種「沒有上主的理型世界之孤獨感」所驅使去尋找上帝，他從對非情格性的理型之渴求轉而追求情格性的面容。「我對從無盡的寧靜中出來的一些可聽見的聲音之渴慕，已升到受折磨的程度，我必須面對面地相望，我必須猶如用手觸摸和感覺，才能滿足這種渴求，但這又怎可能做到呢？」

摩爾的屬靈反省指出能夠目睹上帝之面容，以及能夠**觸摸**上帝的重要性。這些是基督教靈修學很重要的元素，而且有道成肉身的教義作為神學上的基礎。基督讓我們能夠在肉身的層面上看到上帝，使上帝成為可以被看見、被感覺和被聽見的那一位。在本章裏，我們將會探討其中一些這方面的課題，開始時首先讓我們探討以視覺來想像上帝這最重要的主題。

上帝的視象化

上帝是不可見的，不可能被必有一死的人類所看見。

基本上大部分有一種強烈的超越上帝觀的宗教都有以上的了解。然而，遍及整個基督教思想史，人類都表現出一種盼望以某些方式能夠描繪上帝的渴慕，這是很明顯的。如果上帝不能被視覺地想像，上帝觀就變得潛在地抽象和非情格化，跟人類經驗的世界相距甚遠。在基督教靈修學中，其中一個最重要的主題就是**視象化**：關於使上帝可被視象地描繪的方式之發展，一方面既沒有損害上帝的超越性，同時又讓上帝彷似某些東西能被默觀。究竟上帝的面容能否被看見？

在較早前一章裏，我們已探討過創造觀及道成肉身的教義在上帝的視象化這事上的重要性（見本書頁62～65及頁95～107）。不過，重要的是，我們要透過思考在這事情上無可避免會出現的一個問題來開始這課題的討論：那就是偶像崇拜的難題。為上帝創造形像其實要冒以下的危險：就是建構一些由我們本身出發所產生的事物。換句話說，我們所生發的每一個上帝的形像，都有可能成為一個偶像。我們在下文將會思考這一問題，上述這一關注隱約地出現在這一部分所思考的整個課題中。

偶像崇拜的挑戰，是否一個問題？

舊約聖經絕對禁止製造任何上帝的形像，十誡中的第二條誡命在這一點上講得非常明顯（出二十4～5），而且這條誡命被認為是對所有基督徒都有約束力的：

> 不可為自己雕刻偶像，也不可作甚麼形像彷彿上天、下地，和地底下、水中的百物。你不應向那些像下跪或敬拜它們。（譯文與和合本稍有不同）

這種關注在基督教的改革宗傳統中具有很大的重要性，這一建基於新教改革家加爾文著作傳統的看法認為，假如敬拜一些由我們自己建構出來的東西，而這些東西又跟任何形式的宗教肖像的製作有關的，這樣的敬拜最低限度存在一理論上的危險。因此，改革宗的傳統並不鼓勵任何形式的宗教藝術，包括對上帝或耶穌基督的描繪。

在較前的一節裏，我們曾留意過東正教傳統內圖像的重要性，重要的是我們要留意東正教採用圖像這種做法並未獲得普遍的認可。在拜占庭世界內圖像之爭（715～843年）帶出究竟圖像事實上是否偶像的問題，一些主要的圖像支持者（包括大馬色的約翰和史堆棣的狄奧多若〔Theodore of Studios〕）堅持，以圖像來再現基督的人性是完全合法的。絕對有可能透過信仰來體驗基督的人性從而辨識其神性。

在剛剛談論過的西方神學內的改革宗傳統，有一點很清楚的，是它大致上都主張採用圖像就等於是潛在地的一種偶像崇拜，因為採用圖像鼓勵人敬拜一些由人手製造的肖像。東正教對這類批評有這樣的回應，認為圖像並非上帝的形像，反而它試圖所描繪的實體才是敬拜的對像。無論如何，能夠欣賞在基督教靈修學內這種張力的重要性也是一件很重要的事情。一五六三年的海德堡教義問答（Heidelberg Catechism）發表了改革宗反對採用圖像的一般性思想輪廓，它指出為何在同一範圍內的事物，在天主教或東正教內可以同時發展，卻偏偏宗教藝術為何永遠不能在改革宗教會內發展。這一教義問答以德文寫成於一五六三年，發展出以下這樣一種觀念：上帝肖像對基督信徒既非必需又沒有任何裨益。在這一點上可以說跟回教有相似的地方，回教和改革宗的神學都關注到避免將上帝的肖像成為敬拜的對像本身，而沒有想過以它們作為幫助人敬拜上帝的中介物。

> 問題九十六：上帝在下一個誡命有甚麼要求？
> 回答：我們不應該以任何方式來描畫上帝，也不應該用祂的道所命令以外的任何方式來敬拜祂。
> 問題九十七：那麼是否我們不應採用任何肖像呢？
> 回答：我們不能也不應該以這種方式去描畫上帝。作為被造物，雖然也許真的會被描畫，但上帝禁止採用肖像或具有任何肖像的相似性，為的是避免去敬拜它們或利用它們去服事祂。
> 問題九十八：然而我們應否為了那些不識字的人的好處著想，容許教會以圖畫代替書籍來使用呢？
> 回答：不可，因為我們不應該假設自己比上帝更聰明，上帝並不期望透過啞口無言的偶像來教導基督教世界內所有的人，而是期望透過活潑地宣講祂的道。

留意海德堡教義問答如何提出以聖經的宣講（見本書頁157）來代替宗教藝術作為教導和靈修的媒介。這種講法的作用在於將改革宗傳統從其他宗教改革的教會（包括信義宗和聖公宗）中分辨出來，當然也包括從天主教和東正教中分辨出來。大多數其他的基督教傳統都會視宗教藝術為靈修的一種有用的輔助物，並鼓勵在敬拜的地方陳列一些合宜的宗教藝術作品。同樣需要注意的是，在改革宗傳統內有幾個近代的神學家，也有採用一些宗教藝術作品作為鼓勵神學反省和個人靈修的媒介。正如巴特有一馬提亞·格呂內瓦爾德（Matthias Grünewald）所畫的，描寫基督針十架的伊薩漢姆祭壇畫（Isenheim altarpiece）之複製品放置在他的桌上。又如莫特曼（Jürgen Moltmann，1926年～）在寫他那被廣泛視為二十世紀其中一本最重要的神學著作《被釘十字架的上帝》（*The Crucified God*）時，他將一幅馬爾克·夏加爾（Marc Chagall）所畫的「黃色調的基督被釘十架」（"Crucifixion in Yellow"）的複製品放在自己面前。

因此，如果在寫作上將宗教性的肖像或比喻用來描繪上帝，又如何能避免遭到偶像崇拜的指控呢？也許最簡單也是最具說服力的答案就是：因為這是我們必須要做的。我們會在下面一段來討論這課題。

將上帝視象化：道成肉身

新約聖經確認耶穌是那「不能看見之上帝的像」（西一15）和上帝「本體的真像」（來一3）。約翰福音包羅了不少耶穌重要的言論，這些言論指出看見他就等於看見上帝（舉例來說，參約十四7）。從這些經文反映出來的最基本的主題，乃是耶穌是授權認可的上帝之可見形像。換句話說，耶穌以一個可見及可感觸的方式令我們認識上帝。

這種了解對基督教靈修學帶來重大的含義，其中一些含義我們已經探討過（見本書頁106～107）。上帝跟耶穌相像，將我們的思維集中在耶穌身上就等於透過一道窗戶進入活著的上帝之中。耶穌對遭遺棄的人、窮人和無助者的愛反映了上帝對這些人的愛。這種了解對基督教靈修學有很大的重要性，它讓我們以一種上帝認可的方式去將上帝視象化（或以視覺來想像上帝），不是由我們去決定將耶穌看為不可見上帝之形像，而是我們被告知耶穌真的是上帝的形像，以及我們必須遵照這知識而行。著名的蘇格蘭神學家麥根妥殊（Hugh Ross Mackintosh，1870～1936年）這樣地表達他的見解：「當我看見耶穌的面容，就等如看見上帝真正的面容，我知道我未曾在其他地方見過這面容，也不能以其他方式見過這面容。」

這一點對靈修學的相關性，可以從為數不少原始資料的證據中得到證明，我們會研究其中一個特別著名的個案。在一三七三年五月八日，英國宗教作家諾域治的茱利安經驗到一連串關於上帝的愛之景象，這些景象乃是透過一些非常特別的刺激物引起的，茱利安生了病，周圍的人都深信她病得要死，於是便差派了當地教區一位牧師來，他在茱利安跟前拿著一個十字架（乃是一個基督被掛在十架上的雕刻品），並向她說了這樣的說話：「我為你帶來了你的創造主和救贖主的像，望著它，你就得著能力剛強過來。」基督被掛在十架上的像，被證明是通往一連串引伸開去的默想必經的大門，當中包括對上帝的良善，以及上帝對罪人極度的寬大和恩惠的默想。

以上這點的發展可以在宗教藝術上見到。如果對耶穌的生命和位格的默觀能帶領人對上帝有更深的認識，這似乎意味著愈多關於基督生平事件的生動描述，就愈能幫助人對認識上帝這過程走前一步。中世紀和文藝復興時期均見證了無論在公眾和個人的靈修中，對宗教藝術的採用有一個戲劇性的增長，廣泛採用板面油畫（panel painting）去描繪關於耶穌的敍事，或耶穌及其母親的靜態畫像。在中世紀初期，兩個主要的宗教肖像是聖母馬利亞和兒子的畫像，以及基督被釘十架的畫像。直到文藝復興後期，將曾經一度備受注目的基督被釘十架的形像轉移到其他宗教題材上，文藝復興的藝術家將很多耶穌生平事件看為具有潛在的重要性，特別關注的是天使報喜（即是路加福音所記載加百列通知馬利亞懷孕那一情景）、耶穌受洗和耶穌復活等事件。復活的耶穌向抹大拉的馬利亞顯現（約二十18）也是很多經典作品的題材，當中包括安吉利科（Fra Angelico）的壁畫「不要摸我」（*Noli Me Tangere*），這壁畫在一四四○至四一年期間於佛羅倫斯的聖馬可女修道院完成的。另外，一些情感（尤其是痛苦與哀痛）透過那些被描畫的人之面部表情傳達出來。板面油畫固然可以單獨地在教堂裏陳列，但更經常的是以雙連畫（diptychs）、三連畫（triptychs）或甚至多連畫（polyptychs）的方式合成陳列出來，就正如由艾克兄弟（Hubert and Jan van Eyck）創作的根特祭壇畫（Ghent Altarpiece），或由格呂內瓦爾德所創作的伊薩漢姆祭壇畫。

將上帝視象化：創造

正如我們早前所提過，基督教創造論其中一個推論，乃是說明我們能夠從大自然中認識上帝某些特性，我們能夠在被造世界中辨明創造主的手。賓根的希德嘉正是其中一個主張「所有被造物都是上帝的象徵（indication）」的作家，他進而堅稱「我們能在每一受造物中認識上帝。」聖筠哥（Hugh of St Victor，1142年歿）亦主張大自然猶如一部書，可以供那些想對那不可見的上帝有更多認識的人去閱讀：

> 整個可感知的世界就好像一種由上帝指頭所寫的書一樣（意思是透過上帝的能力所創作），每一

> 個獨特的受造物某程度上就類似一並非由人的意志所決定而創造的肖像(figure),而是透過神聖意志所建立,為的是彰顯屬於上帝智慧的那些不可見的事物。

換句話說,被造世界與上帝之間的相似性乃是天賦地內在於受造界中,而不是一些富獨斷性的由人加諸於其上或由人所決定的結果。

這種自然神學的概念在改革宗傳統內得到特別重要的發展,一五五九年高盧的信條(The Gallic Confession of Faith)主張,上帝以兩種方式向人類啟示其自己:

> 首先,在祂的工作上,包括在創造、保存和管理的工作上。第二,更加清楚的是在祂的話語上,祂的話語最初乃是透過神諭被啟示出來,隨後就將祂的話語寫在我們稱為聖經的書上。

另一個相關的觀念在一五六一年比利時信條(Belgic Confession)內列明出來,它將高盧信條內所提到的關於自然神學的扼要陳述加以擴充。上帝的知識再一次被肯定透過兩種途徑而發生:

> 首先,透過對宇宙的創造、保存和管治,在我們眼前的這個宇宙是一部最美麗的書本,在其中所有的被造物,無論大與小,均好像書本中很多人物角色般引領我們去默想上帝不可見之事情,即是祂的永恆權能和神性,正如使徒保羅所宣

稱的(羅一20)。所有這些事情均足以去説服人類,令他們再沒有任何藉口説不認識上帝。第二,祂透過祂的聖潔和神聖的説話,來讓我們更清楚及更完全地認識祂自己。換句話説,有需要盡量讓我們在此生中認識到祂的榮耀和為我們所作的救贖。

從以上這些信條的陳述句子中所清楚帶出的兩個主題可以摘要如下:

1. 有兩種認識上帝的模式,第一種是透過大自然的秩序,第二種則是透過聖經。
2. 第二種模式比第一種更清楚、更完備。

對大自然世界的主動探索**作為一種屬靈活動**(spiritual activity),因之清楚地安立了一個很重要的基礎。深化一個人對大自然秩序的知識和欣賞力,就等於深化一個人對大自然的創造主的知識和讚美。改革宗神學家也許對宗教藝術不太認同,但他們肯定鼓勵人去研究上帝在創造中的傑作。

因此,創造論被證實在自然科學的靈修學之發展上具有特別的重要性,科學家多次被描繪成為上帝創造裏的祭司,故此,著名的英國物理學家羅拔·波爾(Robert Boyle)多次提到人是上帝創造裏的祭司,由此而強調對被造界的科學研究中的宗教性與屬靈性的層面。

這觀念毋須依賴任何基督教的前設,故此,羅馬作家馬可拜奧斯(Ambrosius Aurelius Theodosius Macrobius)在他大約早於三八〇年寫成的《西庇阿之夢的註釋》(*Commentary on the Dream of Scipio*）一書中，將世界定義為上帝可見的殿宇，在其中能找到並敬拜那位創造主：

> 因此，為了表明至高上帝的全能永不能被理解也永不能被見證，那些能被我們眼睛所看見的任何事物被稱為上帝的殿宇，這位上帝惟有在心智裏才能被了解，因此那些敬拜這些作為上帝殿宇般之可見之物的人，也許仍應該要向創造主作出最大的敬意，而任何被賦予這殿宇的特權的人或會知道他要以一祭司的方式而生活。

當有理由相信馬可拜奧斯在這一點上已受基督教所影響的時候，這一影響的本質和範圍仍在爭議之中。雖然如此，基督徒視上帝為創造主這種理解，已明顯地承認了馬可拜奧斯所暗示的那種類型的見解。

將上帝視象化：聖禮

大部分基督徒（無論他們有何背景）都會將聖禮看為上帝恩典與臨在的重要記號。對路德來說，聖禮猶如附加了記號的應許，目的在於讓我們再次確認那些應許的真實性和可信性。聖餐禮中的餅和酒，以及洗禮中的水，都是表現它們背後屬靈實體（spiritual reality）的可見和可感觸的記號。餅和酒指向福音為生命所提供的豐盛，水則指向它所帶來的潔淨。

在一首傳統上認為是阿奎那所作的著名聖詩《仰望上主頌》（*Adoro te devote*）中，很清楚地將聖禮在靈修學中所扮演上述這一方面的角色表達出來。我們會從這作品中節錄三節，留意它的論據的概括性思路。

我所敬拜的上帝正在隱藏，
僅以這些有外形而沒有其他，空無內容的複製品
來遮蔽自己；
來看，上主，在祢降卑的服事中有一顆心存在
失去，在驚歎上帝祢所是的時候失去了所有。

噢！釘在十架上的基督，是幫助我們記憶的記號。
祢是為了我們的生命而死的活著的餅，
將這生命供給我：餵養並以盛宴款待我的心思
意念，
必須要尋找祢這樣溫柔的人。

我注目向下望著那包在裹屍布裏的耶穌，
我懇求祢差遣我，這是我十分渴求的；
將來有一天會在榮光中面對面地凝視著祢，
以祢榮耀的目光給我永恆的祝福。

最原初的觀念是這樣的：聖禮提供自己作為一個媒介去辨認上帝的臨在，縱然這臨在以「空無內容的複製品」（"bare shadows"）而不是實體的方式出現。不過，縱然聖禮只是指向那比它更偉大的實體的一個記號，它依然擁有那種幫助敬拜者將其想法意念的焦點集中於上帝的能力。更加具體地說，聖禮提醒我們基督那拯救性的死亡，以及這死亡為人類所帶來的福祉。它同時亦履行另一任務，就是提升我們的心思意念，好叫我們能想到將來在天上默觀上帝的面容。因此，聖禮除了作為幫助記得十字架的傷痛和苦難的記號之外，亦作為幫助記得基督徒的盼望一個重要的**可見和可感觸**的記號。

十字架在基督教信仰中在視象化各層面上的重要性，也許可以幫助我們理解為何它能成為基督教信仰中普世認可的象徵，下面我們即將討論這事情。

基督教的象徵主義：十字架

我們剛剛已經看過耶穌基督的形像如何主導基督教信仰。尤其是我們已留意到耶穌在十架上的死如何被基督徒理解為人類得到救贖的基礎，因此，十字架是救贖的象徵，它同時也是基督徒盼望的象徵，因為它肯定了死亡已被耶穌的復活所打敗，十字架作為一種死刑的工具，因而成為盼望和改變的記號，這兩件事情對基督教是十分重要的。

從很早期開始，可能甚至早於二世紀末的時候，十字架已經被全世界公認為基督教信仰的象徵。公允地說，事實上在基督教信仰之內，沒有一個象徵能夠及得上十字架那樣具有重要性、權威性或認受性。基督徒受洗時要畫上十字架的記號，教會和其他基督教聚會的地方不單有十字架，它們甚至以十字架的形狀建造而成。基督徒對十字架的強調，對教會的設計具有相當大的含義。事實上，可能正是在這一點上表明基督教神學在西方文化上所具有極之深遠的影響力，當你圍繞著一座偉大的中世紀座堂或教堂走一圈欣賞時，就等於見到神學如何具體地表現在石頭之上。

不少基督徒發覺當處身於危險或憂慮的時刻，想起十字架這個記號是非常有幫助的，基督徒的墳墓（無論天主教徒也好，東正教徒也好，抑或新教徒也好）都會刻有十字架。一些關於基督教象徵主義的起源和發展的精心研究已清楚顯示，從很早的時期開始，十字架已被視為基督教福音的象徵。甚至在最早期寫成的新約聖經中,「十字架的道理」這片語被用來當作基督教福音速記式的撮要(見林前一18～25)。另外兩位二世紀的作家更以特別清晰簡明的觀點,帶出十字架的重要性:對特土良來說,基督徒乃是「那些相信十字架的人」;對亞歷山太的革利免來說,十字架是「上主最高的記號」。有一幅在古羅馬牆壁上所作的反基督教的粗糙刻畫被保存了下來,上面描繪著一個人向一個被釘在十架上驢頭人身的人敬拜,上面的銘文寫著:「亞歷山大崇拜他的上帝」。

一般認為,十字架被全球接受為基督教信仰最高象徵的最後階段,是發生在羅馬皇帝康斯坦丁歸信基督教的時候,在那場具決定性的米爾維亞橋戰役(The Battle of the Milvian Bridge)於三一二年發生之前或之後的一段短時間內,康斯坦丁的名字跟他看到十字架的異象這件事連上關係,他從這異象接收到一個命令,要他將十字架的徽號放在他的士兵的盾牌之上。在康斯坦丁管治期間,不同種類的十字架在羅馬豎立起來,並開始在羅馬的硬幣中出現。在前任的羅馬皇帝管治下,被釘在十架上受死仍然繼續是其中一種執行死刑的方法,但康斯坦丁則禁止這種行刑的方法,並指令那些用作執行死刑的絞刑架不再被稱為「十字架」(*cruces*),而改稱為「受苦處」(patibula)。

有證據顯示一世紀的基督徒不願描繪耶穌在十架受難的情景。去製造十字架這徽號是一件事;而去描述耶穌死在髑髏地的十字架,尤其是由於在描繪光著身子的耶穌,所牽涉到有關品味與如何莊重得體這些問題時,就完全是另一回事。無論如何,這類的心理阻力卻逐漸得以克服。無論東、西方的基督教藝術,都為著靈修的目標而開始將焦點集中在基督受難之上。在回應耶穌只有純粹的神性,卻缺乏真正的人性這種觀點上,基督教領袖鼓勵藝術家們製作更多描繪耶穌受難的作品,作為強調耶穌有完全人性的一種方法,試問有甚麼方法好得過以描繪祂在十架上的情景這種方式去強調耶穌的受難與死亡呢?這種想法所引伸出來的含義是相當大的,亦可以幫助我們明白我們早前曾經提過不少基督徒作家所認為基督受難的靈修式描述之重要性。

十字架在今日仍然具有相當大的重要性,從對十字架的廣泛採用(無論公開及私人的基督徒崇拜),便可以將以上這點凸顯出來,很多教堂以十字架的外型建造而成,並在教堂內明顯地陳列十字架。對很多基督徒尤其顯得重要的,是那個耶穌釘死在十架上的苦像(*crucifix*)——是一個耶穌伸直被掛在十字架上的木製雕刻品,在他的頭上寫著"INRI"的銘文(這些字母是拉丁文*Iesus Nazarenus Rex Iudaeorum*的縮寫,翻譯出來是「猶太人的王,拿撒勒人耶穌」。關於其背景資料,見約十九1~16)。耶穌釘死在十架上的苦像之用意,是要提醒基督徒不要忘記耶穌所受的苦難,因而強調由祂釘在十架上的死亡所帶來救贖的價值與真實性。

一個修正:否定神學的傳統

因此,上述所講的很大程度可能會給我們傳達了這樣的一個印象:一般來說,在基督教傳統內對正面地描畫上帝這種可能性抱持一種積極的態度。曾經提過,偶像崇拜的危險可以被化約到不再覺得值得重視的地步。然而,在這一點上實在需要加上一個具警惕性的備註。那個在基督教神學和靈修學內的否定傳統，對以上所描述的應用意象一事，實在為我們提供了一個修正。否定神學其中一個中心主題可以在約翰·屈梭多模（John Chrysostom，347～407年）的論文《論上帝的不可被理解》（*On the Incomprehensibility of God*）中可以見到，屈梭多模強調人（或天使！）對上帝的知識和理解之界限：

> 讓我們以上帝為那位不可言傳、不可理解、不可見和不可知的上帝來向祂祈求。讓我們認定下面的事情：祂超越了所有人類語言的能力；祂擺脫了每一個凡人才智上的掌控；天使不能把祂看透；撒拉弗不能清晰地看見祂；天使不能完全理解祂。對第七級的天使（principalities）、第六級掌權的天使（powers）、道德天使（virtues），並所有的被造物都一無例外，上帝是看不見的，惟有聖子和聖靈認識祂。

屈梭多模的要點乃指到惟有上帝才能真正地認識上帝，任何被造物（無論是人抑或天使）都必須接受，他們的被造性在理解和直接看見上帝這事情上所帶來極大的限制。

「否定性的」（apophatic）一詞需要解釋一下，這詞是用來指到上述那種人類對上帝的認識的極度限制之看法。"Apophatic"一字也許最好翻譯為「否定的」（negative），這詞彙最早由十六世紀的作家亞略巴古的偽丟尼修用來指涉一套神學進路，這套神學排拒所有關於上帝實證式（positive）的觀念或形像，代之而強調上帝的不可知性。靈魂被理解為進入「超越理解力的黑暗當中」，在其中靈魂發覺自己在寧靜之中，失去運用語言或圖像去描述它所遭遇的任何事物的能力。否定神學確定及強調人對上帝認識之限制，特別強調用人的觀念和意象傳遞上帝完全的實在性之能力的有限性。

然而，必須留意的是偽丟尼修仍容許以實證式的陳述句來言及上帝；不過他的關注乃是強調這些語句的限制，並提醒我們避免陷入謬誤當中，假設我們知道一切有關上帝可以被我們知道的知識。無論如何，一些偽丟尼修的後期詮釋者，還是選擇去強調他較為多用否定方法那一面的思想。這種獨特的進路，在十四世紀英國神祕主義的著作《未知之雲》中可以找到，這本書借用並發展了偽丟尼修思想中否定方法的元素。

否定神學的傳統提醒我們關於上帝能被我們認識的界限，並提醒我們必須要在上帝的形像和上帝的實在之間作出區別。（另一個相關的區分能在貴格利·帕拉馬斯的思想中找到，他為上帝的能力和上帝的本質作出了區分，前者可以被人認識，後者卻不可以。）因此，在上帝的創造中，去察覺被造物與上帝的相似性，並非就等於已經直接進入上帝的實在性中。這一點很重要，必須給予承認。無論如何，從正面來說，必須要指出的是，如果很多人需要一些圖像來幫助他們思考和禱告的話，一些被認可的上帝圖像之存在，是有其不可或缺的角色的。當然，我們必須要認識它們的限制，但也必須肯定它們在將上帝視象化這事情上的價值。

講故事：在生命中的信仰

正如我們曾經所強調的，基督教最強調的並非僅僅是一套觀念，而是一種生命的方式，是將焦點放在藉著基督在聖靈裏而達成跟上帝有一種嶄新的關係的一種生命。這種見解幫助我們明白在靈修學中「眾多故事」的重要性。「故事」一詞的意思潛在上有含糊的地方，因而會製造混淆。這詞彙可以解釋為某種類似「虛構的故事」：換言之，它間接地表明其內容是編造出來的，而並非跟真實生活相符合，不過這不是我們在此討論中所意指的意思。我們在這裏所講的含義，乃取決於這詞彙應用在基督教神學和靈修學的意思，「故事」一詞的意思乃是一個人生命的敘述。它所強調的事實，乃是這個人的故事再現了他如何體現一套觀念和價值觀，信念和價值觀影響到人如何生活，因此，他們如何生活的故事，便向我們表明他們的觀念，並價值觀怎樣去塑造他們真實的歷史性存在。

舊約和新約聖經都包羅了一些故事，這些故事解釋了上帝的子民如何形成，並指明哪類行為才合符他們上帝子民的身分。對聖經「敘事體裁」這種特徵持續增長的確認，已經成為近代神學其中一個更顯著的特色。舉例來說，不少近年新約聖經的研究都指出，保羅的神學和倫理學建基於耶穌故事的方法。

成為基督徒不單僅僅要學習基督教的故事，還要進入這故事中，並接受它成為我們自身存在的一部分。我們能夠在歷世歷代的猶太教中發現同樣的模式。在逾越節的時候，他們會向家人重述出埃及的故事，他們明白這故事的作用乃要塑造他們現今的身分和將來的希望。對基督徒來說，耶穌的故事（尤其是祂的死亡和復活）則形塑基督徒羣體的價值觀、信念和盼望。從新約時期開始，基督徒在星期日聚集在一起，重述耶穌被釘十字架的故事，並慶祝這件事為他們的生命所帶來的含義。

然則，故事對靈修學有何重要性？故事是關乎一個人身分的尋索，以及學習一個人自己同族人的故事。一九九〇年，當我聽到美國一位研究文學的教授描述他如何發現學習一個人的故事的重要性的時候，這一觀點便特別清楚地向我揭示出來。這位教授在南加利福尼亞（Southern California）一間著名大學內教書，他是基奧瓦的印第安人（Kiowa Indian），來自俄克拉何馬州（Oklahoma region）的土生美國人。他告訴我們，當他仍是青年的時候，他如何學習他同族人的故事。還記得一天剛剛黎明之後，他的父親喚醒他，帶他到一位年長的印第安女人的家中，把他留在那裏，應承下午會回來接他離開。

那印第安女人便一整天地向這少年人述說基奧瓦族人的故事，她告訴他黃石河（Yellowstone River）是他們的發源地，並且他們如何向南方遷徙。她告訴他，他們面對了多少艱難困境：例如跟其他印第安族人的戰爭，以及在冬天平原上強烈的暴風雪。她又告訴他，基奧瓦族人生活上引以自豪的事：例如捕獵野牛的英勇事迹，以及馴服野馬、印第安武士策騎馬匹的高深技巧。最後，她告訴他，關於白人來臨的事情：他們曾經一度引以為傲的國族，在白人軍隊手中所面臨的屈辱，那些白人的士兵強迫他們向南面的堪薩斯（Kansas）遷移，他們在那裏面對饑餓和貧窮。她向他所說的故事，以他們最後受盡淩辱地被監禁在俄克拉何馬的居留地作為終結。

天色將要入黑之前，他的父親回來接走他。這位教授口中提到他離開那印第安女人的家時所講的說話，仍深深植在我的心坎裏：「當我離開那間屋的時候，我已是一個基奧瓦族人。」他已聽過了他族人的故事，而他也成為他們的後人。他知道他的族人所曾經經歷過的事迹，在他聽聞那故事之前，他只不過在名義上是一個基奧瓦族人，如今則現實上他也是一個基奧瓦族人了。

相同的原則同樣清楚地出現在基督教靈修學內，遍及整卷舊約聖經，我們看到以色列人透過回憶他們自身的故事，來提醒他們自己的身分。逾越節的慶典關連到以色列人出埃及的回憶，詩篇亦經常重提上帝拯救和護理的偉大行動，包括使以色列存在，以及在以色列所經歷的一切困難、苦難和不忠之中，仍給予他們支持。新約聖經則述說耶穌的故事、教會擴展的故事，並向前瞻望這故事發展至進入新耶路撒冷時的高峯，它肯定了信徒屬於這故事的一部分，也肯定了真實可靠的基督教靈修學，實有賴於是否確認和接受在故事中出現的地方。

在日常基督教的敬拜和禱告的周期活動中，該故事特別以兩個重點被述說出來，那就是洗禮和主餐或感恩禮。耶路撒冷的區利羅（Cyril of Jerusalem）在其四世紀的著作中，認為洗禮叫人想起以色列人出埃及的故事，而且確認那些正準備受洗的人，也能分享得到那齣偉大的救贖戲劇。出埃及事件乃是預演了那齣透過基督死在十架上而達到的更偉大的救贖事件，因此，洗禮叫人想起上帝在歷史中拯救行動的偉大故事。

> 讓我向你解釋今晚在你的洗禮中會有甚麼事發生，首先你要進入浸禮池的等候室，然後面向西方。當你被告之要伸開雙手的時候，你要正式宣稱與撒但斷絕關係，彷忽它真的親臨這裏似的。現今你應該知道古代的歷史也提供過這樣一類

預示性的事件，當那位在所有暴君之中最嚴厲及兇殘的法老，壓逼那些自由和尊貴的希伯來人時，上帝便差遣摩西帶領他們從埃及人所加諸他們身上那嚴厲的奴役中解放出來。他們在門框上塗上羔羊的血，那消滅者便會因而越過他們的房屋，而奇蹟地讓希伯來人從他們的綑縛中得到自由。但當他們被釋放之後，其敵人還在背後追趕他們，及至眼見海水在他們面前分開之時，他們仍然繼續追趕，直到在紅海中被海水吞沒為止。讓我們現在離開古舊的故事而進入新的故事，從預示性的事件進入現實當中。在那裏，摩西被上帝差遣往埃及；在這裏，基督被聖父差遣進入世界。在那裏，摩西帶領一羣被壓逼的人離開埃及；在這裏，基督拯救那些活在罪惡殘暴底下的人。在那裏，羔羊的血使那消滅者轉頭離去；在這裏，無瑕疵羔羊耶穌基督的血使惡魔逃跑。以前那暴君追捕希伯來人直至那海；在你的境況裏，那惡魔、那為首的邪惡者跟在你們每個人的背後，直跟到拯救的河邊為止。先前那一個（暴君）在海裏被吞沒；現在這一個在拯救的河水中消失。

於此，我們能夠見到基督教教會和個別基督教信徒跟以色列歷史的清楚關聯。成為基督徒即意味著站立於這個救贖的宏大敘事裏，去述說這故事，就等於去肯定它會塑造基督徒的存在，以及界定基督徒乃**屬於**這社羣，其根源以這種方式被追尋和定義。因此，去述說這故事，就等於去令自己屬於這故事，以及令自己成為這社羣的一部分，而這社羣的意念和價值是由它來塑造的。不過，也許這故事所陳述的最重要活動，還是主的晚餐的慶祝，在主的晚餐中，基督受死的故事既與教會的生活相關，且被應用於教會生活中。基督徒不同意給予這聖禮這個名稱；雖然如此，它還是跨越各宗派，在基督教敬拜中佔有非常重要的地位。

耶路撒冷的區利羅（Cyril of Jerusalem，約315～386年）

這一位作家特別以他一系列教理問答式的二十四堂的授課最著名，這系列授課約在三五○年左右授予那些預備受洗的人，這些課是對在該段時期於耶路撒冷教會盛行的觀念的一個重要的見證。約在三四九年，他被任命為耶路撒冷主教。

感恩祭、彌撒或主的晚餐：名稱內有何意義？

基督徒已證實還未能一致同意以哪種最佳的方式去指稱有關餅和酒這聖禮，最主要用來指稱它的詞彙有下列幾個，留意每個字跟某個獨特的基督教傳統的特殊關聯。

彌撒（The Mass）

這詞來自拉丁文*missa*這字，其真正的意思乃是「某些類別的宗教禮拜儀式」。正如古典時期西方教會主要的宗教禮拜儀式乃是擘餅，這詞逐漸便用來指稱這獨特的禮拜儀式，現在「彌撒」一詞則特別跟天主教傳統有關連。

感恩祭（Eucharist）

這詞來自希臘文動詞*eucharistein*這字，意即「感恩」。感恩這主題是擘餅這行動中一個很重要的元素，令它成為正在討論中的宗教儀式一個完全合適的詞彙。「感恩祭」一詞特別跟希臘東正教傳統有關連（雖然較常用的是「感恩禮拜儀式」〔the liturgy〕這片語），但也有超越這傳統的也都接受，正如在聖公宗之內。

神聖的共融（Holy Communion）

「神聖的共融」這片語乃指到「團契」或「共享」這觀念。它既凸顯耶穌和教會之間團契的結連，亦凸顯個別基督徒之間團契的結連。這詞彙較多用於新教的圈子中，尤其是那些可追溯到其根源來自英國改教時期的教會。

主的晚餐（Lord's Supper）

這片語將擘餅的主題看為記念那最後的晚餐，共享「主餐」時就會想起要為耶穌透過死在十字架上為信徒達成所有之事而感謝祂。這詞彙較多用於新教的圈子中，尤其是那些可追溯到其根源來自英國改教時期的教會。有時這詞彙會被簡稱為「主餐」。

基督徒不但在以餅和酒為焦點的聖禮名稱上出現分歧，他們在聖禮應有何重要性的觀點上確實也有不同的意見。其中一種特別跟天主教有關的進路，堅稱餅真正地成為基督的身體，而酒就成為祂的血（這立場通常被稱為「變質説」，照字面解即是「本質的改變」）。位於神學光譜中相對的另一端，激進的新教徒主張餅和酒對基督之死只有提示功能（這觀點特別跟瑞士改教家慈運理有關，並通常被稱為「記念説」）。

儘管有這些差異，關於這聖禮所扮演的角式，仍能夠在跨越不同的神學傳統中辨認出某些共通的組成部分。其中一個共通的地方，就是餅和酒都會叫人想起最後的晚餐那個故事，以及耶穌之死。換句話説，它們是基督教故事的象徵。必須強調的是，很多基督徒都盼望立刻為聖禮觀加上更多意義，使它多過目前這最起碼的立場！然而，這裏要講的是，在基督徒對感恩祭於基督教靈修內的地位之豐富及複雜多元的理解中，上述這要點仍是一個共通的組成部分。也許可以在這一要點上加上其它的理解，而在任何方式下又不會損害聖禮所扮演的角色中這獨特的一面。

較早前我們確定十六世紀瑞士改教家慈運理在聖餐禮上持守一種最低綱領主義者（minimalist）的觀點。接著下來，我們會看看慈運理如何將這聖禮看為回想基督教會基礎性事件這故事的媒介。為了要明白他的討論，我們需要先解釋一下瑞士的歷史。在十四世紀期間，瑞士經常受到鄰國奧地利的威脅（這段緊張關係在著名的威廉·退爾傳説〔William Tell legend〕中被公開頌揚）。一三八八年四月，瑞士邦聯在那漢菲士（Nähenfels）跟奧地利爭戰中獲得了一仗著名的勝利，這場勝仗保障了它的獨立性。上述這勝仗的重要性，可見於有一班瑞士國民每年一度像朝聖般行往那漢菲士戰場的邊陲。慈運理認為這場戰爭跟基督之死之間有相似的地方，兩者都是公共機構的基礎性事件。正如一位忠誠的瑞士國民會以紀念這場偉大的勝仗作為對國家盡忠的標記，基督徒亦會同樣以頌揚基督之死作為對教會盡忠的標記一樣。（那「白色十架」象徵識別那些來自不同的州的士兵都隸屬相同的軍隊；而正在談論中的白色十架目前已經被結合在瑞士國旗之內了。）

「聖禮」這詞彙的意思是一種委身的記號。如果一個人縫合一白色十字架，則他宣稱他是一名〔瑞士〕盟友。如果他又往那漢菲士朝聖，並為到勝利能臨到我們祖先而向上帝獻上讚美和感恩，則他從心底中證實他是一名盟友。同樣地，一個人如果接受了洗禮的印記，這人就會下定決心要去聆聽上帝有甚麼話要向他說，也會下定決心要去學懂上帝的教訓，並跟從這些教訓來活出他的生命。又有一個人如果記念主餐，又在聚會中向上帝感恩，則無形中向人宣告，他在基督之死裏衷心感到歡喜快樂，也為此而感謝祂。

只引述了這段冗長討論的其中一部分，慈運理大致的觀點是這樣的：聖禮提醒信徒，基督教羣體的根源和目標，並為他們提供一個機會去依照它的規範把自己再次委身在生活上。那些規範（包括信念和價值觀）乃是透過基督教的故事被識別和建立的。

究竟故事在靈修學中扮演甚麼一般性的角色？從早期開始，三種一般性類型的故事已顯著地在基督教傳統的靈修文學中佔據重要的角色。

1. **耶穌的故事。**不少靈修學作品以重述耶穌故事的形式出現，讓基督徒明白一種順服上帝的生命所指的是甚麼。有時重點會落在十字架上。舉例來說，多瑪斯·肯培在他的《效法基督》一書中，強調所有期望成為基督真正跟隨者的人必須背起那十字架，並跟隨「十字架那尊貴的道路」而行。另外，一些靈修學作品則將焦點放在耶穌在履行牧職期間如何跟別人建立關係這事情上，特別將注意力集中在祂對所遇見的人所付出的愛上面。無論在哪種情況底下，對那些聲稱自己為耶穌的跟隨者來說，耶穌的故事都被理解為一種典範。

2. **聖經人物的故事。**舊約聖經尤以一些偉大人物的故事來使它更豐富地增添色彩，而信徒亦能從中有所學習。新約聖經指明，從這些人物身上會學得很多（特別留意來十一章如何訴諸於舊約信心人物作為基督徒的榜樣）。有時那些故事會列舉一些信徒應該效法的美德：舉例來說，亞伯拉罕因著信從迦勒底的吾珥出發，並不知道在他前頭有甚麼事等著他發生（創十二章）。在別的時候，聖經故事又會指出一些信徒被力勸要避免的弱點：例如大衛和拔示巴通姦的事件（撒下十一章）。再講，上面兩類不同的故事也許可以看出相同的原則來：怎樣信就會帶來怎樣的一種生活方式，而今天的信徒能夠從過去那些人的生活中有所學習。

3. **聖徒的故事。**第三種類型的故事跟那些活在聖經時代之後的個人生活有關，他們被確認為活得很有生命力，而他們的生命足以作為基督徒本真性（Christian authenticity）的標記。很多基督徒覺得閱讀他們所欣賞的基督徒的傳記對自己很有幫助，並期待能夠從他們的榜樣和見證中有所學習。許多法蘭西斯（St Francis of Assisi，1182～1226年）的傳記都以例證說明以下這樣的方式：那些設法盡力接近上帝而活的人的故事，比起我們其餘的人的故事更能成為我們的鼓舞和激勵。

然而，並非單單基督教故事的內容在這方面具有重大意義，故事以甚麼方式去傳達和轉述同樣具有重要性。我們已經思考過洗禮和聖餐禮這兩種聖禮在這方面所扮演的重要角色，聖禮體現和傳遞了基督教故事的某幾方面。不過，傳遞這故事的其他途徑還需要注意，下列是其中特別重要的途徑。

1. 關於奧祕之事的宗教劇。在中世紀期間，描述從創世到最終完滿結局這救贖過程的偉大戲劇在橫跨歐洲大教堂的界域範圍內演出，特別以英國為甚。尤其切斯特（Chester）和約克（York）這兩處地方被公認為以通俗方式及運用簡單（偶然間甚至用猥褻的）英語演出救贖奧祕之事的中心。這些戲劇通常在可以由一處地方搬到另一處地方的流動舞台上演出。雖然這些戲劇於宗教改革時期在英國遭到打壓，但現今已再度流行，在不少英國的大教堂作經常性的演出。

2. 「黑人靈歌」以一種獨特形式的歌曲這種姿態出現，用通俗的民間曲調幫助聽眾回憶聖經故事的各種面相。雖然這種歌曲類型的根源被認為跟十八世紀時期美國的奮興運動有關，但這種靈歌要到十九世紀期間，美國黑人基督教內才獲得經典性的地位。這些歌曲讓聽眾回憶聖經故事的各種面相，並將這些故事的內容，跟當時黑人社羣所經驗的傷痛和苦難連上關係。其中特別強調的，是以色列人從埃及釋放出來的故事，這故事被視為反映了黑奴對獲得釋放一事在情感上強烈的渴求。

信仰的節奏：將時間結構化

從最早的時候開始，基督徒發展了不同的方法去將時間結構化，這些方法反映了一些基礎性的基督教信念和歷史事件，而上述兩者正是這些方法賴以建立的基礎。在這一部分裏，我們將會探討三種這類將時間結構化的方法：分別是基督週（或譯教會週）、基督年（或譯教會年）和修道日。

基督週（或譯教會週）

這類發展當中其中一個最明顯的，要算是將星期日（即一個星期的頭一日）留出來作為慶祝基督復活的日子。保羅書信清楚地預設了基督徒在星期日要聚在一起敬拜上帝，打破了猶太人傳統在星期六守安息日作為休息的日子。於三二一年，羅馬皇帝康斯坦丁正式宣佈星期日是官方王室休息的日子。

星期日因而被基督教作家視為被留出來的「空間」，在上帝的美善裏容讓有肉體上的休息和屬靈上的更新。其中一位強調上述觀點的作家是約翰·衛斯理及查理斯·衛斯理的母親蘇珊娜·衛斯理（Susanna Wesley，1669～1742年），她說服人明白在繁忙生活中為著上帝的緣故而創造空間的重要性。對蘇珊娜來說，上帝創造星期日這空間，正正為了達成上述目標，想要我們快樂地和有收益地享用它。

> 這是上主所造的日子；我要在其中歡欣和快樂，
> 將榮耀歸給祢，眾靈的永恆聖父，
> 　　祢是如此仁愛及恩慈，在七日中有一日
> 　　讓祢所造的人的靈魂能盡情享受。
> 在那一日裏，他們的責任除了是歡欣快樂外，
> 　　卻亦有責任去從一個喧鬧和令人煩惱的世界

之繁忙與急促中退下來，

　　並容許自己在神聖的威榮裏能享受一個更加直接和沒有干預的臨在，

噢，蒙福的盡情享受！噢，最快樂的日子！

上主，我也永遠不能充分地崇敬祢無限的愛和美善——

　　即使是撥出我的時間中的第七部分歸給祢，

但願這些神聖的時刻永遠用在事奉祢的事情上。

但願沒有徒勞無功、沒有必要和沒有益處的思想

或說話搶掠了祢在這日當得的尊榮和讚美；

　　或令我的靈魂喪失了特別益處

　　和可以得到的祝福，

　　透過在這日子裏所要盡的職責的認真表現。

同樣為人所知的，是初期基督徒羣體將星期三和星期五留出來作為禁食期，為何揀選這些特別日子的原因不詳，後來出現一個解釋說明了規定星期三作為禁食日的原因，是這日基督被出賣，而星期五則是基督被釘十架的日子。在星期五吃魚（而並非吃肉）的習俗仍然在天主教圈子內廣泛地流行，這種習俗正反映了這種早期的發展。

或許將時間結構化最重要的方法是基督年，我們現在即將討論。

基督年（或譯教會年）

基督教並非只是一套觀念，而是一種生活方式。這生活的其中一部分，是一種具有豐富結構性年復一年的生活

模式。在其中，基督教信仰的不同層面能被挑選出來，在一年的進程中給予持別的注意力。其中兩種在基督教圈子外最為人熟悉的這類節日乃是聖誕節和復活節，分別慶祝耶穌的出生和復活。

當然，需要注意的是，在基督教世界裏，關於基督教信仰的節期有多種不同的看法。一般來說，福音派和靈恩派的基督徒傾向將這類節期的價值相對性地看得低一點，但天主教和東正教徒則傾向相當地強調這類節期的價值。事實上，基督徒對諸如將臨節和大齋節等節期所賦予的重要性，已大致上可以看為他們屬於哪種基督教類型的一種很有用的指標。

接著下來，我們會關注西方基督教年曆中某些主要節期的屬靈重要性和用途，旨在僅僅想舉例說明將一年的時間來「結構化」所帶來的屬靈重要性，目的只是以一些例子來起一種解說性的作用，而不是要作詳盡無遺的研究。

將臨期

「將臨期」一詞來自拉丁文*adventus*一字，意即「來臨」或「到達」。它指的是貼近聖誕節前的一段時期，在這段期間內，基督徒回想耶穌降臨的背景。傳統上會預留出四個星期日，為的是讓信徒作好準備去完全地投入聖誕節，頭一個星期日被稱為「將臨期第一個主日」(Advent Sunday)，最後一個星期日被稱為「將臨期第四個主日」(Fourth Sunday in Advent)。通常會透過在一個木造或金屬的架內放置四支臘燭來製造「降臨的冠冕」(advent crowns) 去慶祝這四個星期日的一段時間，然後在將臨期四個星期日內，每主日燃點起一支臘燭，有些教堂在這段期間會用紫色的牧師服飾作為需要悔罪的象徵(這種禮儀習俗同樣適用於含有懺悔意味的大齋期)。

嚴格說來,將臨期的存在目的,乃是將我們的焦點集中在耶穌兩次「降臨」之間的關係:祂第一次降卑的來臨,是祂在世的日子(這段日子尤其跟聖誕節相關連);而祂的第二次在榮耀裏帶來審判的降臨,則將會發生在時間的終末。因此,將臨期的存在為的是強調懊悔在屬靈上的重要性,並且作為聖誕節的喜樂之預嚐。

聖誕節

聖誕節是一個固定或不能改動的節日,在西方通常會定於十二月二十五日慶祝。必須強調的,是基督徒從來不應相信並將這日期理解為耶穌出世的日子,反而大家都明白,這日只是選出來慶祝耶穌的誕生而已,與耶穌誕生的準確日期無關。有可能這個日期是在四世紀期間於羅馬選定出來,為的是在當地的外邦節日中提供基督教的另一種可供替代的選擇。儘管在很多來自北半球的基督教著作中,會將聖誕節聯繫到白雪紛飛的冬天這個意象,但這節日的日期實際上跟節日本身沒有相關性。

聖誕節的核心主題是耶穌的誕生,通常會以特別的歡欣讚頌的禮拜樂曲來紀念。在這些聖誕頌歌之中,廣泛地認為最著名的,要算是跟劍橋的英皇學院有關的「九首聖誕頌歌和九段經課的禮拜」(“Service of Nine Carols and Lessons”)。該九段經課(即是從聖經選出來的文本)的設計是要勾畫出上帝在世上救贖工作的平穩進展,這救贖工作從呼召以色列開始,到耶穌基督的降臨而達至高峯。聖誕節這節日跟道成肉身的教義有非常大的關聯性，傳統上會認為這是適合的時刻去探討這教義的屬靈含義，不少傳統的聖誕頌歌亦集中在此主題上（參本書頁107～117）。

大齋期

大齋期開始於聖灰星期三，這是復活節前第七個星期三。「聖灰星期三」這詞彙需要作一些解釋，舊約聖經偶然會提到，將灰塵塗抹在一個人的面上或衣服上，是一種悔悟或懊悔的象徵（如斯一4；耶六26）。大齋期被視為悔罪的一段時期，因此蒙灰便被看為悔悟或懊悔這一內在心態的一種適當的外在表記。在教會歷史的初期階段，尤其在中世紀期間，將灰塵塗抹在牧師和眾人額上，因而成為大齋期首日的標記。在最近幾年，會將於前一次在大齋期的棕枝主日裏交出來的棕樹枝燃燒而成上述的灰塵。在一些教會裏，亦會透過在這段節期內穿著紫色的牧師服飾來象徵悔罪的主題。

大齋期被廣泛視為為復活節作預備的一段時間，在過去的日子裏，更會將它跟禁食期連上關係。大齋期乃是建基於耶穌在未開始其在加利利公開性地履行傳道牧養職事之前，逗留在曠野四十日的那段日子，正如耶穌禁食四十晝夜，於是亦鼓勵其門徒跟耶穌一樣地禁食，因此便鼓勵在復活節前有四十日禁食的日子。這種儀式的根源似乎要追溯至四世紀。在較早時期，曾建議過一個為期較短的禁食期限（二或三日）。「禁食」的精確本質會因時因地而異，一般來説，西方教會將「禁食」初步理解成減少進食的分量，並以吃魚代替吃肉，大體上會將重點放在靈修閱讀或返教會聚會等事情上多過放在禁食上。

大齋期的最後一個星期，引入復活節，應該凸顯出來作特別的談論。這一段一般被稱為「聖週」的日子，以棕枝樹主日（復活節前的星期日）作為開始，然後以復活節的前一天作為結束，當中包括具有特別重要意義的四天，它們分別是：

棕枝主日（Palm Sunday）

濯足節星期四（Maundy Thursday）

受難節（Good Friday）

聖星期六（Holy Saturday）

棕枝主日是復活節前的那個星期日，它紀念耶穌以凱旋的姿態進入耶路撒冷，在這日裏，羣眾擲下棕樹枝為耶穌鋪路（參太二十一1～11）。作為聖週開始的標記的這一天，將以棕枝製成的十字架派發給聚會的會眾，已成為今日廣為流傳的表記。

濯足節星期四將焦點集中在約翰福音所記載關於耶穌最後所做的行動的其中一項——耶穌為門徒洗腳（約十三1～15）。在中世紀的教會裏，為參加禮拜的會眾「濯足」這儀式，已逐漸成為教會禮儀重要的一部分，象徵著教牧人員的謙卑，以示順服基督的榜樣。「濯足節」這不常用的詞彙，就是跟這種中世紀的禮儀習俗有關。在中世紀的時候，教會的禮拜以拉丁文進行，在這天舉行的典型禮拜的開場白，均以記載於約翰福音十三章34節耶穌的說話作為基礎：「我賜給你們一條新命令，乃是叫你們彼此相愛；我怎樣愛你們，你們也要怎樣相愛。」而這句句子拉丁文的開頭片語是"*mandatum novum do vobis*"，「濯足」（"Maundy"）

一詞正是跟拉丁文原文“*mandatum*”（即「命令」）一詞意思出入很大的翻譯語。

受難節以耶穌死在十字架上那一天作為標記，它是基督教年曆中最嚴肅的一日，而且一般會將教會內所有的裝飾移走。在信義宗的教會裏，這一天必定會誦讀其中一卷福音書所記載的耶穌在十架受難的故事，這種儀式被安插在巴赫（Johann Sebastian Bach，1685～1750年）所創作的「受難曲」後面，無論聖馬太受難曲和聖約翰受難曲，均有受難節這宗教儀式作為它們的淵源。而在受難節當日由十二時到三時合共三個小時的崇拜祈禱儀式，則起源於十八世紀，「十架上的三小時」通常以長時間默想「十架上的最後七言」的形式度過，當中包括有安靜、祈禱或唱詩。傳統上受難節跟用重價救贖人類，以及基督在十字架上的傷痛和受苦的反省連上關係（參本書頁118～121）。

聖星期六是大齋期的最後一天，緊貼在復活節之前。特別在東正教的教會裏，會以「復活節的守夜祈禱」（“Paschal Vigil”）作為這天的標記，這是一個在夜晚進行的禮拜活動，直接延伸到跟著來的復活節，這節日會大量採用光明與黑暗的意象（參本書頁187～191），傳統上永遠不會在這一天守聖餐。

復活節

復活節標誌著耶穌的復活，同時亦廣泛被認為是基督教年曆當中最重要的節日，這節日在宗教上的重要性可簡述如下：首先，它確認了耶穌作為已升天的救贖主的身分，在東正教的傳統裏，這點通常會透過教會中的圖像或畫像表達出來，表現出基督是一位得勝和復活升天的基督（通常被稱為全能的基督〔*Christos pantocrator*〕），因著祂從死亡裏得以復活過來，結果便成為整個宇宙的管治者。第二，它肯定了基督徒的盼望，即是那基要性的信念，相信基督徒將會從死亡裏得以復活過來，因而不再需要懼怕死亡。上述兩項主題皆主導了復活節詩歌和禮儀的內容，亦為基督教靈修學帶來很大的重要意義，傳統上都認為復活節是適合的時刻，好反省基督徒的盼望及其對信仰生活的重要性這重大的主題。

透過以上一個非常簡要的討論，能明顯看到教會年能鼓勵和令到基督徒在一年中不同的時間都能將焦點集中在他們信仰的不同面相上面。舉例來說，聖誕節可以讓信徒集中在道成肉身的教義上，以及上帝降臨在歷史中救贖我們的愛和降卑。復活節則可以讓信徒去為到他們自己的復活盼望來慶祝和歡欣鼓舞，並且以他們最終能得勝的角度去看傷痛、苦難和邪惡的問題。因此，教會年可以讓信徒在個人每日或每星期的祈禱和讀經這種模式之上，加添一種豐富和以週年為模式的有規律的個人靈修和神學反省。

修道日

這是一種在修道院內發展的其中一種最重要的將時間結構化的方式。在某程度上修道主義可被視為因為康斯坦丁改信基督教而帶來教會世俗化的一種反動，修道院某程度是為了信徒能有恆常的禱告而建立，而這種恆常的禱告生活，對於那些選擇在世界依然很活躍的基督徒來說，在實踐上就愈來愈感困難。修道主義愈來愈被視為只是一種理想，在修道院的背景以外，去以一種奉獻的精神追求不斷禱告這種目標，已經被視為不可能發生的事情。

這種對恆常禱告的強調，帶來如何重新整理一天的結構這種意念。一種逐漸形成的模式就是日間要有七次的祈禱，晚上則要有一次。這多次的祈禱被賦予「職務」(offices)這名字，此詞彙取自拉丁文*officium*，意即「義務」。這種模式的聖經基礎可以在詩篇找到，舉例來說，詩一百一十九篇164節表揚一天七次的禱告，並且不少詩篇都提到在晚間禱告。修道日的演化可被視為上述這種在日間七次及在晚間一次祈禱職務的逐步制度化的結果。

雖然未能完全了解這種模式的準確演化過程，不過似乎亦牽涉下面所講的一些因素在內。

1. 在日常的教會生活裏，已經有一個廣泛流傳的趨勢，就是在清晨及黃昏的時候有集體的禱告。這種祈禱的職事用拉丁文來講可被稱為"*Mattins*"和"*Vespers*"(意思分別是「早晨」和「黃昏」)。修道院似乎已經將這種有規律性模式的禱告納入了它們本身更嚴格的架構之中，這每天兩次的祈禱通常被稱為「主要的禱告職事」。
2. 第二個主要的因素是傳統羅馬式工作日的結構，這結構導致了將祈禱的時間明確地指定在第三、第六和第九小時進行(即上午九時正、中午十二時正和下午三時正)，用拉丁文稱分別是"*terce*"、"*sext*"和"*none*"(即第三、第六和第九)。
3. 另外又明確地指定兩種額外的禱告職事，**晚禱**(*compline*)實質上是上床就寢前最後一次的祈禱，而**早禱**(*prime*)則是一種清晨祈禱的方式，顯然由賈仙引入，他關注到修士們可能要在晚禱之後才能上床睡覺，而一睡就睡到早上九時正。

4. 關於晚禱的時間似乎有相當大程度的不同，這現象反映了地區性不同的敬拜模式和對個人紀律的不同理解。如果將一日分為八段時間，每段時間有三小時，則預期晚禱就會定在凌晨三時正，不過，在這事情上似乎存在很大的差異。

這裏要指出的基本論點，乃是修道日已有系統化地被劃分成若干部分，包括祈禱和讀經，尤其讀詩篇。詩篇一百四十八篇、一百四十九篇和一百五十篇特別多次被選用。每日祈禱的模式被視為個人和集體靈修發展的其中一個重要的架構，為修道士提供機會去達到不斷禱告的理想，而同時又使他們浸淫在聖經經文裏面。將聖經內在化於個人生命裏面，是修道院式靈修生活裏很重要的一環，這種做法除了建基於對某些修道傳統內個別修道士在他們密室中的個人禱告的強調之外，亦部分地建基於在修道院內祈禱職事時對聖經的大量採用。

應要留意的是這種將一天的時間賦予結構的做法，某些部分在修道院傳統之外依然保持其重要性，一個最好的例子就是傳統福音派所講的「安靜的時間」（"Quiet Time"），即是每天撥一段時間出來作個人的讀經、默想和祈禱。對不少福音派信徒來說，清晨能提供一個理想的機會去以閱讀聖經作為一天生活的開始。雖然現代生活的壓力對這種實踐正在作某程度上的破壞，但基本原則卻仍然不變。不少學習讀經靈修的輔助讀物的出現，都能鼓勵和幫助信徒在「安靜的時間」中的實踐，最具代表性的莫過於每天透過選讀一段經文，並為該段經文提供簡要的靈修指引和反省作為禱告的輔助材料。潘霍華同樣地強調每天撥一段時間出來作個人讀經和默想的正面價值，在他的《團契生活》裏，潘霍華陳明「跟上帝的道獨處」的重要性，好讓這句説話去挑戰及激勵此書的讀者。

靈修地理學：將空間結構化

在前一段裏，我們已探討過將時間結構化這一課題。在一個後愛因斯坦的世界裏，不能忽視時間與空間緊密的關係，基於此，在基督教靈修學裏探討將空間結構化這一主題就顯得相當重要，開始時我們先扼要地思考建築物當中某幾方面跟我們這一主題有關的內容。

神聖的空間：靈修與建築

基督教靈修學必然牽涉到場地，無論是諸如曠野或山脈等大自然的地方（鼓勵和容讓基督徒在其中與上帝獨處），抑或是諸如教會建築物等人手的建造。因此，去留意建築藝術以甚麼方式去跟靈修學建立關係就顯得很重要。接著下來，我們會探討為靈修學而設的教會建築藝術的某幾方面，特別會關注到一些宗派差異的重要性。

教會建築物其中一個最清晰的功能是強調上帝的超越性，中世紀那些宏偉大教堂高聳入雲的拱門和尖頂正是意圖要強調上帝的偉大，並引導崇拜者的思想向著天上的方向向上超升。那象徵意義乃是指到永恆對時間所起的影響力，教會建築物正象徵著透過福音為天上與地上之間提供了中介的作用。然而，就算撇開對上帝超越性的強調不談，建築藝術亦反映了對一些被視為重要的焦點的關注，以下就選出三項這類要點來討論。

1. 特別在天主教裏，往往會將聖壇凸顯出來讓人特別留意，這樣做反映了對彌撒重要性的強調。大貴格利選擇在聖彼得墓上豎立一座聖壇，由此便將「祭壇的聖禮」跟對聖徒遺物的崇敬兩件事結合在同一焦點上。

2. 在東正教的傳統裏特別強調圖像屏幃，即是那擺放圖像的陳列架。在近年的東正教教堂裏，圖像屏幃逐漸形成以下這樣一種顯著的特徵，就是實際上使整個聖壇的範圍脫離了平信徒的視線範圍，圖像屏幃上的圖像因而獲得了比聖壇高得多的形像。
3. 在新教的傳統裏，由於對講道的強調，導致將講壇的位置提升在祭壇的上面，這樣做無論在具體的物質上和意念上都表明對講道的重視，著名瑞士改革宗神學家巴特就提過改革宗教會如何透過教會和其他禮儀媒介來強調上帝的「他性」：

> 講道從講壇開始發生（它是一處令人敬畏的地方，但明顯地，它一早已預計過的高度又跟一個普通的講台有分別），同時在講壇上有一本很大的聖經，尤如對那些欲攀上講壇的人的一個警告。講道者又會穿上罩衣（我不會為講出這些說話感到為難），而他們確實應該如此做，由於它是一個有效的提醒，凡穿著這種特別服裝的人，人人都會期待能從這些人當中聽到特別的道。

最近教會的建築藝術逐漸受到其他因素的影響，舉例來說，十九世紀後期北美的奮興運動部分地從娛樂的角度來看待崇拜，因而在設計教會建築物的時候會加入一些適合音樂演出和崇拜的舞台。「基層教會社區」（“base ecclesial communities")或「住宅式教會」("house churches")的興起，為崇拜帶來一種不拘禮節的新貌，崇拜通常在私人住宅或借來的住宅單位內進行，當中特別強調的是團契生活、祈禱和敬拜，至於建築上的重要性的考慮則減到最低，對某些人來說，這樣可被視為重返原初基督教宗教生活的一次回歸。

毫無疑問，基督教靈修學自然會受到空間的影響，而這些空間正是屬靈反省在其中發生的地方。十二世紀加爾都西修會作家蓋高二世（參本書頁150）所提出的有關閱讀、默想、祈禱和默觀這過程，在其中毋疑需要靜默和安靜的大力幫助，不過這過程亦有賴建築在某些地點位置上某些種類的建築物所促成的。

聖地：朝聖之地

不少基督教傳統會將屬靈上特別重要的意義賦予給某些地方，或賦予給往這些地方旅遊的過程，再一次需要強調的是，這並非基督教內一貫的趨勢。在立刻承認概括化的危險之同時，一般而言，新教對「聖地」這概念似乎抱持批判多過肯定的態度。在目前這一段裏，我們將會探討「聖地」這概念的某幾個面相，以及它們對靈修學的重要性。

舊約聖經清晰地將耶路撒冷城看為一處聖地，耶路撒冷及其聖殿被視為以色列宗教的焦點核心所在，上帝揀選了耶路撒冷作為祂居住之所，這城及其聖殿因而被分別出來，猶如擁有在以色列其他地方不能擁有的一種宗教上的重要性。在以色列歷史的初期，諸如示羅和米斯巴這些地方均被認為在宗教上具有特別重要的意義。在攻打迦南期間，聖地便在這些地方上被建立起來。雖然如此，在耶路撒冷所興建的聖殿始終被認為擁有最高的重要性，有些舊約經文談到耶路撒冷或其聖殿是上帝的「居所」，結果耶路撒冷在以色列對將來的盼望這事情上扮演特殊的角色，意思是上帝的知識要從耶路撒冷開始傳遍萬邦（賽二2～4；彌四1～3），並且透過在耶路撒冷對上帝的敬拜，天下萬國就會找到它們真正的合一（賽十九23；亞八3）。現代猶太人的逾越節以表達下一年將會在耶路撒冷慶祝下一個逾越節這個盼望作為結束。

基於此，耶路撒冷顯然在猶太教內扮演一個很特別的角色，而基督教信仰所賴以建基的那些核心事件（最重要的如耶穌的死和復活）正正就在耶路撒冷發生。因此，自然會期待新約聖經理應承襲舊約聖經對這城市特殊地位的理解，不過被證實情況卻非如此。耶路撒冷在舊約聖經內的特殊宗教地位並沒有被新約聖經所認可，新約聖經只確認耶路撒冷歷史上的重要性而不是神學上的重要性，「新耶路撒冷」的主題被肯定認為是表達基督徒盼望的聲明（參來十二22；啟二十一2），不過這並不被視為為耶路撒冷城賦予任何當下屬靈上的重要性的合法地位。

在頭三個世紀時期，基督徒作家並沒有詳細討論過耶路撒冷的重要性，就這情況本身而言，已是一個指標，暗示了這城並不具有重要性。在四世紀則有兩種不同的觀點出現，該撒利亞的尤西比烏認為新約的靈修學並不關心物質性的存在實體（諸如「以色列地」或「耶路撒冷城」），卻關心精神性的屬靈事物，而這些物質性的存在實體對精神性的屬靈事物而言，是最好最方便的物質性象徵。耶路撒冷的區利羅則持相反的意見，他十分清楚地表明耶路撒冷依然是一座「聖潔之城」。當然，也許教會政治已進入這爭議當中仍是完全有可能的事，區利羅對維護他自己城市的權益一事仍有擔心顧慮；而尤西比烏卻對將羅馬城推廣成為特別獲得上帝青睞的新城市這一宣稱感到有興趣。

一份屬於這個時期被稱為「旅程」（"Peregrinatio"）或「伊吉麗亞的朝聖之旅」（"Pilgrimage of Egeria"）的重要文件，說明了朝聖的重要。這份發現於一八八四年及有可能屬於三八一至三八四年的文件，事實上是一位婦女訪問聖地的一次個人旅程，並且記錄了一切她目睹的事情。雖然在閱讀此文本時，通常會將重點放在關於這時期在聖地的禮儀習俗的第一手重要的見證之上，不過它同時亦會為這類朝聖旅程被認為會帶來的益處作出重要的見證。

在教會歷史發展的進程上，不少地方曾經以擁有潛在的屬靈重要性而冒出頭來，這些地方包括（但決不只局限於）下列所講的。

1. 耶路撒冷：是耶穌最後的晚餐、被出賣、被釘受難和復活的發生地。
2. 羅馬：廣泛地相信是聖保羅和聖彼得殉道和被埋葬的地方。
3. 坎特伯雷：多瑪斯．貝克特（Thomas à Becket）於一一七○年殉道的地方。杰弗里．喬叟（Geoffrey Chaucer）在他的《坎特伯雷故事集》（*Canterbury Tales*）中將猥褻的越軌行為伴隨著往坎特伯雷的朝聖之旅同時陳示出來。
4. 甘保士泰拉的聖地牙高（Santiago de Compostela）：位於西班牙西北部，傳統認為是使徒雅各的埋葬地。
5. 勞迪士（Lourdes）：位於法國南部，於一八五八年童貞女馬利亞顯現的地方，此地更逐漸與醫治的報導連上關係。

在基督教靈修學上，往這些地方朝聖究竟扮演甚麼角色？相應於基督教內在神學議題上那相當大的差異性而論，很明顯，關於這類問題的答案其實很複雜和只有些微差別。舉例來說，新教徒一般都不會接受任何種類「聖地的神學」（"theology of sacred places"），也不會給予馬利亞任何特別尊貴的地位。因此，往勞迪士朝聖不會顯著地成為新教靈修學的特色。一般而言，下列各項會被看為跟朝聖的靈修學有關的最重要因素。

1. 朝聖這行動最低限度牽涉了某程度上的委身和艱苦，這樣便令到朝聖成為一種自我否定或個人紀律的行動，其功效將會被廣泛地接受。艱苦的程度可以不同的方法去加強：舉例來說，中世紀的悔罪者習慣放一些石頭在他們鞋內，為的是要讓旅途更加痛苦。
2. 朝聖旅程提供了一個反思跟朝聖地點有關的人物的生命和教導的機會。舉例來說，往甘保士泰拉的聖地牙高朝聖，為朝聖者提供了閱讀跟聖雅各有關的事情的機會，猶如往羅馬朝聖則能夠將焦點放在反思聖彼得和聖保羅的生命和教導之上一樣。
3. 「朝聖」這觀念有助於加強信徒「在世上是客旅、是寄居的」（來十一13）這一基督教觀念，他們真正的家鄉是天上的城（腓三20）。讓生命流過這一觀念作為進入天上之城的途徑，比起某人要將此世作為自己的家鄉這一觀念，前者顯然更能在朝聖這一行動中體現出來。
4. 對一些人來說，朝聖地點本身已被賦予某些屬靈的素質，足以令到往這些地點旅遊的人能夠親身體驗得到。

正如上文提到，新教徒一般都以懷疑的眼光看待「朝聖」這觀念。然而，能夠意識到這一觀念其實已經存在於不少新教靈修學之內是很重要的，縱然其存在的型態已經以一種稍為修正的方式出現。不少新教徒覺得往聖地或跟新約聖經有關的地方旅遊其實是很有幫助的。舉例來說，親身去亞洲的七間教會（在啟示錄曾經提及的）或由聖保羅建立或去信的那些教會。無論如何，可以見到這些旅程根本上對聖經研究會帶來一個新的深度，因為在研究那些經文之時，便能夠透過曾經到訪那些經文所提過的地方的經驗，以致在研究時加入個人的意義，因此，定點觀光旅遊可被視為達致更有成果的聖經研究的一種輔助方法。

進深閱讀

André Biéler, *Architecture in Worship: The Christian Place of Worship.* Edinburgh: Oliver & Boyd, 1965.

Paul J. Bradshaw, *Daily Prayer in the Early Church: A Study of the Origin and Early Development of the Divine Office.* New York: Oxford University Press, 1982.

Donald J. Bruggink and Carl H. Droppers, *Christ and Architecture: Building Presbyterian/Reformed Churches.* Grand Rapids: Eerdmans, 1965.

Owen Chadwick, "The Origin of Prime", *Journal of Theological Studies* 49 (1948), 178 ~ 182.

Peter Cobb, "The History of the Christian Year", in C. Jones, G. Wainwright and E. Yarnold eds, *The Study of Liturgy.* London: SPCK, 1978, 403 ~ 418.

Howard M. Colvin, *Architecture and the After-Life.* New Haven, CT: Yale University Press, 1991.

J. D. Davies, *Holy Week: A Short History.* London: Lutterworth Press, 1963.

Peter Hammond, *Liturgy and Architecture.* London: Barrie & Rockliff, 1960.

K. Hughes, "The Changing Theory and Practice of Irish Pilgrimage", *Journal of Ecclesiastical History* 11 (1960), 143 ~ 151.

E. D. Hunt, *Holy Land Pilgrimage in the Later Roman Empire*. Oxford: Oxford University Press, 1982.

Philip Sheldrake, *Living Between Worlds: Place and Journey in Celtic Spirituality*. London: DLT, 1995.

Kenneth J. Stevenson, *Jerusalem Revisited: The Liturgical Meaning of Holy Week*. Washington, D.C.: Pastoral Press, 1988.

Robert F. Taft, *The Liturgy of the Hours in East and West: The Origins of the Divine Office and its Meaning for Today*. Collegeville, MN: Liturgical Press, 1986.

Thomas J. Talley, *The Origins of the Liturgical Year*. New York: Pueblo, 1991.

Victor and Edith Turner, *Image and Pilgrimage in Christian Culture*. Oxford: Blackwell, 1978.

P. W. L. Walker, *Holy City, Holy Places? Christian Attitudes to Jerusalem and the Holy Land in the Fourth Century*. Oxford: Oxford University Press, 1990.

J. Walter, "The Origins of the Iconostasis", *Eastern Churches Quarterly* 3 (1970 ~ 1971), 251 ~ 267.

Franz Xavier Weiser, *Handbook of Christian Feasts and Customs: The Year of the Lord in Liturgy and Folklore*. New York: Harcourt Brace, 1958.

Hugh Wybrew, *Orthodox Lent, Holy Week and Easter*. London: SPCK, 1995.

7

基督教靈修學：與傳統打交道

直到目前為止，我們已經處理過一些基督教靈修學的主題和爭議。在某程度上來說，我們已經簡要地看過一些說明和可以應用這些議題的文本。無論如何，基督教靈修學其中一個最重要的主題是致力於跟經典文本打交道（engagement with classical texts）。不過，正如馬克·吐溫（Mark Twain，1835～1910年）曾經以他那種冷面幽默的風格語帶諷刺地說，經典文本是一種「每一個人都希望已經讀過但沒有人真的想讀」的書。對不少人來說，採用「經典文本」這詞彙會在潛在讀者（potential reader）與文本之間築起一道屏障，意味著後者是很難讀的（並且至少有可能是過時的）。

本書這一章是寫來鼓勵讀者應要跟基督教傳統的經典文本打交道，我們需要體會到，一部「經典文本」並非特別為某類自命不凡的精英而設，卻是歷代以來都被證實為具有價值的作品。跟這類著作打交道的目的，是要去發掘一些曾經滋養過以前世代的人並對他們有用的洞見，更要為將要來的世代提供各種可以照樣相同運作的提示。至少，本書內所陳述的資料已經在眾多不同的方式上為我們預備如何直接處理傳統的經典文本。接著下來，我們會為這種跟經典文本打交道的過程提供一個導言，這過程乃是透過從旁指導去閱讀一些從主要著作中抽出來、篇幅較短且較易處理的節錄文選，開始時就讓我們看看因處理古舊文本而帶來的某些困難。

靈修學與歷史

文學批評家弗蘭克·克姆特（Frank Kermode）在他那部重要的研究《經典》（*The Classic*，1975年）中，指出經典著作以甚麼方式去擁有一種「剩餘意義」（superfluity of meaning），讓它們夠成為同代人和後世的資源和刺激思想的元素。不少跟基督教靈修學有關的文本，必須被判別為屬於上述這種分類。舉例來說，多個世紀以來都有人閱讀多瑪斯·肯培的著作，而每一個世代都能重新發現他的智慧，以及與當代的相關性。儘管如此，但在閱讀經典文本時，畢竟還會遇到若干程度的困難，這些困難從一開始的時候就需要充分意識得到。接著下來，我們會考慮到某些可能在閱讀經典文本時會遇到的困難，以及能夠以甚麼方式去抵消這些難處（至少某程度上能如此做）。

1. **預期的受眾（The intended audience）**。第一種主要的困難在於原初的文本也許已經假設了某一特定的受眾。事實上，所有作家寫作時，在心底裏都已一早有了一個獨特的受眾，並且這想像中的受眾會決定了作者寫作的風格；詞藻的運用；被視為彼此共同具有的假設和爭議；以及那假設性的背景知識的範圍。在上述每一種情況底下，也許你會發覺很困難跟文本扯上關係，準確地説，就是因為你已經超出作者所想像的讀者範圍以外。

能夠認識到有些經典文本從來沒有出版意圖，也是一件很重要的事情。舉例來説，坎特伯雷的安瑟倫將一些禱文獻給某些人，而這些禱文本來就只是打算供這班人閱讀。而來自佛蘭芒語（譯按：佛蘭芒是比利時其中一個民族）的現代靈修學校（Flemish *Devotio Moderna* School）的一些著作，也只是打算在非常有限度的圈子內傳閱，最終也只不過是在偶然的機會底下供更多的讀者閱讀。

在這裏列舉出一些例子去説明所產生的困難，以及能夠遇到這些困難的途徑，也許是有幫助的。不少中世紀西方修道院式的靈修學著作，均假設它們的讀者根本上或僅僅只是修道院內的人，很多修道院的神職人員（例如本篤會修士或修女〔the Benedictines〕）因著經常和全面地閱讀聖經，以致聖經的語言和意象已經成為他們的習性，結果是源於這種背景的不少靈修學著作，都假設了它們的讀者一直浸淫在聖經的文本中，能輕易識別出聖經的意象、引文或典故。但大部分現代的讀者卻未能分享到這份樂趣，故此便有可能錯過了剛才所講的一些文本當中非常豐富和細微的地方。

然而，情況並非這麼絕望，處理這種情況最容易的一種方法，就是找一位現代的註釋者在文本的連串註釋中去指出這些意象、引文或典故。透過這種方法，就能促使現代的讀者至少獲知作者某些原本和心目中的意思。

第二種潛在性的困難跟類比有關，類比是靈修學作家用來協助他們的讀者去理解某些論點的，而所選用的類比是預期的受眾所熟悉的。特別在教父時期和中世紀的文本中，經常出現的結果是，某一被採用的類比對原初的受眾來說可能是非常熟悉的，但對現代的讀者來說，就算有也只是懂得一點而已。舉例來說，十六世紀的靈修學作家經常援用修道院日常慣性的生活程序、王朝宮廷的習俗、當代法律或商業上的慣常做法來建立屬靈的論點。在上述每種情況底下，西方文化上的主要改變都會引致這些類比失去它們原初啟發的能力，某一種曾經對理解有幫助的文學手法，今日可以在同一個過程中很吊詭性地反而成為障礙。

再說一次，情況完全不致絕望。所要求的只是找某個能熟悉該段時期的人去闡明類比的預期含義（intended meaning），好讓讀者重新獲悉那原初意象的某些嶄新的看法，偶然地或許也有可能提供一個意義相等的現代表達方法，至少可以讓某些被假設含有預期意義的詞彙，能夠以一種富想像力和有幫助的方式傳遞開去。

2. **作者的目標。**在一些情況底下，作者會有一套目標去支配著其作品的進路，也許你會發覺你自己對這些目標非常不贊同。舉例來說，多瑪斯·肯培的經典著作《效法基督》，明顯是寫來鼓勵共同生活弟兄會（the Brethren of the Common Life）的成員要相信他們被揀選完全捨棄世界而進入修道院內。在好幾個重要時刻，多瑪斯都認為若依然逗留在世界之內，就會喪失了一整全系列屬靈上的益處和洞見，惟有那些真誠願意捨棄世界而進入修道會的人，才能獲得基督教福音完滿的好處。不過，很多現代的讀者都將這種觀點看為很有問題的臆斷。

既然如此，上述這種情況對我們接觸這類文本的態度有何影響呢？一個極端的反應就是，除非你同意文本作者每一個可識別的臆斷，否則根本不能從研讀這種文本中獲得任何知識。不過，這種講法是站不住腳的。首先，它會將你的閱讀面規限在一個異常有限範圍的著作上面。或者更加重要的，是你要去閱讀一些在出發點上已經跟你自己的觀點不同的著作，好讓你透過所牽涉到的課題能不斷地思考。有些讀者期盼在他們的思想官能內放置「不要打擾」的告示，在思想的官能內他們已經為每一件事情整理出他們的見解，不想再對任何事情作重新的思考。作為一種原則而言，去對一些位於你個人感到舒適安全地帶以外的觀點進行研究和糾纏是一件很重要的事情。

遇上這種困難時所採用的最一般的面對方法，可能亦是最有效的方法。我們姑且稱之為**選擇性專注的原則**（principle of selective attention），這原則的基本概念是你只會揀拾你所喜歡的觀念而忽視其他的觀念。基於此，讓我們返回多瑪斯·肯培的《效法基督》，就會發覺這本書的大部分現代讀者（一般來說他們都不是僧侶修士！），都會選擇性地將注意力集中在該部著作對十字架下的生命那異常精細的闡述，他們會採納下列兩者其中一種的進路：

1. 他們對著作中某些其他的主題（例如要過修道生活就需要棄絕世界），會選擇不予理會或反駁的態度。這種進路某程度上是一種折中主義的做法，但卻十分符合不少人探討這類性質的文本時所採用的方法。
2. 他們將上述這些主題，視為該部著作反映原初成書境況的面貌，故此，由於讀者個人的境況已經有某程度上的差異，便不一定需要認為上述這些境況對讀者具有約束力。由此可以主張建構一種「處境化」（"contextualized"）的方法，鑑於作者與讀者所處的處境之差異會導致某程度在結果上需要作出一些調較。

詢問文本

需要識別出閱讀靈修學經典文本其中一個最重要的要點，就是關乎這閱讀的過程必須是一個互相作用的過程，在閱讀的過程中，讀者並非一個被動的參與者，而是要試圖去跟文本打交道。其中一個能達致這目的並最值得做的方法，就是去向文本發出詢問。乍看起來，這樣做似乎牽涉到各種毫無裨益和令人討厭的聯想，例如好比將文本當作警方調查的對像來看待。但在現實裏面，有些事情跟預期的又有很大的差別。向文本發出詢問這觀念，乃基於文本的讀者不應該是一個被動的旁觀者，而應該是一個主動的參與者，讀者跟文本打交道的其中一種最有效的方法，是去詢問一些屬於及關於文本的問題，下列的問題顯得特別重要。

1. **誰是作者？**領會到文本乃由真人而寫，以生活的經驗寫成，並且有一種要將那些人所累積下來的智慧傳遞給其他人的關注，這領會是很重要的。若能識別出作者和明白到作者某些背景，就能提醒我們靈修學的著作是由真實的、有生命力的和關心人的個體（concerned individuals）為著其他真實的、有生命力的和關心人的個體而寫的。作者有他們的熱情、有他們所關切的事務（concerns）和議程（agendas），通常透過豐富的經驗和洞見提供資料。讀者跟文本互動的方式，通常都會反映出讀者對作者是欣賞抑或保留。在這種關注有生命力的基督徒經驗的靈修學裏，有一件很重要的事情，那就是能夠體會在一些有生命力的基督徒生活中，某些事情如何塑造和形成正在研究中的文本。基於這個理由，每一個在本章內用作研究的文本，都會在它們前面加插一個簡單的作者生平研究作為序言。

2. **文本為誰而寫？**很多文本作者寫作時，心目中已有一特定的受眾。舉例來說，《未知之雲》明顯是為了一位年青人的需要而寫的，這名年青人正在追求順服心靈裏那簡樸刻苦的念頭過默觀生活。在作者心目中的受眾，已經一早決定了若干主要的議題，包括所運用的語言和意象、作者對讀者的期望、讀者選擇了文本中哪些觀念和方法應用在實踐上、跟性別和階級有關的議題，這裏只提及當中某些較明顯的論點。如果你作為一位讀者，不屬於該特定受眾的組別，能夠識別出那預期的讀者羣的組別，的確是非常重要的事情。若果事情真的如此，而你若要從文本中有所得益，你就需要作出各種各樣的適應。在本章中，我們將會探討某些讓適應或調適這過程能夠發生的方法。

3. **該部著作的歷史和文化語境是甚麼？**基督教傳統的豐富遺產，包含了在歷史上的多個時期、不同的文化和多種語言，一部著作的歷史和文化定位，不免會影響人們將會以甚麼方式來閱讀該部著作。舉例來說，坎特伯雷的安瑟倫在論人類救贖的著作中（寫作日期始於十一世紀），經常對在那個時期流行於西歐的封建制度作出影射。為了要能夠掌握和挪用他的觀念，就有需要明白他寫作時的語境，這語境通常會決定了他會採用甚麼類比和詞彙去表達他自己，通常都需要一個「翻譯」或「轉移」（"transferral"）的過程，讓讀者詢問這樣的問題：「假如安瑟倫在今天我心目中所熟悉的這個文化底下寫作，他會如何表達他自己呢？」再說一遍，我們將會在這一章的進程中列舉一些達成此目標的途徑。

4. **該部著作採用甚麼聖經的意象？**不少基督教靈修學的著作都充滿了聖經的意象和暗喻，有時這些意象和暗喻很清楚地能夠被辨別出來，有時它們卻不能明確地被辨別出來，有待讀者去確定它們是甚麼。能夠辨別出在一段經文中所採用的聖經意象，是跟一部靈修學著作打交道的其中一個最有效的途徑。通常作者的意圖是要強迫讀者去跟聖經的文本打交道，為的是深化他們的知識，且加深對文本的熟悉程度，並去引發出一連串聖經的觀念和主題，以致能夠刺激讀者的思想和滿足他們，我們將會探討如何在本章中所提到的幾個重點上運用這種技巧。

5. **作者想我思考些甚麼？**一般而言，靈修學作家其中一個目標是要去扭轉他們的讀者的思想方式：舉例來說，關乎到默觀生活的卓越性、祈禱的重要性、需要深化我們對上帝的愛，諸如此類。當你閱讀一段經文時，嘗試構思作者想你去思考的事情，並想出作者以甚麼途徑嘗試要扭轉你的觀念，去辨別出運用於這種嘗試當中的論據、權威和方法。舉例來說，有些作家提出一個直接和帶情感性的呼籲：「如果上帝這樣愛你，為何你不能反過來愛上帝呢？」其他人會用一個更加理性的方法，這方法乃建基於那些訴諸於你的理性之上的論據。

6. **作者想我做些甚麼事？**正如我們曾經所強調的，靈修學並非僅是一些觀念，卻是關乎如何完全地活出基督徒生命的一門學問。不少靈修學作家都有一些發展得很成熟的觀念，這些觀念乃關乎到基督徒生命如何才能達致完滿豐富的目標。一般而言，要達到這目標就要做某些事情：例如更加經常禱告、培養出某種對世界的態度、諸如此類。這樣做的目的，乃是要識別出作者期望讀者讀過其著作後，結果會有甚麼行動。

7. **我能夠從跟文本建立緊密關係這過程中拿走甚麼？**留意以上這條問題如何措詞用字來表達其思想，你並非被問到你認為作者想你拿走甚麼，這裏的議題乃關乎有甚麼是你曾經遇過而你仍想把它們留下的，因為你覺得它們對你有幫助、能振奮人心、有鼓勵性或挑戰性。著名法國靈修學作家薩爾斯的法蘭西斯（Francis de Sales，1567～1622年），在他的《敬虔生活的導論》（*Introduction to the Devout Life*，1609年）中曾用過從花園中採花的意象來闡明這觀點：

> 那些曾經在美麗的花園裏漫步的人，為了一整天能把花朵帶在身邊並吸入它們的芳香氣味，離開花園時若不拿走四或五朵花，是不會甘願的。正是這樣，當我們在默想中思考到一些奧祕的事情時，我們應該選擇一或二或三個我們覺得特別適合我們的口味，並且特別適合我們生命進深的要點，然後在一整天的時間裏記著它們，並且屬靈地吸入它們的芳香氣味。

固然還可對文本發問其他問題，不過上述所提出的問題已為我們提供了一個架構，好讓我們能夠開啟靈修學經典文獻中極度豐富的內容。接著下來，會用這種技巧去幫助我們探討基督教靈修傳統中一些經典的文獻。

我們已經用了足夠長的時間去預備跟文本打交道，接著下來，我們會開始進入基督教靈修傳統一些偉大的作品中，好讓它們對我們發生影響力。

經典文本：跟它們打交道

任何人若試圖要為代表著悠久和豐富的基督教靈修學傳統的著作提供一個精選文集，他便馬上要面對一個巨大的問題：可供選擇的材料實在太多，任何的精選摘錄都似乎只會顯得不足夠、獨斷和不能令人滿意。將某些作品挑選出來包含在選集內，這過程不免也同時意味著是選擇去忽視另一些作品的一個相應過程。我們只是要求讀者能明白，從選擇中作決定要包含哪些作品這過程，是很困難的，不少其他有需要及值得包含在內的文本惟有不加考慮。

無論如何，本章正是企圖幫助你跟基督教靈修學的經典文本打交道，為你提供一條途徑，去促使你能夠從這裏開始繼續前進，跟你真正很想研究的文本打交道。就算那些你很想研讀的文本並未包括在本書之內，至少本書已經賦予你很好的背景知識。相較於沒有這樣的背境知識的情況下，當你在將來繼續研究你想讀的文本時，這些背景知識能夠讓你從閱讀中獲益更多。必須要覺察的是，這書所提供的精選文本不應該被視為具有代表性、詳盡無遺或甚至能為基督教傳統的極大豐富性起闡明性的作用。目標僅是要去鼓勵你進入跟文本打交道的過程，因而你能夠繼續從你所真正喜歡去研究的文本中，得到更全面的益處。

因此，我邀請你將本章看為獲取主動閱讀技巧的途徑，這些技巧對於跟基督教靈修學傳統的經典文本打交道是有必要的。為著這個理由，就算你個人對作者的方法或前設並不贊同，你仍須緩慢而費力地閱讀本書提供的所有文本。若能跟本章所提供的文本打交道，就會裝備你能夠更有效地跟那些你在將來階段特別想閱讀的文本打交道。

在跟任何文本打交道的過程中，其中一項重要的部分，乃是從閱讀到反省再到禱告這個向前推進的過程。在好幾條問題當中，其中一條你會被問及並需要回答的問題如下：你能否構思一篇禱文去涵蓋和回應正在研讀的那段文章所提出來的特別課題？當有些讀者發覺難於這樣做時，正正就是一個能夠避免「被動閱讀」文本的最佳方法，因為「被動閱讀」的方法使讀者對文本的重要性只能有貧乏的領會。如果你被要求要以這種方法去回應，便嘗試寫下一篇長度不超過五行的簡短禱文，但要將該段文章所關注的地方都包含在內。在某些情況底下，將那段正在研讀的文章以禱告的方式表達出來，反而會更容易地令那過程變得有相關性。

接著下來，每一位被研讀的作家都會自成一段落，為了令到跟文本建立關係這過程來得簡單一些，每一段落都會依循或多或少大致相同的形式去進行。需要留意的是，為著方便研讀，文本旁邊會印上行數，為的是幫助讀者查閱。

女撒的貴格利

女撒的貴格利（Gregory of Nyssa，約330～395年）被廣泛認為是基督教東方教會其中一位最重要的作家。他於三七一年成為女撒（即今日的土耳其）的主教，貴格利是一位極度維護基督的完全神性和完全人性的神學家，以致在亞流主義（見本書頁97）暫時在女撒這地區內獲得優勢的期間，他發覺自己被邊緣化。貴格利大量借用柏拉圖式的觀念（例如「善」這觀念）來為其基督教信仰作出闡述和辯護。他那些較為屬靈的著作均強調人的思想無法完全理解或洞察上帝的奧祕，因此他可以被理解為屬於「否定神學」（見本書頁211）一路的。在這種神學中，他指出由於人類的被造性，結果人類對於上帝的知識有著嚴格的限制。

現在用來研讀的文本取材自那本一般被集體性地稱為「論八福的註釋書」（"Commentary on the Beatitudes"）的講道集，是貴格利宣講馬太福音五章1至10節的八篇講章。這部著作的起源被認為是在女撒向該教區的會眾發表的一些演說。在這一系列八篇講章的第三篇中，貴格利處理到人類對上帝的渴想這問題，並追溯這種渴想的根源乃源於人性是按照上帝形像被造這件事實。在好幾個論點當中，貴格利採用了柏拉圖式「善」的觀念，以及「真」和「美」的觀念一起建構了通常被稱為柏拉圖式的三重組合的觀念。跟大部分採用柏拉圖式範疇概念的基督教作家一樣，貴格利借用這些範疇來識別上帝，主張這些經典觀念可以被看為神聖智慧在基督裏完全揭露的預示。

女撒的貴格利論對上帝的渴想

基於「善」的本性，它遠遠超出於我們知識的界限，我們愈相信「善」，就愈能經驗到那種我們從這「善」中被分隔出來的悲傷感，這種感覺既偉大又吸引，卻不能被我們的心思意念完全抓得住。不過我們一旦死亡時就能分享這「善」，

> 它從我們要理解它的意圖中掙脫出來。這個我們曾經擁有，卻超越所有人類思維的「善」，就跟人性的「美善」似乎同樣是以某些相關形式出現的善一樣，它被形塑為其原型（prototype）最精確的形像和樣式。就人類而言，擁有所有那些我們現今所思考的素質——不朽性、快樂、獨立和自決、沒有單調乏味或悲傷的生活，被神聖事物所迷住，透過一種未被擾亂及專注的心靈去窺見「善」的景象（vision）——正正就是聖經中創造的故事（創一27）簡短地所暗示的。它向我們提及人乃是按著上帝的形像被塑造，並住在樂園裏享受園中所種植的（那些樹的果子就是生命、知識等等）。故此，一旦我們曾經擁有那些恩賜，當我們將以前的歡樂跟我們現在的痛苦相比較，我們就只能為到我們傷心的事情而悲痛。那本來高的，卻降為低；那本來按著屬天的形像被造的，卻縮減成為按著屬地的形像被造；那本來被任命去管理世界的，卻縮減成為奴隸；那本來為著不朽而被造的，卻受到死亡所毀壞；那本來住在樂園的喜樂中的，最終卻身處這勞役及充滿疾病的地方……如果我們列出在我們人生境遇中，所有不能避免的那些肉體所經歷的苦難（我的意思是指所有不同種類的疾病），兼且當我們反思到人類原初本來就不受這些疾病約束，以及當我們透過將我們傷心的事情跟更美好的生命並列這種方式，去將我們曾經知道的喜樂，跟我們現今的痛苦相比較，我們將會流下更多的眼淚。當我們的主說：「哀慟的人有福了」（太五4），我相信祂背後的意思應是如此：應該將靈魂固定注目於「真正的善」之上，不要再沉溺在今世生活的虛幻裏。

首先請閱讀上文兩遍，會發覺有助你去了解上文賴以為基礎的八福（太五4）。在文章裏，貴格利正在處理他在人的生存處境中所生的悲傷或哀慟感。

1. 就這段文章而言，人的哀慟是怎麼一回事？文章所給予的答案是：我們為了我們曾經擁有卻失去的美善而哀慟。

2. 你要閱讀創世記二章4至20節，才能明白貴格利下一步所要論證的是甚麼。在進入下一條問題前請先這樣做。

3. 貴格利基本的論據，乃是人一直享受樂園裏的生命，只不過之後人因著不順服上帝而失去這種福樂。拿出一張白紙來，列出貴格利所分辨我們當下的狀況跟樂園裏享樂的狀況之間的對比。

4. 當我們將我們當下的狀況跟那在樂園裏存在的狀況之間作出比較之時，貴格利認為我們不免感到悲傷和痛苦，不過八福卻肯定那些哀慟的人**必會得到安慰**（太五4）。貴格利如何從我們當下的悲哀中帶出盼望呢？

5. 能夠體會到貴格利以下這種概括性的神學看法是很重要的：他要將過去、現在和將來扣在一起。過去乃是關於樂園之事；現在是關乎到上帝直接臨在和樂園裏所有喜樂的喪失；然而，將來卻是關乎那些在屬天的樂園裏的喜樂可能重新恢復過來。貴格利所要論證的主張乃是如此：我們可以將我們的思想和心靈，緊緊地傾注在以下的事情上：那種已失落的清白無罪和喜樂狀態，將要在那來臨的世界中重新恢復。故此，他的分析是要鼓勵其讀者去默想那些在伊甸園裏因著罪的緣故而喪失的事物在將來的復原。（對貴格利來說，恰巧救贖論其中一個重要的主題就是在亞當裏所失去的在基督裏卻得以重新復原。）

6. 閱讀創世記一章26至27節，留意這段經文乃是指到人按著上帝的形像樣式被造。貴格利如何將這點應用在他所要論證的主張上？這種洞見會對我們在人的本性和命運的理解上帶來甚麼不同的看法？

7. 最後，作為他的反思的結果，貴格利想我們做些甚麼？你能否創作一篇禱文去回應那些反思和值得關注的事情？

上文很清楚地告訴我們，我們必須學會切勿被現今世界或我們當下的狀況所壓倒或令我們分心，我們務要將我們的目光盯緊在「那真正的美善」之上，這美善除了是上帝之外，別無其他。貴格利所要論證的主張乃是如此：這美善會為我們將來的安慰作出預備，目前仍只能是一個盼望的事物，到那時就會成為現實。

進深研讀書目

Hilda C. Graef, *Gregory of Nyssa: The Lord's Prayer; The Beatitudes.* Westminster, MD: Newman Press, 1957.

Anthony Meredith, *Gregory of Nyssa.* London: Routledge, 1999.

希坡的奧古斯丁

希坡的奧古斯丁（Augustine of Hippo，354～430年）被廣泛認為是基督教教會其中一個最重要的作家。奧古斯丁在努米底亞的羅馬省（the Roman province of Numidia；即現今的阿爾及利亞）出生。他的母親莫尼卡（Monica）是一位虔誠的基督教徒，盼望她的兒子能分享她的信仰，但奧古斯丁沒有任何表示會傾向這樣做。到了十七歲那年更接受當地一名女孩當他的情婦，隨後便受到摩尼教徒（Manichees）的影響，摩尼教乃是一個建基於摩尼（Mani）的諾斯底哲學的宗教組織。奧古斯丁在意大利安居下來，並且在羅馬的政府部門內找到工作。然而，奧古斯丁在三八六年七月逗留在米蘭期間，經歷了一次悔改歸信的經驗。於三八八年夏季的後期，他返回自己的出生地北非，於三九一年當他到訪希坡這海濱城鎮之時，在違反他自己意願的情況底下他被按立，隨後（約在395年）便成為主教。雖然在他所關注的事情上，北非教會當地的事務顯著地扮演重要的角色，但奧古斯丁卻特別投身於為基督教信仰在面對外面反對者和內部持不同意見者時作釐清、解釋和辯護的工作。他的著作都有處理基督教思想中主要的課題，包括三一論、教會論及恩典的教義（是恩典的教義而不是基督論，值得注意）。

在那些著作中其中一部被稱為《懺悔錄》（*Confession*），我們下面一段節錄的文字亦是取自這本書。這部著作以拉丁文寫成，被廣泛承認為西方無論神聖宗教抑或世俗作品中其中一部最重要的著作。《懺悔錄》寫於三九八至四○○年間，以努力專注於對上帝的默想並在中間夾雜著禱文的形式寫成。在它的十三段組成部分（被稱為「卷」）當中，開頭九卷本質上是自傳形式，描述他的年青階段及早期時喪失信仰、他愈來愈對摩尼教產生興趣及投入、隨後從摩尼教這運動中疏遠出來、對柏拉圖主義的興趣、並於三八六年夏天悔改歸信基督教等事情，而去到這部著作自傳式部分將要終結的一卷，則特別處理其母親莫尼卡之死。至於最後四卷，則處理宇宙跟上帝之間的關係的各方面事情，焦點集中在諸如記憶、時間和創造等課題上。

上帝是真正喜樂的源頭，是下面引述的一段文章的主題。奧古斯丁的論據基本上是這樣的：我們被造原本為的是跟上帝建立團契的關係，不過這種潛在的可能性仍然未能實現，結果造成人對自己的狀況感到不滿和不能得到安息。故此，對奧古斯丁來說，惟有當人認識及敬拜上帝時，人才能得到真正完滿的實現和滿足。有趣的是，奧古斯丁容許世上其他事物也許至少也能提供福樂的表象；對奧古斯丁來說，上帝創造世界這個事實意即表明上帝美善的痕迹能夠在整個被造世界中尋找得到，創造因而盛載了某些「真正喜樂的形像」，它足以成為指示那喜樂的源頭和完滿實現（即上帝）的路標。

因此，受造世界被理解為美好並且在其根源處是神聖的這種看法，便成為構成奧古斯丁靈修學中的其中一個元素。儘管如此，它依然擁有誤導的能力，可以誤導人以為創造本身有能力去滿足人的渴望和欲求。對奧古斯丁來說，這種誤解是不對的，也只會帶來悲傷與失望。被造世界只是指向上帝的一種指示標記，惟有當它所指向的那一位被人認識和相遇時，它才達到它存在的目的。

奧古斯丁個人的經歷毫無疑問已隱藏在這段文字的背後，《懺悔錄》以奧古斯丁在跟他的情婦的關係中、在摩尼教徒的觀念中、在他於羅馬政府部門內獲得認可和升職的追尋中，去試圖尋找個人滿足感作為出發點去寫作。上述每一件事情被揭露出來，為的是要指出在認識上帝的觀點下，這些事情都顯得不足夠和只能成為次等。奧古斯丁自己曾經驗過對快樂的渴求，也經驗過當追尋快樂時卻似乎通往死亡的終局所產生的挫敗感和悲痛。他期望他的讀者能夠明白這種對快樂的渴求，並認同對歡樂的追尋。他盼望他的讀者讀完這段文字之後，心中能夠明白對歡樂的追尋，事實上乃是對上帝一種偽裝或未被認可的追尋。

這部著作其中一個重要的主題，在書中開頭的一段中已展示出來。在這一段當中，奧古斯丁向上帝如此宣告：「祢造我們是為了祢，我們的心如不安息在祢懷中，便不會安寧。」這個人類追尋快樂的主題遍佈整部《懺悔錄》，在奧古斯丁的個人歷史中已強烈地反映出來，也是我們將會在下面詳細思考的節錄文選的主題，以下這段文選節錄自《懺悔錄》的卷十，這卷書要處理的是記憶這主題。

奧古斯丁論上帝是真正喜樂的獨一源頭

至於幸福快樂的生活，過去我在何時何地體驗過，以致現在懷念不忘，深愛而且渴望呢？這種對幸福快樂的欲求，不僅我個人或少數人如此，而是在每一個人當中都能找到。如果對它沒有明確的知識，我們不會在意志中有如此肯定的願望。但這怎麼説呢？如果問兩個人是否願意從軍，可能一人答願意，另一人則答不願意；但若問兩人是否願意享受幸福快樂，兩人會絕不猶豫，立即回答説：但願如此。而這人的願意從軍，那人的不願從軍，都是為了自己的幸福快樂。是否這人以此為樂，那人以彼為樂？但兩人願意得到幸福快樂卻是一致的。同樣，如果問兩人是否願意得到喜樂，答覆也是一致的，他們稱這種喜樂為幸福快樂的生活。即使這人走這條路獲得幸福快樂，那人走另一條路獲得幸福快樂，然而兩人追求的目標只有一個：喜樂。沒有一個説自己從未體驗過喜樂，因此一聽到幸福快樂這幾個字，便在記憶中回想到。

主，在向祢懺悔的僕人心中，決不存有以任何快樂為幸福快樂的觀念。有一種快樂決不是邪惡者所能得到的，只能屬於那些為愛祢而敬拜祢的人，因為祢本身成為他們的喜樂，除此之外，他們得不到其他任何的賞賜。這才是真正的幸福快樂的生活，就是將一個人的喜樂安立在祢那裏、建基在祢之上、並且由祢而產生；這才是真正的喜樂，此外沒有其他。誰認為幸福快樂的生活可以在其他地方找到，追求別的喜樂，但那喜樂卻不是真正的喜樂。雖然如此，這些人的意志始終拋不開真正喜樂的意象。

請在繼續轉到下面所列出的六項要點之前，先閱讀上文兩遍。

1. 我們透過強調這部著作以專注於默想，並在中間夾雜著禱文的形式這種不尋常的寫作風格作為開始，留意這部著作除了描述對上帝清晰的禱告之外，更如何同時包含個人的反思及懺悔在內。嘗試從這部著作中分辨出哪些部分能最清晰地看到這種風格。

2. 留意諸如「喜樂」、「快樂」及「幸福快樂」這些詞彙在以上的文章中出現過多少次。在文中，奧古斯丁很想處理的其中一個重要主題，乃是在哪裏可以找到真正的喜樂這問題。針對這問題，他究竟提出甚麼答案呢？

3. 作者採用那兩人考慮從軍這類比，其目的是甚麼？

4. 奧古斯丁在提到將我們的「喜樂安立在祢那裏、建基在祢之上、並且由祢而產生」這句話中，這三句充滿肯定性的說話，每一句的意思是甚麼？

5. 留意最後的一句句子，奧古斯丁堅稱就算人被上帝之外的其他事情所吸引，「他們的意志始終拋不開真正喜樂的意象」。他這樣說是甚麼意思？

6. 作為奧古斯丁在這段文字中所探討的主張的結果,他盼望其讀者做些甚麼?你能否寫下一段禱文去反映你實踐上的回應?

進深研究書目

Peter Brown, *Augustine of Hippo.* London: Faber, 1967.

John Burnaby, *Amor Dei: A Study of the Religion of St Augustine.* London: Hodder & Stoughton, 1938.

Henry Chadwick, *Augustine.* Oxford: Oxford University Press, 1986.

坎特伯雷的安瑟倫

坎特伯雷的安瑟倫(Anselm of Canterbury,約1033~1109年)被廣泛認為是中世紀早期其中一個最重要的神學和靈修學作家。安瑟倫出生於倫巴弟區(Lombardy)的奧斯他(Aosta),但最終卻在法國定居下來。他於一○五九年進入位於諾曼弟(Normandy)的貝克修道院(the monastery of Bec),一○六三年成為該院的副院長,一○七八年則成為院長,到一○九三年安瑟倫成為坎特伯雷的大主教。這次顯然不尋常的任命反映了威廉一世(William I)於一○六六年從諾曼弟入侵英國的事實,而委派諾曼弟人出任一個本來屬於英國人的高級職位這個普通的任命過程,結果因而成了一件可堪注目的事。安瑟倫並不喜歡伴隨著這個職位所要負的責任,而被人記念的主要還是他的著作,在眾多著作中有兩部著作特別值得拿出來討論。《論證》(*Monologion*,1078年)是對上帝延伸的默想,它包括了我們現在所認識的關於上帝存在的「本體論論證」。至於論文〈上帝因何成為人〉(*Cur Deus homo*,1098年)則為基督之死和道成肉身的必需性規劃了一個具有高度影響力之描述。然而安瑟倫亦經常被邀請擔任屬靈的指導教師，他很多的禱文和屬靈指導的信件仍然流傳。

以下被揀選出來作研讀的一段文章乃是從被稱為〈向基督祈禱的禱文〉（“Prayer to Christ”）這篇作品中節錄出來的。安瑟倫所採取的基本進路是要激發起良知（包括理解力、情感和意志）對上帝產生更深的愛。正如該段禱文的題目，它很強調要將焦點放在基督的死亡和受難之上，使之成為加深某人向著其禱告對像禱告時所生發之愛的途徑。安瑟倫自己寫道：那篇禱文是意圖要「激發起讀者心靈對上帝的愛」，並強烈要求「不要在一種混亂的狀態下，而要安靜地閱讀此禱文；不要掠讀或匆匆看過就算，每次都花時間逐少部分來讀，要作深入和慎密的沉思。」在我們轉入去要跟這段文章有交流之前，首先嘗試以這種方法來閱讀此文。

安瑟倫向基督祈禱的禱文

我心中的盼望，我靈魂的力量，
我軟弱中的幫助，
藉著祢大能的仁慈，完善
我無力的軟弱中試圖去做的事。
我的生命，我為之努力奮鬥的目標，
雖然我仍未曾達到我對祢要付出的愛，
但依然讓我對祢的渴慕
猶如我應該對祢付出的愛一般的大。
我的光，祢看到我的良知，
因為「主，我所有的意欲已擺在祢面前」，

如果我的靈魂意欲任何美善的事，那都是祢加給我的。
主，如果祢所驅策的是美善的，
或者固然由於它是美善的，故此我應該要去愛祢，
請賜給我那些祢已令我想要的：
使我或許能夠達到如祢所命令般的去愛祢，
我為著祢曾在我裏面激發我的意欲而讚美和感謝祢，
我向祢獻上讚美和感謝
免得祢給我的恩賜變得沒有果效，
那些恩賜乃是出於祢的自願而加給我的。
使那些祢已經開始從事的事情能完滿地成全，
並給予我那些祢曾令我渴慕之事情，
但不要根據我的功德而給予賞賜，卻是出於祢的恩慈，
那是一早已臨到我的。
最仁慈的上主，
將我對祢的不冷不熱轉化為強烈的愛。
最溫柔的上主，
我的祈禱傾向如此——
藉著懷念和沉思
祢曾做過的美事
也許我會被祢的愛燃燒起來。
主，祢以祢的美善創造我；
祢的仁慈已經潔淨了那些祢從原罪中所創造的；
祢的忍耐如今仍然寬容我，
餵養我，等待我，
當我失去洗禮的恩典之後，
我就沉溺於眾多污穢的罪惡之中。

美善的上主，祢等待我糾正己過；
我的靈魂等待著祢恩典的激勵
　　為的是能夠充分地透過悔罪
　　而帶來更美好的生命。
我的上主，我的創造者，
　　祢透過對我的忍耐和培育而成為我的幫助者。
我渴慕祢，我渴望祢，我想望祢，
我為祢唉哼，我垂涎於祢：
我好像一個孤兒一般，失去了
　　一個慈父的同在，
這孤兒不斷哭泣悲鳴，全心不停地
　　緊緊抱著那親愛的臉龐不放。
啊！盡我所能夠做的，縱然未能盡我應該要做的，
　　我會惦記祢在十架上的受難，
祢所受的傷害、祢所受的鞭傷、祢的十架、祢的傷口，
　　祢如何為我遭人殺害，
　　如何預備喪葬之事及被埋葬；
　　我也會記念祢充滿榮耀的復活，
　　並奇妙的升天。
我會以堅定不移的信來記住所有這些事情，
　　並哀悼那被放逐流徙的苦難，
　　在獨享的安慰中盼望祢的降臨，
　　熱切地渴求能默觀祢充滿榮耀的面容。

在進入跟以上文本對話之前，先閱讀上文兩遍，留意安瑟倫要求我們要慢慢地去讀。

1. 安瑟倫以對上帝那份不冷不熱的愛作為開始，這是對位於亞洲老底嘉城的教會當時的處境的一種暗喻。正如啟示錄三章14至22節中所描述的，這也是新約聖經惟一一次採用「不冷不熱」這詞彙。閱讀這段經文，並留意那教會的特色：或者你也能夠列出包括如下的特質：「不冷不熱」、「自以為滿足」、和「不願承認要倚靠上帝」。關於安瑟倫對他自己的屬靈狀況的理解，以及透過甚麼方法可以改變，在這兩件事情上，這段經文如何給你亮光？

2. 安瑟倫在第二十四至第三十行裏祈求或許能夠「激發起」（即是說，燃點起）他對上帝那份不冷不熱的愛，他期望這事情如何發生？

3. 安瑟倫在第二十八至二十九行裏提到「藉著懷念和沉思祢曾做過的美事」，其實是引用詩篇其中一個重要的主題：回憶上帝過往偉大的作為。先讀詩篇一百三十六篇，再看看縈繞在安瑟倫心中的是甚麼的事情，這篇詩每一節都包含以下的重疊句：「（上帝的）慈愛永遠長存。」注意這篇詩如何陳述上帝在歷史中偉大的作為：舉例來說，創造世界（5～9節）、出埃及（10～15節）和進入應許之地（16～22節），安瑟倫的做法正是在這些要點上反映詩篇的觀點。

4. 安瑟倫好幾次表達過渴慕上帝的感受，他經常採用一些提到人的空虛感的意象來表達。細讀全文，盡你所能去分辨出這類的意象或片語，愈多愈好。然後問重複採用這些意象或片語的累積效果是甚麼？

5. 嘗試從上文中識別出安瑟倫所用過的兩個有關分離的意象，它們是用來指到他距離上帝很遠這種感受的，這是我們即將探討的；不過在這階段，請再次閱讀上文，並看看你能否識別出正在討論中的那兩個意象。

6. 頭一個意象出現在第四十五至四十八行裏，即是那孤兒渴想失去的父親那個意象，當安瑟倫用這個意象時，他挑起了甚麼情緒？

7. 第二個意象則可以在第五十一行裏找到，即是那被放逐的意象，這意象連帶出甚麼的聯想呢？安瑟倫又如何發展這些聯想呢？也許你先讀頁165～172會對你有幫助。

8. 安瑟倫表達他對上帝的渴慕，也表達了當下他不能完全擁有上帝的感受。他期望甚麼事情會發生？他在哪一點引介了「榮福直觀」（"beatific vision"）這主題（見本書頁136）？並且他藉著這主題帶來甚麼用處？

進深研讀書目

G. R. Evans, *Anselm and Talking about God.* Oxford: Oxford University Press, 1978.

R. W. Southern, *St. Anselm and his Biographer.* Cambridge: Cambridge University Press, 1953.

亞西西的法蘭西斯

法蘭西斯（Francis of Assisi，1182～1226年）是意大利的亞西西城內一名富有商人貝納當（Pietro di Bernadone）

的兒子。作為一個年青人，他曾選擇過以當兵作為他的事業。不過這志願並未完全成就，一二○四年當他從亞西西往參與一場戰爭途中，突然中止了他從軍的意願。距離亞西西約四十公里，他經歷了一個異象，然後覺得應該回家。接著不久，他又得到一個被釘十架基督的異象，並覺得他被呼召要完成某些特別的使命。他便捨棄了父親的財富，然後自己過著貧窮的生活。一二二四年被釘十架基督傷痕的印記（通常被稱為「聖傷痕」〔"stigmata"〕）在他的身上出現。法蘭西斯的生平和事奉均以貧窮和簡樸，以及跟大自然有一特別親密的關係作為標記。

這種跟大自然秩序有一緊密的親和性，跟法蘭西斯的靈修學有特別重要的關係，可以從那部將上述觀點陳述得特別清晰的名著《太陽頌》（*Canticle of the Sun*）看得出來，我們將會在下面思考。這頌歌代表了對創造抱持積極態度之重要的一種確認，這正是法蘭西斯靈修學最典型的觀點。《太陽頌》以其護佑神學（theology of providence）而馳名，為人類而有的被造世界的每一部分之益處，都有在書中被識別出來。這頌歌最著名的特色就是用「弟兄」和「姊妹」這些詞彙來指涉被造世界的不同面相。這耳熟能詳的詩篇之傳統英語的翻譯，大大受到確保押韻之需要的影響，我這從原本意大利文翻譯出來的散文體譯本，刻意不理會押韻這方面的考慮，為的是要傳遞這篇詩歌的含義，兼且保留了原文的詩行（譯按：即詩中每一節的行數）。留意頭二十三行主要處理大自然的課題，而在最後十一行之前的某一處，就已將大自然的分析擴展到人類經驗的世界。

亞西西的法蘭西斯論創造

至高、至大、至善的主！
祢是配得一切頌讚、榮耀、
尊貴與祝福，
噢！至高者，惟獨祢享有一切，
沒有任何人跟祢相稱以致可以談論祢。

我的上主，祢配受祢一切受造物對祢的頌讚，
特別是太陽弟兄，
我們藉著他每天被照耀，
他公平地以其璀燦輝煌的光芒普照我們，
噢！至高者，他並且具有祢的樣式。

我主，因祢所造的月亮姊妹和眾星而讚美祢，
祢把它們安置在穹蒼之中，是那麼珍貴、悦目和明亮。

我主，因祢所造的風弟兄而讚美祢，
因為藉著空氣、雲彩、天空和各種氣候，
祢為所有被造之物給予生命。

我主，因祢所造的水姊妹而讚美祢，
她是多麼的有用、又謙遜、珍貴和純潔。

我主，因祢所造的火弟兄而讚美祢，
我們藉著他晚上被照亮，
他既悦目、又充滿歡樂、堅實和強健。

我主，因我們的姊妹，就是祢所造的大地母親而讚美祢，
她養育我們的生命，並管治我們，
又結出多樣的果實、色彩繽紛的花卉和各色各樣的植物。

我主，因著那些經已被祢的愛所寬恕的人而讚美祢，
並因那些意志薄弱和忍受苦難的人而讚美祢，
那些在安寧裏受苦的人是有福的，
噢！至高者，他們將會被加冕。

我主，因我們的姊妹，就是祢所造的肉身死亡而讚美祢，
沒有人在一生中能逃避肉體的死亡，
對那些死在不可饒恕的大罪之上的人是悲哀的，
但對那些在祢最聖潔的意志內被尋回的人卻是有福的，
因為第二次的死不能再傷害他們。

我主，感謝讚美祢，當稱謝祢，
並當以最大的謙卑來事奉祢。

請讀這首頌歌兩遍，然後按照下列所設計的思路來跟它打交道。

1. 《太陽頌》其中一個最具卓越獨特的特色，就是運用兄弟姊妹這些語言來指涉不同層面的創造秩序，例如太陽和月亮。請你盡量去辨識這許多擬人法的描述，並以此作為跟這首頌歌打交道的開始。

2. 將月亮描述為「姊妹」，並諸如此類的描述，會帶來甚麼效果？它如何改變了我們對創造秩序的態度？

3. 上述文本在歌頌創造秩序之前先以讚美上帝作為起頭，如何將這些轉折聯繫起來？法蘭西斯如何將創造的概觀（survey）和對上帝的讚美連上關係？

4. 細讀這首頌歌的頭二十三行，注意被造世界的每一元素以甚麼方式被分配到一個有用的功能。你認為法蘭西斯為何要辨識出風、火、水等等的用途呢？

5. 有些學者認為第一段（1～23行）和第二段（24～32行）之間並不連貫，你有甚麼想法？

6. 法蘭西斯在他自己的教牧職事中，承認每一受造物對上帝來說，都是很獨特的，而且也是為了某一目的而被創造。基於這個理由，因此，每一受造物亦應該受到尊重、被肯定為有價值、並配得尊榮。這首頌歌又怎樣反映這種態度呢？

7. 大部分西方社會都將大自然視為我們樂於去剝削的東西，身處這樣的世代，在法蘭西斯的靈修學裏，究竟能夠發現到甚麼以致能夠糾正這種態度？

進深研讀書目

John R. H. Moorman, *St Francis of Assisi: Writings and Early Biographies*. London: SPCK, 1979.

Brother Ramon, SSF, *Franciscan Spirituality: Following Francis Today*. London: SPCK, 1994.

包馬的雨果

最吸引人之處原來在於我們對這位十三世紀的加爾都西會作家幾乎毫不認識。雖然我們知道他活躍於十三世紀期間，但對他的出生和死亡確實的日子卻毫無所知。就好像很多其他加爾都西會的靈修學作家一樣，如今被稱為「包馬的雨果」(Hugh of Balma) 這位作家，選擇了保持其匿名的做法。有人認為《通往錫安之路在哀悼》(*Viae Sion lugent*) 這部作品的作者正是位於梅來特 (Meyriat) 的查特毫斯 (the Charterhouse，即是加爾都西修會) 的副院長，梅來特大概位於里昂和日內瓦之間的中途。這部著作曾經偽稱屬於若干著名的中世紀靈修學作家的作品，當中包括喬安娜·杰臣 (Jean Gerson) 和波拿文土拉。據悉這部著作在一二九七年之前已經寫成 (基於龐特的蓋高〔Guigo de Ponte〕曾引述過這部作品，而蓋高又是死於1296年)。而且很清楚它是起源於加爾都西修會，因為在書中很多處地方都含有關於加爾都西修會的重要參考資料，這一點便順帶地使這部書以偽託屬於方濟會修士的這位波拿文土拉之名寫成的講法引來極大的困難，而且甚至導致某些早期的編者要去「修改」這些段落，為的是讓它看上去好像是真的引述方濟會而不是加爾都西會的會規。

《通往錫安之路在哀悼》一書面世之後，在跟著幾個世紀還廣泛被翻譯成多國語文，而以若干西歐語言譯成的譯本較為著名，其中包括英文、法文、德文和葡萄牙文。它好幾個吸引人的地方，包括以清楚的陳述句子表達那經典的靈命進深的「三重途徑」，乃是透過「洗罪之路」(*via purgativa*，在其中靈魂的罪得以洗淨)；「光照之路」(*via illuminativa*，在其中靈魂透過對聖經的默想和祈禱而被上帝智慧的光輝所啟廸）；以及「聯合之路」（*via unitiva*，在其中靈魂與上帝聯合）使靈命進深。雨果認為有必要以悔罪及默想聖經作為開始，然而，一旦已經達到一個確實無疑的具關鍵性的階段，上述這些被認為可以作為屬靈操練的支柱，最終也可以被摒棄。他用了建築石橋作為類比去説明這一點，在下面的一段文章中便能看得到。

包馬的雨果論三重途徑

通往上帝之路是三重的：即是包括了洗罪之路，在其中人的心思意念會得到管理，以致有可能分辨出真正的智慧；也包括了光照之路，在其中人的心思意念會受到火的鼓動，因而得以反映愛的火焰；並且包括了聯合之路，在其中人的心思意念惟獨被上帝提升，並且結果會超越所有人的理性、理解和才智。如今當一條橋樑準備被搭建起來，就應該留意到建橋的人首先會豎立起一個木製的框架，然後在這框架上裝配堅固的砌石工程。待這砌石工程完成，所用來支撐那砌石工程的木製框架就會整個被移走。同樣地，透過默想，人的心思意念（縱然原本在愛裏是不完全的）也開始往完全的愛這方向去提升，直至提升到遠遠超過其自己，透過在愛中實踐而強化這愛裏面的完全以致帶來聯合……故此任何新的門徒都可以透過熱心應用洗罪之路而分幾個階段把自己提到對這種知識的完全認識，這是初學者或孩童的方法，以下列這些説話來開始：「公義和公平是你寶座的根基。」（詩八十九14）經過一段短時間之後（也許一個月左右是恰當的），那門徒有可能透過反思而提升到愛的境界，他的周圍被上帝光照啟廸的光輝所環繞。如果任何人想到如此這般有罪的靈魂冒昧到竟然膽敢要求和基督有愛的聯合，除非他們首先透過回想自己的罪而親吻祂的腳，則他們便應該記得其實沒有任何的困難；然後透過承認祂對他們的美

> 善而親吻祂的手；並最後繼續去親祂的嘴，惟獨在愛中渴慕基督並依戀祂⋯⋯〔這樣會帶來一種知識，在這種知識中〕所有理性、知識和理解力都會減退，然後在愛的引導底下，愛慕之情會向上高漲，並且會超過人所有的理解力，惟獨透過愛的聯合的引導，指引人的心思意念朝向所有美善根源的那一位。

細讀上文兩遍，留意以下所講的正是上文基本的觀念：悔悟和理解（舉例來說，理解乃是透過默想聖經經文而獲得）是促使信徒達到能夠擁有上帝直接知識這階段必不可少的要素，但一旦能夠達到這階段，就不再需要這兩項要素。當時「鐵章時辯論」（"Tegernsee debate"）環繞下列的議題爆發爭辯：在沒有任何先存或伴隨出現的理解或知識的前題底下，究竟仍有沒有可能達到跟上帝有神祕性的聯合。以上這種學說成為十五世紀爭辯的主題。雨果似乎主張諸如這類的知識和理解原初本是需要的，就好像石橋興建之前，需要一座木製的框架一樣。但一旦這原初的階段已經達到或超越的時候，它們就再無用武之地。

我們在下面將會透過跟文本互動的方式來探究雨果的觀念。

1. 按照雨果的意思，屬靈生命的三個階段是甚麼？他如何描述它們的特色？

2. 小心留意那橋樑的類比，嘗試想像那興建石橋的過程。那基本的類比假設了這是一條拱橋，用壓頂石（coping-stone）固定在合適的位置。壓頂石一日不置放妥當，便代表石頭堆造的部分仍未能承托自己，因此，便需要有木製的框架來承托著它，直至這重要階段完成為止。假若你一旦能夠想像這類比，請你就識別出其組成部分所意指的是甚麼意思。按照雨果的講法，那木製的框架代表的是甚麼？而石頭造的那部分又代表甚麼？

3. 再進深一步思考這類比：想像那橋樑用石頭砌的那部分如今已在合適的位置，那麼木製的框架目前還有沒有需要呢？如果沒有需要，是否就意味著它不能達到有用的目標？對於跟上帝神祕性的聯合有關的知識和理解所要扮演的角色，雨果想你歸納出甚麼結論呢？

4. 留意雨果所運用的語言。在「知識」和「愛」之間存在明顯的張力，你會如何區分這兩個觀念？

5. 雨果運用三種類別的親吻這類比來解說「三重途徑」。首先，他為何運用這親吻的類比呢？它們如何在解說所要討論的問題的論點上有幫助呢？

6. 縱然我們不用考量「鐵章時辯論」的所有細節，但該爭論的某些部分畢竟將焦點放在基督教靈修學中知識和理解力所要扮演的角色上。雨果為它們分配了甚麼角色呢？這種進路的優點和弱點又是甚麼呢？

進深研讀書目

相對地較少英文書討論包馬的雨果的思想。

Robin Bruce Lockhart, *Halfway to Heaven: The Hidden Life of the Sublime Carthusians*. New York: Vanguard Press, 1985.

Dennis D. Martin, *Carthusian Spirituality: The Writings of Hugh of Balma and Guigo de Ponte*. New York: Paulist Press, 1997, 1 ~ 47.

薩克森的魯多夫

薩克森的魯多夫（Ludolf of Saxony，約1300～1378年）某程度上是一位神祕人物，相對來說，我們對他所知的不多。就我們所知，他於一三四〇年加入位於史特拉斯堡（Strasbourg）的加爾都西修會之前，曾進入多明我會（Order of Preachers）並在此獲得一個神學學位。一三四三年他遷往位於歌布倫次（Coblenz）的加爾都西修道院，並成為其院長。然而，他似乎並不特別積極熱衷於這個職位所要肩負的職責，並於一三四八年他回復成為一個平凡的修道士來重新開始他的生活，他最後就在美因茲（Mainz）和史特拉斯堡兩個城市渡過其餘生。應要留意的是這位作家同時亦被稱為加爾都西會的魯多夫，而德語名字「魯多夫」（Ludolf）通常又可以串成拉丁文"Ludolphus"或"Ludolph"。

魯多夫最為人記得的，是他那部《基督生平》（*Vita Christi*），此書在一四七四年最先出版於科隆市（Cologne），這部著作大部分建基於馬莎的米高（Michael de Massa，1337年歿）所寫的一部早期作品，而米高的書乃是以若干高度集中的默想作為基礎形式，去書寫基督的生平。魯多夫的《基督生平》則以對基督生平展開引伸延展式的默想（extended meditation）這種形式來書寫，中間加插著祈禱和早期作家的引文。這類早期格言或軼事的匯編，在中世紀後期非常流行，並且廣泛地作為個人靈修和講道的資料手冊之用。在這本書內，魯多夫打算「根據某些具想像性的象徵去描述事物」，因而他的讀者或許能夠「令自己臨在於耶穌所曾做過或說過的那些事情上。」這過程牽涉到運用想像力去為聖經的場景建構一種栩栩如生和富現實感的心靈圖像，這裏最重要的是**直接性**（immediacy）這事情，讀者在這種直接性中再現耶穌所曾說過或做過的事情。

薩克森的魯多夫論如何進入聖經的世界

以一顆敬虔的心，將注意力集中在從聖父懷裏降臨到童貞女子宮的那一位。彷忽就好像是另一位見證人，在神聖懷孕的那一刻，以單純的信與天使同在，並且跟以童貞女之身成為母親的馬利亞，為到那為你而生的孩童而一同歡欣。彷佛把自己當為一個忠實的監護人，在那孩童出生和行割禮時跟聖約瑟一同在場。跟那三博士一齊往伯利恆敬拜那年幼君王。協助祂的父母攜帶那孩童往聖殿並跟祂一同在聖殿出現。當那位良善的牧人施行神蹟之時，靠近在使徒的身旁一同伴隨著祂。當死亡臨到祂的時候，跟祂那位蒙福的母親和聖約翰在一起，一同為祂發出憐憫和悲痛之情。以一種充滿敬虔的好奇心觸摸祂的身軀，並且為那位為你而死的你的救主逐一去處理祂身上的傷痕。直至你發覺很值得去尋找祂的時候，便跟抹大拉的馬利亞一齊去尋找已升天的基督。你彷忽跟祂的門徒一同站在橄欖山上，以驚歎之情望著祂升往天上去。當使徒聚集在一起的時候，你也跟他們一同坐席；將你自己從其他事情中抽離並退隱下來，因而你會發覺被從上頭來聖靈的能力所覆蓋是何等有價值的事。如果你想從這些神祕經驗中取得成果，你必須帶著你心靈內全部情感的力量、充滿愛意的關懷、以及縈繞於心底的歡愉，去臨在於我們主耶穌基督所講過及做過的事情當中。如此，便能將所有其他的困擾和牽掛擱置一旁。聆聽及觀看這些被記述下來的事情，彷佛用你自己的耳朵正在親身聆聽，也彷佛用你自己的眼睛正在親身觀看一樣。因為對祂來說，這些是祂最隨心所欲的事情，祂懷著渴慕之情去思想它們，更甚的是祂親身感受體驗它們。雖然這些事情都已被記敘為過去的事件，但你仍必須默想所有這些事件，彷佛這些事件是發生在現今這一刻似的，因為惟有透過這種方法，你才確定能夠體驗到更大的樂趣。去閱讀曾經所做過的事，不過要當這些事是現在發生著的。將過去的行動帶到你的眼前，

> 猶如它們是在當下出現的。然後你就會感到它們是如何地滿有智慧和使人感到有樂趣。

未進入下面所列出的七點之前，請細讀上文兩遍。

1. 留意魯多夫引領他的讀者進入基督生平所用的方法，究竟他用的是甚麼方法呢？

2. 魯多夫在基督生平中識別出若干他認為特別重要的事件，並且特別將這些事件跟那些事件發生時在場出現的某些個別人士連上關係。請製造一張列明事件發生的時刻和見證人的名單：舉例來說，約瑟見證了割禮的發生，諸如此類。你也會覺得這樣做對識別他所暗指的聖經經文是有幫助的。

3. 現在請留意魯多夫引導我們進入聖經敘事文的方法，他並非單單描述發生過甚麼事，還要求我們去做一些能引導我們進入聖經敘事文的事情。在魯多夫所描述的每一件事件中，去識別出他要求你所做的是甚麼事情。舉例來說，他會要求你協助馬利亞和約瑟攜同孩童耶穌往聖殿去。留意魯多夫將你這位讀者描繪成那些事件中一個主動參與者的方法，你被要求去**將你自己投射**在行動上。

4. 再次閱讀下面的句子，並嘗試用你自己的文字去概述魯多夫想你去做的事情。「如果你想從這些神祕經驗中取得成果，你必須帶著你心靈內全部情感的力量、充滿愛意的關懷、以及縈繞於心底的歡愉，去臨在於我們主耶穌基督所講過及做過的事情當中，如此，便能將所有其他的困擾和牽掛擱置一旁。」

5. 換過用另一種措詞來表述魯多夫以下這句句子，將注意力集中在其中三句主要的短句上：「你必須帶著你心靈內全部情感的力量、充滿愛意的關懷、以及縈繞於心底的歡愉。」這些短句每一句都相當重要，他透過這些短句所要講的是甚麼意思呢？

6. 魯多夫其中一個關注是讓其讀者將一些會分散他們注意力的事情擱置一旁，然後將焦點集中在閱讀跟基督生平相關的聖經經文上面。他期望他們將速度放慢下來，並且漫步徘徊於所描述的事件當中。他強調「進入」場景和運用心靈內「情感的力量」，去容讓我們將經文經驗成非中介性、直接和當下的（而不是有距離和已是過去的），也容讓我們從文本中獲得更多，甚於我們可用的其他方法。不過亦要留意它如何帶出另一個效果：**它令我們放慢速度**。以這種方式進入聖經經文裏面，比起僅僅略讀經文所要花的時間較長，正如魯多夫心目中所期盼的，結果就是我們能夠「漫步徘徊於」經文之間，比起用其他方法去閱讀，所花的時間要較長，不過亦因此而從經文中獲益更多。

7. 你能否創作一篇能反映魯多夫在上文所提及過的課題的禱文？

進深研讀書目

相對地較少書談及這位被忽視了的十四世紀作家的思想。無論如何，都推介下列的著作給那些期望進深了解的人。

M. I. Bodenstedt, *The Vita Christi of Ludolphus the Carthusian.* Washington, DC: Catholic University of America, 1955.

M. I. Bodenstedt, *Praying the Life of Christ.* Salzburg: James Hogg, 1973.

諾域治的茱利安

也許諾域治的茱利安（Julian of Norwich，約1342年生～1416年後歿）是十四世紀或之後所有操英語的女性靈修學作家中最著名的一位。值得注意的是我們對關於她的事所知無幾，「茱利安」不是她的真名，這名字的淵源乃由於她在諾域治的聖茱利安教堂旁邊建立了她的「精神上的歸宿」（"anchorage"，字面的意思是退修或與外界隔離的地方）。在某些著作裏，她被稱為「茱利安娜」（"Juliana"）。根據她自己對其所獲得的〈奧祕之揭示〉（"shewings"，這中世紀時採用的英語詞彙現在通常會譯為「啟示」）所作的解釋，這些啟示是於一三七三年五月，正當茱利安三十歲那一年賜給她的。在她一生中的其他日子，都只能屬於猜測的範圍。這包括她的出生與死亡：她出生的日期通常也只能由她在一三七三年確認自己是三十歲而推算成立的，至於她死亡的年日則依然無從稽考，除了在一四一二年（這是關於她生平最後所知的年日）得悉她接受了一筆遺產之外。

〈奧祕之啟示〉是以描述十六段個人從上帝所獲得的啟示，並接著附上對它們意義的反省這種方式寫成的。一三七三年五月茱利安身患重病，因而激發她創作這部作品。雖然可以看得出在正文內有很多個主題，但其中兩個主題值得挑選出來作特別的評論。第一個主題是茱利安所經常強調的，就是關於上帝對這世界的美善和愛，儘管這個世界有其缺點和脆弱，它始終是上帝的創造，而且上帝以其強烈的情感去愛它、關心它。儘管它的一切艱難和憂傷，最後「所有都會變得美好」。這種一再保證和安慰的説明，正是此書其中一個最獨特和值得讚賞的特色。第二個主題則是祈禱的重要性，對茱利安來説，祈禱是一件令上帝感到最大喜悦的事情，當我們禱告的時候，祂深感高興。就算當祈禱似乎變得枯槺和無用的時候，我們還是應該堅持要禱告。在下面摘錄自〈奧祕的啟示〉的一段文章裏，我們將會進一步探討的就是以上這個主題。

〈奧祕的啟示〉現存有兩個版本，一般分別稱它們為「短的版本」和「長的版本」，較短的那版本只有一個手稿存在，也許正好代表了整個文本全文的簡略版本，特別適合作個人靈修之用，以下用作研讀的節錄本則取自那較長的版本。

諾域治的茱利安論禱告

在一三七三年五月八日，這些啟示被彰顯給一個簡單和未受過教育的被造物。較早前她曾向上帝要求三種恩賜：(i) 明白祂的受難；(ii) 儘管她仍然只是一個三十歲的年青女子，卻要忍受肉體帶來的苦難；以及 (iii) 去擁有三種傷痛猶如擁有上帝的禮物一樣。

關於第一種恩賜，我曾想過我已有過基督受難的某些經驗，但藉著祂的恩典，我想得到更多。事實上我很想跟抹大拉的馬利亞和其他愛基督的人共在一起，也很想透過我自己的眼睛去目睹和認識更多關於我們救主肉身受苦的事情，以及我們聖母的憐憫之情，並那些於此時此地真正愛祂和望著祂的傷痛的人。我會成為他們當中的一員，跟祂一同受苦。直至這次我猶如已經死去之後，我都沒有意欲要得到其他任何有關上帝的異象，這篇禱文存在的理由無非是我對基督的受難或許有更正確的理解而已。

第二份臨到我當中的恩賜具有更大的迫切性，我相當真誠地盼望自己能病到幾乎要死的地步，以致我或許能夠接受神聖教會最後的宗教禮儀，在其中我的朋友也跟我一樣共同相信我事實上正在步入死亡當中。在身患這種疾病當中，我很想經歷假如我真的死亡時，我應該會遇到的那些屬靈和屬肉體的苦難，而且又能認識鬼魔的襲擊及其令人恐懼的一切事情（死亡本身除外）！我的意圖是想透過上帝的恩慈，從而讓我應該得到完全的潔淨，然後，由於那疾病，我會覺得更加值得因祂而活。而且甚至我或者會對於要達到一個更好的死亡這種願望而死心，為的是渴望與我的上帝同在。

不過需要滿足一個條件才能達到上述這兩個渴求：「上主，祢知道我想要的是甚麼，如果是出於祢的旨意，我就一定能夠得到……但若然不是出於祢的旨意，良善的主，請不要發怒，因為我只在乎祢的旨意，而不在乎任何東西。」

至於第三種恩賜，藉著上帝的恩典和神聖教會的教導，我得以發展出一種強烈的渴求要去接受三種傷痛，即是真正悔罪的傷痛、出自真心的憐憫同情所帶來的傷痛、並真誠對上帝之渴慕所帶來的傷痛。沒有任何附帶條件會附加在這第三種禱告的任何部分之上，我可以忘記所有關於頭兩種的欲求，至於第三種卻一直不斷地會與我同在。

閱讀上文兩遍，然後順序按著下面的問題往來地反複思想上文。

1. 茱利安透過強調她自己低微身分來開始這段文字，她是一個「簡單和未受過教育」的人。你認為這些句子的背後帶有甚麼含義呢？

2. 上文處理茱利安盼望獲得的三種「恩典」。請再閱讀上文一遍，並且確定你能辨識出所有三種恩賜是甚麼。三種當中哪一種似乎是茱利安認為最重要的呢？

3. 為何茱利安很想目睹或經歷基督在十字架上的受苦呢？這在基督教靈修學中是一個重複出現的主題，而茱利安在這個主題上所反映的旨趣，正是基督的受難跟靈修學之間究竟可以透過甚麼方式關聯起來的一個很優秀的例證。

4. 茱利安第二種渴求是肉體上的疾病，驟眼看來，這似乎反而是一種病態的及不尋常的索求。她究竟盼望從這種渴求中得到甚麼？留意她如何將那瀕死經驗的期盼，跟她渴望被潔淨和隨後活出更好的生命兩件事緊密地連繫起來。

5. 請讀哥林多後書十二章7至10節，保羅寫到上帝如何透過「肉體上的一根刺」（一般認為保羅在他的宣教旅程中得了一個病，有可能是瘧疾）來使他謙卑下來。保羅提到從這疾病中他學到甚麼功課？你能否看得出在這件事情上保羅和茱利安之間有何相似的地方？

6. 第二種要求之後，在一段簡短的旁白中（25～28行），茱利安寫出在禱告中她所經驗到的張力，你會怎樣描述這種張力呢？對茱利安來說，上帝的旨意得以成就才是最重要的事情，這種觀點導致她繼續（在〈奧祕的啟示〉一文的較後段落中）寫到基督徒因著跟上帝聯合而得以連接到上帝的旨意當中。結論是靈命成長過程的其中一部分是要去學習渴求那些上帝定意要賜給我們的東西，然後學習為那些東西祈禱。

7. 茱利安第三個要求是接受三種傷痛，所指的是哪三種？留意「悔罪」可以被理解為「為罪而感到悲傷」。這三種傷痛是否在任何情況下都彼此相關呢？又它們會為茱利安帶來甚麼益處呢？

8. 茱利安似乎認為第三個渴求是最重要的。這渴求為何如此重要呢？

進深研讀書目

Grace M. Jantzen, *Julian of Norwich: Mystic and Theologian*. London: SPCK, 1987.

Paul Molinari, *Julian of Norwich: The Teaching of a Fourteenth-Century Mystic*. New York: Arden Library, 1979.

Joan Nuth, *Wisdom's Daughter: The Theology of Julian of Norwich*. New York: Crossroad, 1991.

馬丁路德

馬丁路德（Martin Luther，1483～1546年）是新教宗教改革運動其中一位較重要的人物。出生在一個相對地較為富裕的德國礦工的家庭，其父親最初本來期望路德從事法律的行業，他從一五〇一至一五〇五年間就讀於埃爾富特大學（University of Erfurt），然後預算短期內會繼續進修法律。然而，他在一五〇五年一場大雷暴當中起了一個誓言，緊接著這件事之後，路德放棄讀法律而成為一位修士，並且進入了位於埃爾富特的奧古斯丁派修道院。由於其上司認可他有做神學的能力，於是便於一五一二年被委任為威登堡大學（University of Wittenberg）的聖經研究教授。他對於透過某幾位神學導師接觸到的恩典神學產生愈來愈多的懷疑，因而便逐漸相當強烈地強調拯救的完全賞賜性，尤其集中在保羅的「因信稱義」的主題上。一五一七年，他出版了九十五條論贖罪券；一五二〇年，他又出版了三本改革宗教的小冊子，我們下面的文章正是選錄自這些小冊子。由於他的神學學說思想，於是他被教宗宣判有罪，由此終於開始了改革的計劃，結果使他從中世紀教會中分裂出來。現代信義宗主義（modern Lutheranism）仍帶有不少路德在神學、聖禮儀文、以及特別在讚美詩歌上所表現的獨特處理手法的痕迹。

雖然路德首先被人記得的是他是一位神學家和教會的激進行動分子，但他其實對基督教信徒的靈修懷有一種很深的教牧關懷。除了為他的讀者提供很多實用的建議之外（舉例來説，何時及如何禱告），路德更為如何理解基督與信徒之間的神祕聯合奠下了基礎。在他的一五二〇年《一個基督徒的自由》（*The Freedom of a Christian*）這部著作中，路德為基督教靈修學探討了上述這種聯合的本質和含義。這部作品是為平信徒讀者而寫的，因而試圖用簡單的語言去解釋一些路德覺得重要的神學主題，以及它們在實踐上的相關性。在我們即將討論的一段文字中，路德強調信（faith）在建立基督與信徒之間的親蜜關係中所扮演的具關鍵性角色（中世紀的作家會傾向將歸屬於「信」的很多素質歸屬於「愛」）。下文反映了其十六世紀的傳統根源，尤其反映在它假設了丈夫在妻子前有必然的尊貴地位這一點上。

馬丁路德論與基督聯合

信的意思並非單單指靈魂認識到上帝的話是充滿了一切恩典、自由和聖潔的那麼簡單，信還將靈魂與基督聯合，猶如新娘跟她的新郎聯合一樣。像保羅所說（弗五22～32），一段這樣的婚姻的結果，就是基督與人的靈魂成為一體，因此無論一切事物，是好是壞，他們都共同擁有。意思是說，凡是基督所擁有的，同樣也屬於那相信者的靈魂所擁有；反過來說，凡是人的靈魂所擁有的，同樣也屬於基督所擁有。故此，基督所擁有的一切美好和聖潔，現在都歸於人的靈魂。靈魂擁有很多邪惡和罪孽，現在都歸於基督，於此我們經歷了愉快的互相交換與掙扎。基督既是神又是人，祂從來沒有犯過罪，而且祂的聖潔是不可能被壓制征服的、是永恆的和全能的。故此祂能透過那締結婚盟的指環（這指環就是信），令到那相信者靈魂的罪成為祂自己的罪，表現出來彷彿好像祂自己犯罪一樣，以致於罪能夠在祂裏頭被吞滅。由於祂那不可能被征服的公義對所有罪惡來說實在太強而有力，因此基於它的擔保，便從一切罪孽中得到自由而成為單身，然後藉著信，能夠轉向歸於其新郎基督的永恆公義裏。現在這豈不是一件愉快的事情麼？基督這位豐富、尊貴和聖潔的新郎，跟這位貧窮、受鄙視和滿有罪污的卑微妓女締結婚盟，取去了她所有的邪惡，並將祂一切美善賦予在她身上！罪惡不可能再把她壓倒，由於現在她已被發現在基督裏且被祂完全佔據，故此在她的新郎裏她擁有豐富的公義。

閱讀上文兩遍，留意路德所採用的意象，尤其是信所扮演的重要角色，然後按著下面的問題往來地反複思想上文。

1. 在這段文字中，婚姻這意象被廣泛地援用，路德基於這類比，或在其基礎上所要闡明的，是哪些主要的觀點呢？

2. 正如我們所提過，路德廣泛地援用婚姻這意象在這類比上，上文又有沒有引用過離婚的主題呢？

3. 對路德來說，信將靈魂與基督聯合在一起。注意路德如何在「相信某些事物是真的」和在上帝裏的情格性信任之間作出區別，後者是指到跟基督建立一種親密和情格性的聯合。在路德後期的一本著作中，他將一種「緊緊抓住的信」（"grasping faith"〔*fides apprehensiva*〕）指稱為「接受耶穌基督這珍寶」（"takes hold of this treasure, Jesus Christ"）。後面這句說話何以跟上文有關？

4. 仔細觀察婚姻這類比，並且辨別出路德如何運用它來闡釋跟基督建立一種情格性關係和基督賦予信徒的恩惠之間的分別，那些恩惠又是甚麼？

5. 有些學者認為路德從「法律功能」的觀點來理解基督徒的生命，意思是上帝將我們當成是公義的那樣來看待我們，但在現實中我們其實仍是罪人。婚姻的類比究竟是確認還是質疑這種詮釋呢？

6. 那頗為令人反感的妓女比喻要指出甚麼觀點呢？

7. 很明顯，路德打算用妓女的比喻來指出信徒縱然在身分上是有罪的和卑下的，但基於他們跟基督的關係而得以被提升，好像妓女如果能夠跟一位王子結婚，她的社會地位就會大大地被提升一樣。路德期望他的讀者能夠從這個類比中得出甚麼屬靈的結論呢？

8. 最後，很明顯環繞上文其中一個主題是信徒和罪惡爭戰的問題。從教牧牧養的角度而言，這課題經常跟基督教靈修學保持很重要的關係。路德又期望他的讀者，能夠從上面這段引文中談到關於罪的本質和力量這課題中得到甚麼洞見呢？

進深研讀書目

Roland Bainton, *Here I Stand: A Life of Martin Luther.* New York: New American Library, 1950.

Alister E. McGrath, *Luther's Theology of the Cross.* Oxford: Blackwell, 1985.

Randall C. Zachman, *The Assurance of Faith: Conscience in the Theology of Martin Luther and John Calvin.* Minneapolis: Fortress Press, 1993.

依納爵·羅耀拉

很多人都同意依納爵·羅耀拉（Ignatius Loyola，約1491～1556年）是十六世紀其中一個最重要的西班牙靈修學作家。最初羅耀拉的職業在他所身處的時代算是相當具代表性的，經過一段時間服務於卡斯蒂利亞的皇室財務主管（the household of the Royal Treasurer of Castile）之後，他便加入納謝華公爵（the Duke of Nàjera）的陸軍行列。當一五二一年五月彭佩那（Pamplona）圍攻期間他因受了傷，於是便對將來官位上的進升所抱持的任何希望都一下子成為疑問，因為腳傷的緣故，他獲得延長在家（即羅耀拉的城堡）休養身體的時間。他希望透過閱讀一些小說來減輕這段被迫休息的期間所帶來的沉悶，但他家中圖書室的藏書量不多。最後羅耀拉偶然讀到薩克森的魯多夫所寫的那本《基督生平》，正如我們之前提過（見本書頁276），這部作品開展出一個觀念，就是讀者以其想像將個人的意念投射讀入聖經敘事之內。雖然羅耀拉在這段期間曾讀過其他屬靈的著作（諸如一些聖徒的生平），但幾乎不用懷疑的是魯多夫這部作品實在啟發了他去思想關於信徒、上帝和世界之間的關係。

羅耀拉決定更新自己的生命，這是他沉迷於這部作品所帶來的結果，他最先的決定是要賣掉他所擁有的財物，然後實現往耶路撒冷朝聖的旅程，但最終發現後者遭到阻礙無法成行，他便被迫要花上十個月的時間（1522年3月至1523年2月）留在文韋莎鎮（Manresa）等候批准先往羅馬，然後才經羅馬繼續前往耶路撒冷之旅程。在這段期間，他開展了靈修學那種一般的進路，現在這進路已收入《靈修操練》（*Spiritual Exercises*；譯按：另譯作《神操》）這本書之內，這本書基本上是只為那些操練退修生活的人而設，而沒有預期其他人會拿來閱讀。然而，最終發覺讀者羣所涵蓋的層面比預期的闊。

《靈修操練》最有特色的地方概述如下：

1. 用一個富想像力的方法去讀經和祈禱，那些用這種方法去實踐靈修操練的人（通常被稱為「靈修操練者」〔exercitants〕），會在腦海中形構一些圖像作為祈禱和默觀的輔助工具（見本書頁151）。

2. 是一種賴以具結構性和循序漸進的程序來進行反思及默想的活動綱領，它依次順序地按著基督徒生活的重要主題進行，《靈修操練》中所特定四個星期的操練主要集中在：罪及其後果、基督生平、基督之死和基督之復活。

3. 會用到帶領退修的屬靈指引導師，他會引導靈修操練者透過那些操練程序去反思上帝和自我，務求令到靈修操練者立志作出個人生命的改革和更新。

這種「依納爵式的退修」逐漸成為現代基督徒生命的一種已經建立得非常穩固的特色，尤其在天主教圈子裏面，依納爵式的祈禱方法受到很多人歡迎，特別是那些認為較認知性或理性的方法只會帶來屬靈上枯乾和無濟於事的人。

下面被選出來研讀的文本便是摘錄自為第一週的退修而設的〈第二課操練〉（“Second Exercise”），內容集中於罪的觀念及其對信徒帶來的後果。

依納爵·羅耀拉論想像罪的嚴重性

默想我們自己所犯的罪。作出預備的禱告和兩段序言之後，跟著還有五點和一段對話性的祈禱……

第二段序言：祈求我所渴望的事情。在這裏讓我祈求對我所犯的罪有愈來愈強烈的痛悔和眼淚。

第一點：這是我所犯的罪的紀錄。我會回顧我一生所犯的一切罪過，對它們逐年逐年地、逐期逐期地作出檢討。有三種方法可以幫助我：第一，我會回想我曾住過的地方；第二，回想我曾經如何跟其他人交往；第三，回想我曾有過的身分地位……

第三點：我要思考我是誰，並藉著不同的用來比較的範例來使自己更謙卑：

1. 跟全人類比較我算得甚麼？

2. 跟天使和屬天的聖徒比較，世間的人類又算得甚麼？

3. 跟上帝比較，一切的受造物算得甚麼？既然如此，惟獨我自己又算得是甚麼？

4. 我要檢視我肉體一切的朽壞和腐敗。

5. 我會將自己看為敗壞和污染的其中一個根源，也看為無數罪過、邪惡和毒害的根源。

第四點：我要思想我所得罪的上帝真正是一位怎樣的上帝，將上帝的屬性跟我自己裏面和上帝屬性相反的本性比較：例如將上帝的智慧和我的無知比較；將上帝的大能和我的軟弱比較；將上帝的公義和我的不公正比較；將上帝的善良和我的邪惡比較。

閱讀上文兩遍，然後運用下面的問題作為一個導引去跟上文對話。

1. 留意羅耀拉開始時如何讓他的意圖表達得清晰。這段文字是關乎對罪的默想，而且是企圖要我們加深對自己的罪及其所帶來的後果的羞愧和痛悔的感覺。尤其要注意他跟罪的情感性方面如何打交道，罪並非一種有待我們對它作知性理解的東西，而是會產生痛悔這類情感反應的事情。

2. 留意羅耀拉如何為默想和反思提供一種具高度結構性的方法。靈修操練者藉著一連串的建議要點有所得著，每一點都被設計來讓操練者跟罪這課題作最大程度的深入反省。特別從「第一點」最清楚能夠反映此目的，在這一點中，羅耀拉為了對罪的回想而提供了三個架構：我們曾住過的地方、我們曾經來往相交過的人，以及我們曾有過的職責或地位。

3. 亦要留意羅耀拉並非要裝備靈修操練者去用一般性或抽象的概念來談論有關「罪」的事情，他期望他們能夠識別及列舉自己的罪過。你認為他為何關心他們個別所犯的罪，而並非僅僅從一般性的角度認同他們是罪人呢？

4. 其中一個重點是羅耀拉企圖站在靈修操練者那一面去為他們的行動設定一個議程，一個人去識別出自己的罪，是分辨一個人生命中哪些部分需要改善的其中一個方法。

5. 看看「第三點」，並且思考頭三個用來比較的範例，它們可被看成「作為尺度的範例」（examples of scale），目的是透過它們來讓靈修操練者跟整個創造比較而顯出他們的微不足道。嘗試在這三重比較內辨識出其邏輯上的推演過程，羅耀拉最後想得出甚麼結論？注意這些比較如何引入羅耀拉的一般性做法中一個核心的元素——心智圖像的產生（至少對最大多數人來說）。

6. 他從「第三點」中的第四及第五個「用來比較的範例」中究竟想得出甚麼結論？

7. 「第四點」牽涉到在靈修操練者與上帝之間作出比較，這種比較的目的何在？

8. 在這一段落結束的時候，羅耀拉會期盼作出怎樣的祈禱呢？或許你會喜歡對它作出一些反省，在閱讀下文之前，嘗試先寫下一些觀念。這是羅耀拉總結這靈修操練所作的交談式祈禱，這祈禱正要指出有目的地試圖改變和更新一個人的生命的重要性這個主題：

> 我要以一個交談式的祈禱作為總結，在禱告裏我要讚美我們上主的恩慈，又能傾訴我的思想，並為著上帝賜我生命到如今而向祂獻上感謝。然後我要立志仰賴上帝的恩典，在未來的日子裏為所犯的過錯作出糾正。

進深研讀書目

David Lonsdale, *Eyes to See, Ears to Hear: An Introduction to Ignatian Spirituality.* London: Darton, Longman and Todd, 1990.

Terence O'Reilly, *From Ignatius Loyola to John of the Cross: Spirituality and Literature in Sixteenth-century Spain.* Aldershot: Variorum, 1995.

Hugo Rahner, *Ignatius the Theologian.* London: Chapman, 1990.

阿維拉的大德蘭

阿維拉的大德蘭（Teresa of Ávila，1515～1582年）出生於亞馬達薛柏達的德蘭（Teresa de Cepeda y Ahumada）這地方。當她還相當年青的時候，她已對靈修學感到有興趣，並於一五三五年很早期的階段就已立志要進入位於阿維拉的一間加爾默羅女修道院。在這階段，上述的女修道院還未對其成員作出特別嚴格的要求，大德蘭覺得祈禱的生活很枯燥、有困難和沒有得著，甚至接近要全面放棄。然而，一五五四年她經歷了一次很強烈的宗教轉變的經驗，導致她下了一個結論，就是直到那一刻為止，她寧願相信自己所付出的努力，多過讓上帝在「溫柔甜蜜和榮耀」（“sweetness and glory”）裏使她煥然一新和生命有所更新。當她最初所諮詢的幾位屬靈導師告知她，那些經驗可能是來自撒但的時候，她對上帝那種嶄新經驗的狂熱結果換來一次挫敗的經歷。然而，戴高的薛天那（Diego de Cetina）認為她的經驗是有根據的，並建議她將焦點放在她的基督受難的學說上。

對大德蘭來說，屬靈與建制的更新是密切關連的。一五六二年她在加爾默羅女修道院內開始推行一個改革方案，就是以一個在其他地方都未見過有那麼嚴格的規律來奠定了首間「赤腳」的加爾默羅女修道院，這次的改革獲得了好的勢頭，並於一五六八年將改革伸展到加爾默羅男修道院中間，其中一個首位「赤腳」的加爾默羅男修道院修士是十架約翰（他出生於葉斯的祖安〔Juan de Yepes〕）。在她整個後期的事奉生涯中，她遇到來自那班「穿鞋」（“cacled”）的加爾默羅修道院修士的嚴厲反對（間中的抗議甚至有暴力成分），他們就著她對宗教生活的嚴格要求作出異議。雖然她的著作最初曾被放在禁書的索引之內，但這只不過是時間的問題，一旦它們的屬靈和文學價值受到欣賞之後就自然獲得解禁，事實上於一六二二年她正式被封為聖人。

大德蘭其中三部最重要的著作分別是《生命》（*Life*）、《全德之路》（*The Way of Perfection*）和《七寶樓臺》。下面我們將會閱讀交流的一段文字是取材自《生命》一書，或許這是她最著名的作品中最難讀的一本。這書寫作的目的有二：一方面為她在屬靈生命的發展上提供了一個報告；另一方面則描述了她的屬靈經驗和被視為具爭議性的祈禱方法。

（另一本後期的著作《全德之路》正是集中討論這些經驗和方法，並試圖要將它們廣傳開去讓更多人認識。）《生命》的初稿於一五六二年六月完成，為了回應她的顧問導師的批評，便於一五六三至一五六五年期間作出修改。目前被包括在書內的十一至二十二章就是當中一段特別重要的附加部分。在這部分裏，大德蘭以其在圖勒杜的嘉西亞（García de Toledo）所堅持的，來陳述出她對祈禱的理解的一個系統性的描述。最初所得到的回應，一般來說都是正面支持的；然而，大德蘭樹立了一些敵人，於一五七四年，其手稿被宗教裁判所沒收，直至她去世之後，那部作品才得以恢復原本的地位，而且開始更多人閱讀。

下面被選擇出來作詳細研讀的段落，是取材自大德蘭在《生命》的第一份修訂稿插頁中最主要章節的開頭部分。正如上文所提過，那書的十一至二十二章的目標乃是要以系統性的方式來陳述大德蘭在禱告方面的看法，我們會將注意力集中在那一章節的開頭部分。在這裏大德蘭採用花園的類比來陳述禱告的不同模式。

阿維拉的大德蘭論屬靈的花園

初學者必須把自己設想成某個正在打算要在一塊佈滿雜草的不毛之地建立花園的人，好讓上主在其中找到樂趣。祂的威嚴會將雜草連根拔起，然後以美好的植物代替那些雜草。現在讓我們假設這行動已經完成，一個靈魂已經下定決心要去實踐祈禱，而且實際上已經開始行動。現在我們所能做的就是（好像善良的園丁！）令到這些植物生長。我們必須要小心地灌溉它們，使它們不致死亡，或會長出花朵，那些花朵會發出很大的氣味使我們上主精神為之一振，好讓祂經常會來到花園享受當中的歡愉和快樂。

> 因此，讓我們思想如何灌溉這花園，這樣會令我們知道我們需要做些甚麼事情，甚麼工作是必須的，以及這工作歷時多長。對我來說似乎能夠以四種方法去灌溉這花園：
>
> - 從井裏抽水，這是非常吃力的方法。
> - 藉著水輪和水桶，用轆轤來汲水，這是較沒有那麼吃力卻又能汲到較多水的方法。
> - 藉著河流或小溪來灌溉土地是更好的，水份更能徹底地浸透土地，亦由於不用經常灌溉，故相應地較為沒有那麼吃力。
> - 藉著上主透過大雨來灌溉土地，這樣便毋須任何來自我們那方面的勞力，這方法遠遠優越過其他我們曾描述過的做法。
>
> 現在談到我的論點，若果要土地肥沃，就要應用上述這四種灌溉花園的方法。如果花園欠缺水份，就會變成廢墟。對我來說，這似乎意味著能夠採用這種方式去解釋一些關於祈禱的四個階段這樣的事情，而上主在祂的美善中會偶然帶領我進入這樣的禱告當中。

閱讀上文兩遍，然後開始跟它打交道，可運用下列的論點去引導自己。

1. 大德蘭運用花園的類比去陳述她對祈禱的看法。為何她會選擇這樣的一個意象呢？你或會發覺閱讀創世記二章8至10節對你有幫助，注意那些用來描寫上主在花園種植的文字，尤其要留意如何強調花園被四條河流所灌溉（創二10）。或者你也會留意到在創世記三章8節提到上主「在園中行走」的主題。

2. 除了那個充滿快樂的花園，而上主在其中享受極大的歡愉這個意象外，我們還找到這個花園需要被灌溉滋潤這個更與日常生活實踐有關的意象。不要忘記西班牙的內陸地區經常很熱和乾燥，尤以夏天為甚，故此她的讀者便能直接明顯地看到上述這課題的日常生活實踐的必須性。重要的是請留意舊約聖經部分經文很顯著地描述水份對植物如何地重要。請讀詩篇一篇3節。它如何論述那公義的人？而那棵樹的類比又如何闡釋上述的問題？

3. 大德蘭識別出灌溉花園的四種主要方法，慢慢地藉著它們去想出你自己的方法來，當你這樣做時不妨發問兩條問題。第一，每種方法能產生水量有多少？第二，園丁方面需要付上的努力有多少？

4. 大德蘭然後將灌溉花園跟藉著祈禱使靈魂煥然一新兩件事作出比較，這比較的效果如何？

5. 大德蘭然後又列出祈禱的四種模式。雖然極力鼓勵你去進一步閱讀這些模式，包括讀《生命》這本書本身，以及那些與大德蘭有關的有分量的第二手文獻的部分內容，但我們實在沒有時間詳細探討它們。無論如何，在這階段裏就採用大德蘭為我們所提供的類比，去辨別她稍後所描述的不同種類的祈禱之間的差別。

6. 最終證明大德蘭在她屬靈生命發展的初期是相當貧乏的，後來她將這情況歸咎於太過依靠自己的努力，卻沒有足夠地依靠上帝。四種祈禱的模式中那一種模式對應於她屬靈生命的初期發展呢?

7. 再次嚴謹地閱讀上面節錄文章的第一段。大德蘭在這段文字的基礎上所思考到的禱告,其中一個主要的目標究竟是甚麼?

進深研讀書目

Stephen Clissold, *St Teresa of Avila.* London: Sheldon Press, 1979.

E. Trueman Dicken, *The Crucible of Love: A Study of the Mysticism of St Teresa of Jesus and St John of the Cross.* London: Darton, Longman and Todd, 1963.

E. Allison Peers, *Mother of Carmel: A Portrait of St Teresa of Jesus.* London: SCM Press, 1979.

查理斯·衛斯理

除了他的兄長約翰·衛斯理(John Wesley,1703～1791年)外,查理斯·衛斯理(Charles Wesley,1701～1788年)是十八世紀英國教會內福音派復興運動其中一位領導人物,並且也是新教其中一個被稱為「循道會」宗派的奠基人。一七二六年衛斯理上去牛津的基督教會,隨後再往位於北美的喬治亞(Georgia)殖民區擔任牧養和傳福音的工作,這次並非一次令人鼓舞的經驗。一七三八年五月衛斯理經歷了一次信仰轉變的經驗,這是他記憶裏頭一次「跟上帝在平安裏同在和在盼望裏感到歡欣」。雖然衛斯理很多時都有露天講道,但他按自己的風格特色而寫的靈修作品的方式,卻是教會供會眾唱的聖詩。對衛斯理兄弟來說,聖詩是神學教育和提升屬靈生命的媒介,當會眾唱這些詩歌的時候,一方面既享受唱詩的過程,同時亦吸收了在文字裏或透過文字所傳達的觀念和主題。

我們所研讀的文本正是取材自其中一首他最為人熟悉的聖詩。主導這首詩歌的獨特主題是保證(assurance),基督徒的保證往往安立在他們透過基督而得救,以及從黑暗和罪惡的權勢下得釋放這些事情上。這首詩歌的背景,正是衞斯理在一七三八年五月二十一日透過莫拉維會彼得·波萊(Moravian Peter Böhler)牧養而經歷的那次極深的信仰轉變的經驗,這次經驗發生一年之後便寫成這聖詩。在這首詩歌裏,衞斯理在詩節裏放進了他對基督為信徒而死的重要性的理解,這首詩歌將跟救贖有關的一系列相當豐富而又有差別的意象聚集起來,當中包括解放和光照啟蒙的意象。這首聖詩原初起名為〈自由的恩典〉(“Free Grace”)。注意英文歌詞內有些令人覺得奇怪的字,例如“'Tis”乃是“It is”的古老版本;同樣地,“quickening”則是“life-giving”(譯按:這兩個詞的意思是「賜新生命」或「復活」)的古老版本。(譯按:以下中文歌詞乃是《生命聖詩》的中譯版本,參《生命聖詩》,頁246~247。)

查理斯·衞斯理論基督徒的信心

1. 怎能如此——像我這樣罪人,
也蒙寶血救贖大恩?
主為我受痛苦鞭傷,
也為我死在十架上?
奇異的愛,怎能如此——
我主我神為我受死?

2. 何等奇妙！永生主竟受死！
有誰能解釋這奧祕？
神聖之愛，廣闊深長，
最高天使也難測量，
上主憐憫，超過猜想，
世人都當敬拜景仰。

3. 我主離開天上寶座榮華，
無量恩惠白白賜下，
謙卑虛己，顯彰慈愛，
流血救贖亞當後代，
恩典憐愛，無邊無涯，
罪人像我，竟蒙厚愛。

4. 我靈受困，多年在牢獄中，
被罪包圍，黑暗重重；
主眼發出復活榮光，
我靈甦醒，滿室光明！
枷鎖脱落，心靈獲釋，
我就起來跟隨主行。

5. 不再定罪，心中除盡憂愁，
我擁有主並祂所有。
主內生活讓祂居首，
穿起義袍聖潔無垢；
坦然無懼到寶座前，
藉主救贖，獲得冠冕。

閱讀這首聖詩兩遍，如果你知道它的曲調，你可以嘗試唱給自己聽。現在讓我們運用下面的問題去跟上文對話。

1. 每次讀這首詩歌一節，將每節所要講的重點做一個摘要。你能否識別出這首詩歌由第一節到第五節的發展當中，在思想上有一具邏輯性的演進過程？

2. 主導第一節的核心問題是甚麼？第二及第三節如何回答這問題？

3. 比較第一節及最後一節，留意第一節如何表現出一種提問、懷疑及不確定的語氣，而最後一節卻明顯充滿信心及無懼的痕迹。有甚麼理由能解釋這種語氣上的轉變？

4. 這首聖詩其中一個核心主題是描述上帝對罪人廣大的愛和這愛何等容易獲得。衛斯理如何在第二及第三節傳達這一主題？

5. 第四節很豐富地包含了多個跟基督受死之意義有關的意象。你能夠辨認出多少個不同的意象呢？你認為衛斯理為何以這種方式來採用這麼多的意象呢？

6. 衛斯理期望我們唱完這首聖詩之後會相信甚麼？特別要留意當中強調到上帝對我們的愛、信徒與基督的關係、和對天國盼望的肯定。

7. 你認為衛斯理期望那些唱過這首聖詩的人會有甚麼行

動?將他所探討和肯定過的那些屬教義上的主題藏在心底裏,固然只是答案的部分。然而,更廣泛地認為其中一個最重要的主題卻是保證的確定:意思是信徒能夠活出一個完滿和真誠的基督徒生命這一任務,而當中毋須經常地顧慮到是否已經開始活出這種生命,或者上帝是否真的愛那信徒。

進深研讀書目

Frank Baker, *Charles Wesley's Verse: An Introduction*, 2nd edn. London: Epworth Press, 1988.

John Lawson, *A Thousand Tongues: The Wesley Hymns as a Guide to Scriptural Teaching*. Exeter: Paternoster Press, 1987.

約翰·亨利·紐文

約翰·亨利·紐文(John Henry Newman,1801～1890年)被廣泛視為十九世紀其中一個較重要的宗教作家。紐文於伊寧(Ealing)讀書時經歷了一次福音所帶來的改變,並且開始了他的宗教生活——一種在基督教信仰上概括而言帶有改革宗看法的宗教生活。一八一六年他往牛津三一學院就讀,一八二二年被選加入柯維奧學院(Oriel College)成為研究員。在柯維奧期間,他跟一羣開放的聖公信徒(即理智論者〔the "Noetics"〕)接觸,這班人對他有相當程度的影響。雖然初期紐文抱持福音派的看法,但他也覺得自己愈來愈朝向一個更開放的方向發展。

然而,這並非紐文在靈修學上持久的特色。紐文在約翰·奇寶(John Kebel,1792～1866年)、胡韋爾·科廸(Hurrell Froude)和羅拔·以撒·威巴科斯(Robert Isaac Wilberforce)這班全部是一八二〇年代中期柯維奧研究員的影響下,發覺自己對那些較為天主教模式的基督徒生活愈來愈感興趣和尊重，尤其跟教會論有關的看法。一八二八年他被委任為牛津的童貞女馬利亞大學教會（the University Church of St Mary the Virgin）的牧師，他擔任此職位直至對英國聖公會愈來愈感到幻想破滅而導致他於一八四三年辭職為止。一八四五年他被接納加入天主教，一八四七年被按立為神父，並於一八七九年受封為樞機主教。

紐文在英國基督教發展這件事上有很大的重要性，除了約翰·奇寶和愛德華·布維衞·皮由茲（Edward Bouverie Pusey，1800～1882年）之外，紐文便是「牛津運動」一位具有影響力的傑出人物，這場運動的目的是要在英國聖公會內部探尋如何重新恢復大公教會的信念和實踐。雖然紐文宣稱他「不是神學家」，不過他寫了不少在神學上具重要性的著作，包括一九三二年出版的《四世紀的亞流主義者》（*The Arians of the Fourth Century*）和一八四五年出版的《關於基督教教義發展的論文》（*An Essay on the Development of Christian Doctrine*）。能夠在愛爾蘭建立一所天主教大學（在都柏林的大學學院〔University College, Dublin〕）實有賴他的幫助，並且他在一八七三年出版的《大學的觀念》（*The Idea of a University*）一書內，開始從事他對大學的本質之反思。

可是紐文對一種純學術的神學這個觀念永遠不能感到舒服，他發覺自己很敏鋭地意識到在神學跟基督徒生活和經驗之間締造關連的重要性。從紐文於大學學院宣講的講章去研究他對靈修學的關注可能是最好的途徑，這些講章被收於《目光短淺和簡樸平凡的講章》（*Parochial and Plain Sermons*）這本書內，此書的第一冊於一八三四年三月出版。雖然紐文初時倣效那位著名的劍橋福音派講道家查理斯·

西門(Charles Simeon)的講道風格,但從一八三一年十月開始他便發展自己獨特的風格。紐文不再喜歡福音派的講道方式,並深深覺得這些方式會使受眾的心靈麻木,他特別批評一些福音派講員,他們未能欣賞巴特勒主教(Bishop Butler,《宗教的類比》〔*Analogy of Religion*〕的作者)在十八世紀所提出的一個觀點,他認為「假如我們講一些我們沒有感受的說話,我們只會變得更差,而不是變得更好。」紐文的關注是基於如此這般的宣講對孩童所造成的影響:「自從孩童斷奶之後,他們就被教導要指望基督教的補贖,並在他們的心靈被訓練到可以理解對救贖所懷感恩的中心思想之前,這些中心思想已在他們的耳中不停地發出喧鬧的聲音,直到他們二十一歲的時候,這些聲音已使他們的心靈麻木而沒有感覺。」

紐文自己的講道風格顯明了他對靈修學某些課題的真正關注,當中特別關注到的就是跟信仰、理性和經驗之間的關聯有關的課題,尤以「自我認識」這課題被認為特別具有相當大的重要性。紐文強調自欺對基督徒生命的危險性,特別強調才智上驕傲的危險會成為信仰的攔阻。也許基於此,當紐文經常覺得有必要具體地指出諸如牛津大學這類社羣的特色及學術上的缺點時,我們便毫不感到意外。我們接著下來要考查的取自《目光短淺和簡樸平凡的講章》一書的文章,正是提到學術上的自負會成為真正信仰和靈命發展的障礙這一課題,紐文在這文章內要評論的是哥林多前書三章18至19節。

約翰·亨利·紐文論學術上自負的罪

在經文中保羅所警告我們眾多不同的欺騙之罪當中，其中一種很主要的罪是**虛假的智慧**。哥林多教會的人以他們在才智上的敏銳力和知識引以為傲，彷彿任何事都能夠跟基督徒的愛的優越性等同。基於此，保羅寫信給他們說：「人不可自欺。你們中間若有人在這世界自以為有智慧」（即是說，在這世界上享有智慧的名聲）、「倒不如變作愚拙」（以這世界對愚人的稱謂來稱呼）、「好成為〔真正〕有智慧的」……使徒保羅針對**我們對自己智慧的信任**所提出的這種警告，或許能使我們今天在上帝的祝福下而有一些對我們有益的反省。

在上帝眼中看來，世界的智慧被說成**愚拙**的，而最終是有錯的、會令人困惑的，而且還會毀壞的。「主叫有智慧的中了自己的詭計。」以下要指出其中一個特別的原因，說明為何一些專業的真理探索者竟然會找不到真理。他們原來透過自視過高的智慧這錯誤的途徑去尋找，這種智慧表面上應許他們能成功地尋找得到，但實際只會引導他們離開真理。跟著讓我們探究一下這**自視過高的智慧**是甚麼，然後我們就更理想地能夠見到它如何引領人走上歧途……

保羅在經文中所提及虛假的智慧，是指到我們相信能靠著自己的能力而達到宗教的真理，從而代替那從上帝而來，無論在大自然抑或在啟示中為我們提供的真理……關乎人類卓越理解能力的首宗罪是**誇耀**自己在這方面的能力，並且瞧不起其他的人。他們將才智變成稱讚與責難的尺度；而不再考慮一種共同的信仰才是基督徒彼此之間合一的連繫，他們做夢也想著透過其他一些諸如文化教養的團體、高雅的教養、文學、科學或一般的思維啟發，去將天賦有才智的人彼此之間聯合在一起。因而便將道德的優勢從它所處的真正地位中降低，然後建立一個從篡奪道德王位而得來的惟獨理性的帝國，下一步再將衡量所有真理的價值標準，準確地按比例放在惟獨依靠理性作為驗證真理的標準的可能性上。因此，他們便會覺得道德與宗教真理的價值會較低，因為它們落入良知的範圍多過落入才智的範圍。在他們的估計中，宗教會變得衰弱，或者逐漸不被注意；他們開始認為所有宗教分別不大。毫不出奇地，他們會好像那些失去辨別顏色本領的人一樣，他們透過理性的運用，只會永遠不能在白色與黑色之間作出分別……當人類參與任何正當地**屬於**智力的追求之時，所有這些藉著眼見而不是藉著信心而促使人們活下去的誘因會大幅地增加。故此，那些精通物質創造的實驗的科學研究有傾向會令到人忘記靈和眾靈之主的存在。

閱讀上文兩遍，然後按照下面的問題去跟上文對話。

1. 上文跟哥林多前書三章18至19節有關，將這段經文從頭到尾讀一遍，最好選擇現代譯本來讀。(紐文用的是英王詹姆斯的版本〔KJV〕。) 留意紐文如何註釋這段經文，他如何為「智慧」和「愚拙」賦予特別的解釋，這樣做讓他能夠將經文跟他的主要屬於學術界的讀者連上關係。

2. 紐文清楚地將學術上的驕傲視為信仰和靈命成長的嚴重障礙。原因何在？

3. 紐文為學術上的驕傲和理性主義之間建立了相連的關係，確定你真的能夠在這一點上跟得上他的論據。你認為這論證的説服力如何？

4. 這篇講章是在一段自然科學開始在牛津大學表現其重

要性的時候宣講的。紐文為這門學問作了甚麼的關聯？他又識別出甚麼屬靈的危機是從這門學問引起的？

5. 你認為紐文期望他的聽眾在聆聽完這篇道後會做些甚麼？

6. 你能否寫下一篇回應這篇講道的主要關注的禱文？

進深研讀書目

Owen Chadwick, *Newman.* Oxford: Oxford University Press, 1983.

Sheridan Gilley, *Newman and His Age.* London: DLT, 1990.

Ian Ker, *Healing the Wound of Humanity: The Spirituality of John Henry Newman.* London: DLT, 1993.

巴刻

將一位二十世紀的作家列於在這一段之內，驟眼看來可能有些奇怪。既然談到「經典」的文本，自然就會馬上使人聯想到古老的文本這回事。然而很明顯的是，部分二十世紀的作家在他們讀者的眼中已經達到經典的地位，例如托馬斯．梅頓和西門．薇依（Simone Weil）。在這一段內所包括的最後一位作者已被不少人認可為已經達致這種地位。無論如何，他被包括在內，皆因從好幾方面來說他都代表了一種較古老的靈修傳統，這種傳統跟清教徒有關。巴刻（J. I. Packer，1926年～）部分的重要性在於他的靈修學進路代表了清教徒靈修學的重要重述和發展，尤其是靈修學跟神學的關係。因此，當我們研讀他的著作的時候，就等於跟這一經典傳統打交道。巴刻是其中一個當代最具創意的典型例子。

當巴刻於一九四○年代在牛津大學讀古典文學時，他歸信基督教。在英國當教區牧師及接受神學教育一段時間後，他於一九七九年移民加拿大成為溫哥華維真學院（Regent College）的神學教授，隨後在維真學院將神學和靈修學放在一起這種富創意的嘗試上建立了聲譽。

雖然巴刻已經出版了不少著作，但他最為人熟悉的那部作品還是《認識神》（*Knowing God*），這本書已經成為現代福音派靈修學的地標。這部作品原初是來自一系列超過五年時間陸續刊登在《福音派期刊》（*The Evangelical Magazine*）的文章，這是一本默默無聞的刊物，只有非常有限數量的讀者羣。巴刻在寫這部著作時，為自己定下了的目標，是要讓他的讀者遇見和經驗上帝的**實在性**，而不是單單改善如何**思考**關於上帝的方法。上帝是**被認識**的那一位，而並非僅是**被認識**的**有關的知識**。在《認識神》的底層能夠分辨出一套神學的指引（就像這書本身的名字），它能夠提出理由證明是來自改教家約翰·加爾文的，而巴刻對加爾文有相當大的讚賞，巴刻在加爾文的著作中識別出四項重要的主題。

1. 「上帝的知識」並非指到某些人對上帝的自然意識，卻是一種來自關係裏頭的知識。
2. 上帝的知識比任何關於上帝的獨特經驗為多，信仰是關乎在上帝裏的信任，而關於上帝的獨特經驗只能從這種信仰中得到它們的根源。
3. 雖然認識關於上帝的事情是上帝的知識的基礎，但上帝的知識比「認識關於上帝的事情」為多。巴刻在這裏為「透過描述而得的知識」和「透過相熟而得的知識」兩者之間作出區別，當我們有需要將上帝正確地理解為公義、智慧和恩慈的創造主和審判者的時候，真實的上帝知識同樣必須是「關係性的知識，這種知識在委身與信任，並信仰與依靠的關係中臨到我們。」

4. 認識上帝也就是認識上帝對我們的關係。加爾文肯定所有人類的智慧能夠被總結為「上帝和我們自己的知識」，並且強調此兩者彼此不會分離。認識上帝也就是認識我們自己；若要真正地認識我們自己，我們必定要認識上帝。因此，「認識上帝」「並非在孤立隔離中認識上帝；而是在祂與我們的關係中認識他，在這種關係裏，祂將自己賜給我們，並且將祂的恩賜賜給我們使我們更加豐富。」若要認識上帝，首先我們需要認識祂賜給我們的恩賜，並且我們對這類恩賜的需要。

在這個分析的基礎上，巴刻透過「認識上帝」所包含的三項組成部份的宣告來作為總結，而上述三項組成部份必須一併考慮：

1. 對「上帝是甚麼」的理解；
2. 將「上帝是甚麼」和「上帝賜甚麼給我們」成為我們的應用；
3. 對「上帝作為將這些恩賜賜給我們的那一位」的崇拜。

巴刻的主要著作《認識神》可被視為對上述這三項組成部份的一種嚴謹的闡述，而這三項組成部份在書內以一種緊密地相互關連的方式呈現出來。巴刻大致上的策略是在開始時先讓他的讀者理解到上帝的真實性；然後進一步讓他們將這些洞見應用在他們的生活上；最後則在崇拜中對上帝作出回應。

巴刻的屬靈洞見嚴格地建立在神學的基礎上，而將神學應用在生活上（這是清教徒作品的重要主題）這種做法，在巴刻的作品（尤其是《認識神》）中接二連三隨處可見。上面所記錄的一段文字，正是將護佑這教義應用在基督教信徒的個人生命上的一個非常出色的例子。留意巴刻如何用一系列不同的片語和述句去發展和探討那實質上是同一個卻相當豐富的主題——即上帝對祂的子民的保守護祐。在這件事例中，巴刻將這個神學主題的焦點集中在個人上；在其他地方，他則會將這個或其他主題應用在不同的場境上，例如教會生活。巴刻並非單單陳述一個神學前題；他的目的是要將那神學前提應用在信徒的生活上。簡而言之，他是朝著**促使神學成為真實**這目標而進發。在我們將要研讀的那一段著作中，巴刻特別參考「認識神」這句話的反題來探討「認識神」這主題，那反題就是上帝認識我們。

巴刻論被上帝認識

因此，歸根究底，最重要的不是我認識上帝，而是成為這一件事的基礎的另一件更偉大的事實——就是祂認識我。我被刻在祂的掌心，我永遠不可能在祂的記憶以外。我對祂所有的認識，完全繫於祂恆久主動地認識我。我認識祂，因為祂先認識我，且繼續不斷地認識我。祂將我當成一個朋友地認識我，且愛護我；祂的眼目沒有一刻離開我，或者祂的注意力沒有一刻會從我身上轉離，因此，祂的眷顧不會稍有差池。

這是一種永不休止的認識。當我知道上帝經常在愛中眷顧我，並為著我的益處而看守著我，我實在有不可言喻的安舒感覺（這是一種充實精力卻不消耗精力的安舒感）。知道祂對我的愛是全然真實，是基於祂已認識我最壞的一面，以致沒有新發現能使祂對我失望。

閱讀上文兩遍，然後按照下面的問題去跟上文對話。

1. 留意所用過的強而有力的意象：我們「被刻在祂的掌心。」這意象取材自以賽亞書四十九章16節：「看哪，我將你銘刻在我掌上。」英王詹姆斯的版本用一個較古老的字"graven"（雕刻的、永不可磨滅的）；巴刻在這裏暗中提到這古典的翻譯。這意象扮演一刺激物的角色去觸發人的想像力，為的是能在人的腦海裏直接喚起上帝這位創造主雙手為了救贖被造世界而受傷的意象（上帝雙手這一意象在基督教傳統內廣泛被採用，另可參考愛任紐的用法），創造主和救贖主是同一位的上帝。

2. 更準確地說，這意象喚起那深切感人的主被釘十架的景象。在這景象中，基督雙手被釘刺穿。它同時令我們記起多馬那件引人注目的辨識主的事件，在這件事中，多馬（懷疑主復活的真實性的那一位）藉著見到耶穌手上的傷痕而再次確定復活主臨在的真實性（約二十24～28）。由此可見，巴刻的意象是建基在聖經上，並由此而喚起其讀者回憶起那些合適的聖經經文。

3. 留意巴刻的散文是何等豐富地多次暗中提及聖經經文，沒有一次能明顯地被人認得出來。再者，其效果是要在讀者身上產生一連串以聖經為重心的反思。舉例來說，「我永遠不可能在祂的記憶以外」這短語的使用會直接喚起一系列聖經經文的記憶，尤其是那些在先知文學中提到上帝對祂那班任性倔強的子民恆常的愛的經文。「婦人焉能忘記她吃奶的嬰孩，不憐恤她所生的兒子？即或有忘記的，我卻不忘記你。」(賽四十九15) 提到在我們認識上帝之前祂已先認識我們這個講法時，立刻令我們記起在約翰壹書中上帝對我們的愛的優先性這個確認 (約壹四19)。至於上帝恆常看顧祂的子民這個確認 (「祂的眼目沒有一刻離開我」)，則令我們記起那些偉大的句子，尤其在詩篇裏關於上主對祂的子民無休止的看守與眷顧：「保護以色列的，也不打盹也不睡覺。」(詩一百二十一4)

4. 「認識」(knowing) 和「認識有關 … 之事」(knowing about) 兩者之間有何區別？你能夠怎樣舉例說明之？你認為區分這兩個觀念有多大的重要性？神學關乎**認識有關上帝之事**，而靈修學則關乎**認識上帝**，這種講法又是否夠公允？

5. 上文第二段所想講的論點是甚麼？讀詩一百三十九篇1至6節，巴刻如何開展那篇詩的主題？他提到「充實精力卻不消耗精力」又是甚麼意思？

進深研讀書目

Alister McGrath, *To Know and Serve God: A Biography of James I. Packer*. London: Hodder & Stoughton, 1997. 北美版名為 *J. I. Packer: A Biography*，由 Baker 於 1998 出版。

總結：下一步可以如何進深？

這一章已經強調過主動地跟基督教靈修學的著作打交道的重要性，並且為了達到鼓勵你參與那打交道的過程及作為這過程中的指導這個目的，本章亦已經為此而提供了若干各自獨立的個案研讀。再者，必定要強調的是被挑選出來以這方式去與之打交道的著作，不能將它們看成彷佛它們就是整體性地代表了這一學術領域著作的廣泛傳統。它們之所以被挑選出來，主要是建立在有可能容易跟它們展開交流這個基礎上，亦盼望這種基礎能鼓勵你繼續在將來跟一些難度更高的文本打交道。

本章的目標是要透過研讀從大部頭著作中節錄出來較短的文章段落，去發展你跟這些文本打交道和交流的能力。雖然這種操練十分之有價值，但亦要留意的是，你應該考慮最終的目標是要去跟完整的著作打交道，惟有透過理解達到該觀點的論據、作者的個人風格、作者如何獨特地運用意象、及作者期望留下給你的觀點這幾方面，才能全面地領會到從較長篇的著作中抽出來的節錄文章。現在你已經開始有信心去跟經典的文本作交流，你便應該考慮努力深入去跟整部文本的思想角力。舉例來說，在本書頁263中，我們曾讀過安瑟倫〈向基督祈禱的禱文〉的一個段落，或許你會很想閱讀該段禱文相對來說已經較濃縮簡潔的完整版本。

下列的建議目的是想協助你進一步培育對這門學科的興趣。

1. 正如在這本書內由始至終所強調的，靈修學是關乎**實踐**，而並非只是關乎思考或反省。如果想對福音派的聖經研究有更多的認識，你應該加入一個福音派聖經研究的學習小組。如果想對依納爵學派的靈修學有更多的認識，你就應該參加一個依納爵式的退修會。嘗試找出各種讓你能夠參與小組或組織的途徑，以致能幫助你進一步培育你的興趣。

2. 不少學院、研習班和教會均開辦以靈修學為焦點的會議和暑期課程，它們通常以歷史綜覽或集中討論某一特定的作家或學派這種方式進行。本書已經有足夠的教導讓你能夠從這類進深學習中獲得最大的得益，而事實上亦大力地鼓勵你以這種方式去進一步研究這課題。由於對靈修學興趣的不斷增加，其需求已經達到今日很多研習班和學院要在這門學科上提供部分時間的課程這程度；如果你有時間，這會成為發展你個人信仰的一種具吸引力和有幫助的途徑。

3. 你可以就著特別某一位靈修學作家、或某一組別作家，無論透過自修閱讀他們的作品，抑或出席一些討論他們思想的課程來發展你的興趣。至於那些重要的靈修學作家，除了能取得有關他們的研究的二手文獻之外，亦很容易能夠獲得他們主要著作的全文。你會發覺以這種方式去研究會對你有幫助的作家包括波拿文土拉、多瑪斯·肯培、諾域治的茱利安、馬丁路德、依納爵·羅耀拉、十架約翰、喬納森·愛德華滋、或托馬斯·梅頓。你或者亦會發覺有興趣去探討某些組別的作家，舉例來說，中世紀時期的女性靈修學作家。又或者可以將焦點集中在一個學派的思想上來發展你的興趣，諸如此類的思想學派包括本篤會、加爾都西會、或十三和十四世紀的道明會靈修學、現代靈修學派、十四世紀的英國神祕主義、英國或北美的清教徒主義，或者十七世紀的法國宗教作家。另一個可能性則是將焦點集中在某一個特定的靈修學的主題上，例如獨處這一主題。

你亦會發覺很值得去探索目前透過互聯網所能獲得

的跟基督教靈修學有關的廣泛資源，當中一部分已被紀錄在本書內（見本書頁317～319）。

來到這裏，我們對基督教靈修學這門學問的介紹必須告一段落。這導論的目標是要使你熟悉這門學問的基本主題、獨有的特性和不同的思想學派，從而促使你能夠從擺在你前面的這門學問的進一步探究中獲得最大的樂趣和滿足。盼望這本書會激發你對基督教靈修學這門學問的興趣，並能鼓勵你很想去認識更多。

基督教靈修學:網上資源

互聯網是如此資料豐富的資源,以致難以想到有任何資料是它遺漏了的。以下的網址在出版之時仍是正確的,但讀者請留意網址是經常改變的,所以很難保持這一部分的資料不停更新。要找出可能有用的資料,其中一個最有效的方法,就是以你最愛用的搜尋引擎檢索有關「基督教靈修學」的資料。以下是一些具代表性和有用例子:

主要人物和學派的思想

Augustine 奧古斯丁
http://ccat.sas.upenn.edu/jod/augustine.html

Dietrich Bonhoeffer 潘霍華
http://www.cyberword.com/bonhoef/

John Cassian 賈仙
http://www.osb.org/osb/gen/topics/lectio/cassian/inst/index.html

Celtic Spirituality 塞爾特式靈修學
http://www2.gol.com:80/users/stuart/celtihs.html

Hildegard of Bingen 賓根的希德嘉
http://www.uni-mainz.de/~horst/hildegard/ewelcome.html

C. S. Lewis 魯益師
http://cslewis.drzeus.net/

Thomas Merton 托馬斯·梅頓
http://acad.smumn.edu/merton/merton.html
http://edge.net/~dphillip/Merton.html

Therese of Lisieux 利斯奧的小德蘭
http://www2.dcci.com/ocdokla/

Teresa of Ávila 阿維拉的大德蘭
http://www.ocd.or.at/lit/teresa/life/main.html

基督教靈修學讀本

以下網址包含了出色的文本選讀
http://ccel.wheaton.edu/

另外，你亦可參考以下這些**詳細精確的網址**

John Cassian 賈仙
http://www.osb.org/osb/gen/topics/lectio/cassian/inst/index.html

Cyril of Alexandria 亞歷山太的區利羅
http://www.nwmissouri.edu/~0500074/cyrlhome.html

Gregory of Nyssa 女撒的貴格利
http://www.ucc.uconn.edu/~das93006/nyssa.html

Madame Guyon 蓋恩夫人
http://ccel.wheaton.edu/guyon/auto/autobi.htm

John of the Cross 十架約翰
http://www.ocd.or.at/ics/john/works.htm
http://ccel.wheaton.edu/john_of_the_cross/

Julian of Norwich 諾域治的茱利安
http://140.190.128.190/merton/julian.html

Brother Lawrence 羅倫斯弟兄
http://ccel.wheaton.edu/bro_lawrence/practice/practice.html

Ignatius Loyola 依納爵·羅耀拉
http://ccel.wheaton.edu/ignatius/exercises/exercises.html

Monastic Spirituality 修道靈修學
http://www.christdesert.org/noframes/scholar/monastic_spirituality.html
http://www.csbsju.edu/osb/cist/melleray/html/primer.html
http://www.csbsju.edu/library/internet/theomons.html

Mysticism 神祕主義
http://www.clas.ufl.edu/users/gthursby/mys/index.htrn

Blaise Pascal 布萊斯·巴斯葛
http://www.users.csbsju.edu/~eknuth/pascal.html

基督教靈修學的一般主題

以下的網址鬆散地收集了一些材料，是關於禱告、屬靈導引、靈程及其他主題的。

http://landru.i-link-2.net/shnyves/prayer.html
http://www.mcgill.pvt.kI2.al.us/jerryd/cm/devotion.htm
gopher://gopher.luc.edu:7000/11/spirituality/prayers
http://www.nwu.edu/lutheran/luther.html
http://maple.lemoyne.edu/～bucko/retreat.html#l
http://www.io.com/～lefty/Centering_Prayer.html
http://maple.lemoyne.edu/～bucko/krivak.html
http://www.mother.com/～flindahl/devnexus.htm

神學詞彙表

以下所列出的是讀者在閱讀跟基督教有關的一般性著作或特別地跟基督教靈修學有關的著作時，極可能會遇到的一系列專有名詞的簡要討論，當中不少名詞在本書正文內會有較詳細的思考。

Abandonment 捨棄

這名詞通常用來翻譯法文“abandon”這一詞彙，意思是指到在上帝護佑下的一種充滿信任的接納，以及在這種信任基礎上活出基督徒生命的一種意願。特別跟例如尚-皮埃爾·卡薩特（見本書頁46）這類作家連上關係，不過亦能在這段時期的其他作家中找到這種觀念，諸如薩爾斯的聖法蘭西斯和雅克·比能·波舒哀（Jacques Benigne Bossuet）。

Adoptionism 嗣子論

這種異端認為耶穌在其事奉期間的某一時刻（通常指到在他受洗時）被「領養」為上帝的兒子，有別於正統的學說提到耶穌從受孕成為胚胎那一刻開始本質上已經是上帝的兒子這種講法。

Alexandrian School 亞歷山太學派

教父時期其中一個思想學派，與埃及的亞歷山太城特別有關。最著名的是它的基督論（強調基督的神性）和解經法（運用寓意法解經）。在這兩方面與它站在敵對立場的是安提阿學派。

Anabaptism 重洗派

這個名詞源於希臘詞彙「重新被施洗者」，用來指十六世紀改教運動的激進派，此派的學說乃建基於門諾（Menno Simons）或胡伯邁爾（Balthasar Hubmaier）這班思想家之上。

Analogy of being (*analogia entis*) 存有的類比

這理論特別與阿奎那有關。主張受造界和上帝之間存在一相互對應或類比的關係，此乃上帝創造的結果。這觀念令到以下的推論理論上可以成立，即是可以從已知的對像客體和自然界當中的關係秩序去推論而得出有關上帝的知識的結論。

Analogy of faith (*analogia fidei*) 信仰的類比

這理論特別與巴特有關。主張受造界和上帝之間任何對應關係惟有建立在上帝自我啟示的基礎之上。

Anthropomorphism 擬人説

以人的特寫（例如手或手臂）或其他特徵用來描繪上帝。

Antiochene School 安提阿學派

教父時期其中一個思想學派，與安提阿城（即今日的土耳其）特別有關。最著名的是它的基督論（強調基督的人性）和解經法（運用字面意義的釋經法）。在這兩方面與它站在敵對立場的是亞歷山太學派。

Anti-Pelagian writings 反伯拉糾主義的著作

奧古斯丁針對伯拉糾爭論而寫的著作，在這些著作中，奧古斯丁為自己的恩典觀和稱義觀辯護。參考「伯拉糾主義」(Pelagianism)。

Apocalyptic 天啟的

一種注目於末世之事或世界終末的著作或宗教觀點，通常以帶有複雜的象徵主義的景象之形式出現。但以理書（舊約）和啟示錄（新約）就是這類作品的例子。

Apologetics 辯道學／護教學

基督教神學內其中一個範圍，特別透過理性去為基督教信念和教義提出合理的辯明，主要是要維護基督教信仰。

Apophatic 否定（神學）／反向（神學）／不可言喻觀

這名詞專門用來指到某一種神學的風格，這種神學強調不能用人類的觀念範疇去認識上帝，神學上的否定進路（希臘文是*apophasis*，意即「否定」或「否認」），尤其與東正教會的修道傳統有關。

Apophthegmata 沙漠教父語錄文集

這詞彙用來指到通常被稱為「沙漠教父語錄」的隱修士著作文集，這些著作通常以簡潔和一針見血的格言形式寫成，反映了這些作者喜歡提供簡明和實踐性指引的典型模式。

Apostolic era 使徒時代

大部分人都界定這段基督教教會時期，是由耶穌基督的復活（約35年）到最後一位使徒去世為止（約90年）。這段時期的觀念和實踐上的做法，至少在某種程度上，在很多教會圈子內廣泛被認為是可供作為典範的。

Appropriation 共同參與

這名詞與三一論有關，肯定三一上帝在所有外顯的作為中，三個位格都同時參與。不過當這樣地肯定時，其實也適宜說那些作為是其中一個位格的特殊工作。因此，縱然事實上所有三個位格都在這些工作上臨在及參與，不過說創造是父神的工作，救贖是聖子的工作也是合宜的。

Arianism 亞流主義

早期一個主要的基督論的異端，視耶穌基督為上帝至高的受造物，否認耶穌基督的神性地位。在四世紀期間基督論的發展中，亞流的爭論是非常重要的事。

Asceticism 禁欲主義

這是一個用來指到基督徒運用廣泛不同的自律方式去加深他們對上帝的知識和委身的詞彙，這詞彙來源於希臘文*askesis*（意即「紀律」）。

Atonement 贖罪

這個英文名詞是丁道爾（William Tyndale）原初用來翻譯拉丁

文名詞*Reconciliatio*（復和），以後則發展成為指到「基督的工作」或「基督以死和復活來為信徒賺取的益處」。

Barthian 巴特式的

用來描述瑞士神學家巴特神學觀點的一個形容詞，最為人所熟悉的，是對啟示的優位性和集中在耶穌基督身上的啟示觀的強調，而「新正統派」和「辯證神學」兩個名詞也是在這種關聯上被應用。

Beatific Vision 榮福直觀

這是羅馬天主教神學的用語，用來指到對上帝完全的看見，這種異象惟有蒙上帝揀選的人死後才可見到。不過，有些作家（包括阿奎那）認為某些蒙上帝恩寵的人，例如摩西和保羅，在生前也有此異象。

Calvinism 加爾文主義

這個名詞意義較含糊，可以用來指到兩種十分不同的意思。第一，它指深受加爾文或他的作品所影響的宗教團體（例如改革宗教會）和個人（例如伯撒〔Theodore Beza〕）的觀念。第二，它指加爾文本身的宗教觀念。雖然第一種含義比較常見，不過愈來愈多人承認這名詞有誤導之嫌。

Cappadocian Fathers 加帕多迦教父

這名詞是指教父時期三位說希臘語的作家：該撒利亞的巴西流，拿先素斯的貴格利和女撒的貴格利。這三位都是四世紀後期的人物。「加帕多迦」指小亞細亞（今日土耳其）的一個地區，即是上述三位教父的根據地。

Cartesianism 笛卡兒主義

這是特別與笛卡兒（René Descartes，1596～1650）有關的哲學觀點，特別強調認知者與被認知對像之間的分離，也堅持個別的思維主體的存在是哲學反思的正確起點。

Catechism 教義問答

通俗的基督教教義手冊，通常以問答形成出現，用來作宗教教導之用。

Catharsis 心靈淨化

個人透過除污或潔淨的過程去擺脫引致靈命成長和發展的障礙。

Catholic 大公性

用來指教會在時空內的普世性的一個形容詞，也用來指到強調這一點的特定教會團體（有時被稱為羅馬大公教會）。

Chalcedonian definition 迦克墩定義

迦克墩會議的正式宣告，耶穌基督具有神人二性。

Charisma；Charismatic 屬靈恩賜，靈恩

這兩個詞彙尤其與聖靈的恩賜有關。在中世紀神學中，「屬靈恩賜」（charisma）是用來指到按上帝的恩典賜給某人的屬靈禮物。自從十二世紀初，「靈恩」（charismatic）一詞用來指到神學和敬拜的某些風格形式，這些形式特別強調聖靈的直接臨在和經歷。

Charismatic Movement 靈恩運動

基督教其中一支，特別強調在個體和社羣生活中經歷聖靈的個人經驗，通常跟不同的「靈恩」現象（例如講方言）連上關係。

Christology 基督論

基督教神學中處理耶穌基督身分的教義，特別是指到祂的神性與人性的問題。

Circumincession 屬性相通；見*Perichoresis* 互滲互存。

Conciliarism 促進教會合一主義

一種對教會性或神學性權威的理解，這種理解強調全體基督教教會合一會議的角色之重要性。

Confession 信條

雖然這名詞最初是指認罪，不過在十六世紀，它卻成了一種完全不同意思的術語，乃指體現新教會信仰原則的文件，例如信義宗的奧斯堡信條（Lutheran Augsburg Confession，1530年），它宣示了初期信義宗主義的觀念，又如改革宗的第一紇里微提信條（Reformed First Helvetic Confession，1536年）。

Consubstantial 同質的

這是拉丁文名詞，源自希臘文（*homoousios*），字面的意思是「本體相同」，這名詞是用來肯定耶穌基督的神性，特別是用來反對亞流主義。

Consubstantiation 同質說

這名詞是用來指到真正臨在的理論，尤其與馬丁路德所提的聖禮觀有關，他主張聖餐的餅和酒是連同基督的身體和血的本質一同派給會友的。

Contemplation 默觀

其中一種祈禱的方式，有別於默想（meditation），在默觀中，個人會避免或盡量減少運用文字或意象，為的是直接地經驗上帝的臨在。

Creed 信經

基督教信仰的正式定義或撮要，為所有基督徒所接受。最重要的有被稱為《使徒信經》的和《尼西亞信經》的信經。

Dark Night of the Soul 靈魂的黑夜

這是一句特別跟十架的約翰有關的片語，乃是指到那種靈魂接近上帝的方法，約翰將「主動」的夜晚（指信徒做出主動的行動去接近上帝）和「被動」的夜晚分別開來，在後者裏，上帝是主動的，而信徒則是被動的（本書頁190～191）。

Deism 自然神論

這名詞是用來指到特別在十七世紀期間一羣英國作家的觀點，其理性主義的傾向預先反映了啟蒙運動不少的觀念。這名詞通常被用來指到一種上帝觀，這種上帝觀固然承認上帝的創造，不過否認上帝繼續參與在世界中。

Detachment 超然物外

這是一種心靈氣質的培育，個人在這種培育中的目標是要捨棄對屬世事物、情欲或關注的依賴。這種講法無意暗示這些屬世事物是邪惡的；這裏所要指出的重點只不過是如果不以正確的態度去接近它們，它們是有能力去奴役人的。超然物外正是關乎要培育一種離世獨立的意識，因此能夠享受在個人與上帝之間沒有阻隔的關係。

***Devotio Moderna* 現代靈修學派**

十四世紀發展於荷蘭的一個思想學派，特別跟基·格魯特（Geert Groote，1340～1384年）和多瑪斯·肯培有關，強調效法基督的人性，《效法基督》一書正是源出於這一學派最著名的著作。

Dialectical theology 辯證神學

這名詞是用來指到瑞士神學家巴特早期的觀點，強調神人之間的「辯證關係」。

Docetism 幻影說

早期基督論異端，將耶穌基督看為純粹的神，只是有人的「外貌」。

Donatism 多納徒主義

四世紀集中在羅馬北非的一場運動，發展一種非常嚴格的教會與聖禮觀。

Doxology 榮耀頌

一種讚美的形式，通常用在正式的基督教崇拜中，一種「榮耀頌式」的神學進路，乃是強調在神學反思中讚美與敬拜的重要性。

Ebionitism 以便尼主義

一種早期基督論異端，將耶穌基督看為純粹一個人，雖然也承認他被賦予特別的屬靈恩賜，與常人不同。

Ecclesiology 教會論

基督教神學中處理教會理論的部分。

Enlightenment, the 啟蒙運動

自十九世紀以來，這名詞用來指強調人類理性與自主性的思想，這思想在十八世紀期間盛行於大部分西歐和北美地區。

Eschatology 終末論

基督教神學中處理「末世之事」的部分，特別關於復活，地獄和永生的觀念。

Eucharist 聖餐禮

在本書中這名詞用來指到聖禮中被人稱為「彌撒」、「主餐」和「聖餐」等不同禮儀。

Evangeliscal 福音派

這名詞最先用來指到一五一〇年代和一五二〇年代在德國和瑞士只具雛形的改革運動，但特別在英語的神學中，現在這名詞是用來指到特別強調聖經的至高權威和基督救贖之死的一場運動。

Exegesis 解經

一種解釋文本的科學，通常專指對聖經文本的解釋。「解釋聖經」(biblical exegesis) 基本上是指「解釋聖經的過程」。在解釋聖經時所採用的專門學問通常稱為「詮釋學」(hermeneutics)。

Exemplarism 典範說

一種特別指到基督之死的意義的見解，強調耶穌基督成為信徒道德或宗教的典範。

Fathers 教父

「教父作家」的別稱。

Feminism 女性主義

自從一九六○年代西方神學一種主要的運動，特別強調「女性經驗」的重要性，同時亦針對基督教的父權主義作出批判。

Fideism 惟信論

基督教神學的一種看法，拒絕接受基督教信仰自身以外的資源來對基督教神學進行批判或評估，認為沒有此需要（或有時覺得沒有這種可能性）。

Five Ways, the 五路論證

這是一個標準化的名詞，是指到阿奎那五種證明上帝存在的論證。

Fourth Gospel 第四卷福音書

指約翰福音，這名詞強調這卷福音書獨特的文學和神學特色，突出其與前面三卷通常被稱為「符類福音」的共通結構之間的差別。

Fundamentalism 基要主義

美國新教的一支，特別強調無謬誤聖經的權威性，並傾向於拒絕聖經批判學，且整體地從社會抽離出來。

Hermeneutics 詮釋學

詮釋或解釋文本所建基的原則，尤其指解釋聖經，以及如何將聖經應用在今日的情境。

Hesychasm 息靜修

這是一種特別與東方教會有關的傳統，相當強調「內在恬靜」（希臘文：*hesychia*）作為達到直觀上帝的途徑這觀念。尤其與新神學家西緬（Simeon the New Theologian）和貴格利·帕拉瑪斯等作家有關。

Historical Jesus 歷史的耶穌

十九世紀期間，這名詞用來指到拿撒勒人耶穌的真正歷史性的位格存在，認為與新約和信經所呈現的基督教對這人的詮釋有出入。

Historico-Critical Method 歷史批判法

對歷史文本（包括聖經）的一種看法，主張惟有依據文本寫成時的特定歷史情況，才能決定文本的正確意義。

History of Religions School 宗教歷史學派

這是一種研究宗教歷史的進路，尤其是基督教歷史的根源，認為舊約和新約的發展，是與其他宗教如諾斯底主義相遇的回應。

Homoousion 本體相同

希臘文名詞，直譯為「本體相同」，四世紀時廣泛被使用，乃指到主流基督論的信念，即耶穌基督「與上帝本體相同」。這名詞具爭辯性，針對亞流所認為基督與上帝「本質類似」（*homoiousios*）的觀點。參考「同質的」（Consubstantial）。

Humanism 人文主義

嚴格來説，這個字與歐洲文藝復興的一場理性運動有關。該運動的重心（就現代對這字的了解）並非指一套世俗或世俗化的觀念，而是對古代文化成就產生新的興趣，在文藝復興時期，這些古代的文化成就是歐洲文化和基督教復興的重要資源。

Hypostatic union 位格的聯合

是指到在耶穌基督內神性與人性聯合，但兩者的各自本質又沒有相混淆的教義。

Icons 圖像

特別跟耶穌有關的宗教畫像，在東正教靈修學中扮演重要角色，稱為「上帝的窗戶」。

Ideology 意識型態

一組世俗的信念和價值觀，用來指導一個社會或一羣人的行動和看法。

Ignatian spirituality 依納爵式靈修學

一個用來指到跟依納爵·羅耀拉有關的靈修學進路的寬鬆詞彙，這進路乃以《靈修操練》一書為基礎（見本書頁288）。

Incarnation 道成肉身／道成肉身

指在耶穌基督的位格內，上帝取了人性。「道成肉身論」或「道成人身論」（incarnationalism）一詞通常用來強調上帝成為人這神學上的看法。（譯按：從神學角度來說，將incarnation譯成「道成人身」較「道成肉身」較能強調耶穌基督的真正人性，但本書之譯文採用了大家較為熟悉的「道成肉身」。）

Jesus Prayer 耶穌禱文

這種禱文有一種基本的形式：「主耶穌基督，上帝的兒子，可憐我吧。」這段禱文可被視為在耶利哥外圍那瞎子對耶穌所講的說話（路十八38）的改編。

Justification by faith, doctrine of 因信稱義的教義

基督教神學中處理個別罪人如何能夠與上帝相交的部分，這教義在宗教改革時期尤為重要。

Kenoticism 虛己說

基督論的一種方式，強調基督在道成肉身中「放下」某些屬神的屬性，或至少「倒空自己」某些屬神的屬性，尤其是全知或全能的屬性。

Kerygma 福音宣告

布特曼及其追隨者特別愛用的名詞，指到新約聖經關於耶穌基督的重要性的基要信息或宣講。

Liberal Protestantism 自由派新教主義

這是一種特別與十九世紀德國有關的運動，強調宗教與文化之間的延續性，介於士萊馬赫和田立克之間那段時期尤其盛行。

Liberation theology 解放神學

雖然這名詞是用來指到任何強調福音的解放力量的神學運動，但它卻逐漸用來指到一九六〇年代後期在拉丁美洲發展的運動，強調政治行動的角色，同時以貧窮和壓迫的政治性解放作為其目標。

Liturgy 聖禮儀文

公共崇拜，尤其在聖餐禮中，所採用的書寫文本和規定形式。在希臘東正教教會中，「聖禮儀文」一詞通常意指「聖餐禮的〔儀文〕」。

Logos 道（或作「邏各斯」）

希臘名詞，意思是「話語」（word），在教父時期的基督論的發展中扮演重要的角色。耶穌基督被承認為「上帝的道」，關於這種承認背後的含義，尤其是神性的「道」以何種方式臨在耶穌基督之內這等問題，都與耶穌的人性有關。

Lutheranism 信義宗主義

與馬丁路德有關的宗教觀念，尤其是小教義問答（Lesser Catechism，1529年）和奧斯堡信條（Augsburg Confession，1530年）。

Manicheism 摩尼教

摩尼教徒有一種很強的宿命論立場，希坡的奧古斯丁早年曾加入摩尼教。它對兩種神性作出區分，其中一種是邪惡的，另一種則是善良的。因此，邪惡乃是受邪惡之神直接影響的結果。

Meditation 默想

其中一種祈禱的方式，有別於默觀（contemplation），在默想中，思維會運用意象（例如聖經所提供的）作為一種聚焦於上帝的媒介。

Modalism 形態論

三一論的異端，將三一上帝中三個位格看為上帝的不同「形態」（modes）。一種典型的形態論是視上帝在創世時以聖父的形態出現，在救贖時以聖子的形態出現，在成聖時則以聖靈的形態出現。

Monophysitism 基督一性說

這教義主張基督只有一性，就是神性（來自希臘文*monos*，即「獨一」，和另一希臘文*physics*，即「本性」）。這觀點與四五一年迦克墩會議所持守的正統觀點有別，該會議主張基督有神人二性。

Mysticism 神祕主義

這是一個多面化的詞彙，它可以含有多個不同的意義。就其最重要的意義而言，這詞彙乃指到跟上帝聯合可被視為基督徒生命最終極的目標，這種聯合不能從理性或知性的角度來理解，反而更應該從對上帝的直接意識或經驗這角度來理解。

Neo-Orthodoxy 新正統派

這名詞用來指巴特的一般立場，尤其指他引用改革宗正統主義時期的神學關注。

Ontological Argument 本體論論證

指一種證明上帝存在的論證，特別與經院主義神學家安瑟倫有關。

Orthodoxy 正統派

這名詞有好幾個含義，以下是較重要的幾個意思：正統派的意思是指「正確的信念」，與異端有別；正統派的意思是指主要在俄羅斯和希臘的基督教其中一支（譯按：指東正教）；正統派的意思是指更正教主義內部的一場運動，特別發生在十六世紀末和十七世紀初，強調界定教義的需要。

Parousia 主再來

希臘名詞，直譯為「來到」或「抵達」，用來指到基督第二次再來，「主再來」這一觀念是基督教對「末後之事」的理解其中一個重要的層面。

Patripassianism 聖父受苦說

三世紀期間出現的神學上的異端，與諾威都、帕克西亞、撒伯流等作者有關，焦點放在相信聖父好像聖子一樣受苦。換句話說，基督在十字架上所受的苦被視為聖父所受的苦。按照這些作者的講法，神性內的惟一區別只是連續繼起的形態或作為，因此，父、子、靈乃是同一個神性實在的三個不同的存在形態或表達而已。

Patristic 教父時期的

這形容詞是用來指到繼新約著作之後教會歷史的頭幾個世紀（教父時期），或在這時期寫作的一些思想家（教父時期作家）。因此，不少作者認為這段時期似乎是指到介乎一〇〇至四五一年之間（換言之，這段時期是指介乎新約最後一卷寫成至迦克墩會議之間）。

Pelagianism 伯拉糾主義

對於人如何能夠賺取救贖的一種理解，與希坡的奧古斯丁的看法完全對立，相當強調人的行為在當中所扮演的角色，同時亦貶低上帝的恩典。

Perichoresis 互滲互存

這名詞與三一論有關，拉丁文則以屬性相通（*circumincessio*）來表達。其基本概念是指到三位一體內的三個位格都互相分享彼此的生命，因此任何一個位格的行動都不能與其他兩個位格隔絕或分離。

***Philokalia* 《愛美》**

這是一個希臘詞彙（字面的意思是「對美麗事物的愛」），它一般被用來指到希臘靈修著作的兩部文集：節錄自俄利根的著作，或由十八世紀哥林多的馬卡爾埃斯（Macarius of Corinth）和聖山的尼古戴繆斯（Nicodemus of the Holy Mountain）匯編而成的文集。

Pietism 敬虔主義

對基督教的一種看法，尤其與十七世紀的德國作家有關，強調信仰的個人化，以及基督徒過聖潔生活的需要。這運動在英語世界最為人所知的，也許要算是循道主義。

Postliberalism 後自由主義

這是一場特別與一九八〇年代杜克大學和耶魯大學神學院有關的神學運動，批評自由派對人類經驗的依賴，重新倡議羣體的傳統在神學內應扮演具決定性的影響力這一觀念。

Postmodernism 後現代主義

一種普遍的文化發展，特別盛行於北美，是對於啟蒙運動所持普遍理性原則的信心崩潰的結果。

***Praxis* 實踐行動**

希臘名詞，字面的意思是「行動」，被馬克思用來強調行動對於思維之重要性。這種對「實踐行動」的強調，對於拉丁美洲的解放神學帶來很大的影響。

Protestantism 新教主義

在斯拜耳國會（Diet of Speyer，1529年）之後所採用的一個名詞，意指那些「抗議」羅馬天主教的做法與信念的人。在一五二九年之前，這些人和團體稱自己為「福音派」（evangelicals）。

***Quadriga* 四重含義**

這拉丁文名詞用來指到解釋聖經的「四重」意義，即一段經文的字面、靈意、道德榜樣和類比的含義。

Radical Reformation 激進改教運動

這名詞愈來愈多用來指到重洗派運動，換句話說，這是改教運動的其中一支，超越路德和慈運理所能想像的，尤其在教會觀方面。

Reformed 改革宗

這名詞用來指到根源於加爾文著作及其追隨者的靈感的一支神學傳統。它現在比「加爾文派」這名詞更常用。

Sabellianism 撒伯流主義

早期三一論其中一個異端，視三位一體的三個位格是同一位上帝，在歷史上以不同的方式顯現。它通常被視為其中一種形態論的方式。

Sacrament 聖禮

這名詞是指耶穌基督親自設立的教會崇拜或儀式。雖然羅馬天主教的神學和教會禮儀承認七種聖禮（洗禮、堅信禮、聖餐禮、婚禮、牧職按立禮、告解禮和抹油禮），但新教神學家一般認為只承認兩種能夠在新約聖經找到的聖禮（洗禮和聖餐禮）。

Salesian 薩爾斯式

跟薩爾斯的法蘭西斯或試圖要將自己建基於他的觀念和價值觀的團體組織有關，最重要的薩爾斯式團體是於一八五九年建立的薩爾斯的聖法蘭西斯學會。

Schism 分離主義

從合一的教會中故意分裂出來，被初期教會具影響力的作家（如居普良和奧古斯丁）作出嚴厲的指摘。

Scholasticism 經院主義／經院哲學

中世紀基督教神學一種獨特的進路，強調基督教神學的理性依據和系統性的表達。

Scripture principle 聖經原則說

這是改革宗神學家特別注重的理論，認為教會的做法和信念應該基於聖經。凡是沒有聖經根據的事情，對於信徒就沒有約束力。「惟獨聖經」（*sola scriptura*）這一片語可謂總結了這一原則。

Soteriology 救贖論

基督教神學中處理救贖的教義的部分（希臘文為*soteria*）。

Synoptic Gospels 符類福音（或作對觀福音）

指到頭三卷福音書（馬太、馬可和路加）。這名詞（源於希臘文*synopsis*，意即「摘要」）指這三卷福音書對於耶穌基督的生、死和復活提供了類似的「摘要」。

Synoptic Problem 符類福音難題

屬於學術上如何處理三卷符類福音書彼此關係的問題。也許最常用來研究這三卷符類福音書關係的方法是「兩種資料來源說」（two-source theory），這學說主張馬太與路加均以馬可作為它們其中的一種資料來源，而另一資料來源是來自另一份資料（通常稱為"Q"）。還有其他可能性，例如格斯巴赫設（Griesback hypothesis），認為馬太最先寫成，跟著是路加，然後是馬可。

Theodicy 神義論

萊布尼茲所杜撰的新詞，指到面對世界邪惡的存在，如何為上帝的良善建立一理論性的辯護說明。

Theopaschitism 上帝受苦論

這是六世紀興起的一種具爭議性的教導，甚至被視為異端，與一些作家例如馬克森狄（John Maxentius）及其名言「三位一體中其中一位被釘於十字架受難」有關。這句說話可以按完全正統教義來闡釋，拜占庭的李安迪（Leontius of Byzantium）即如此辯解。然而，更謹慎的作家，包括教宗何爾米斯達斯（Pope Hormisdas，523年歿），則認為它有誤導之嫌，容易帶來混亂。這句說話後來亦逐漸不再被人使用。

Theotokos 上帝之母

直譯為「生產上帝的人」（the bearer of God），這希臘文名詞是用來指到耶穌基督的母親馬利亞，意圖是加強道成肉身這教義的核心見解，即是說，耶穌基督乃是上帝。這名詞受到東方教會的作家廣泛使用，尤其大約在涅斯多留之爭（Nestorian controversy）的時候，用來清楚說明基督的神性和道成肉身的實在。

Transubstantiation 變質說

按照這一教義的講法，縱然餅和酒的外觀仍然保留，但其實它們在聖餐禮中已經變成基督的身體和血。

Trinity 三一論

這是一套獨特的基督教神觀，反映出基督徒對上帝的經驗的複雜性，這教義通常以一句名言來總結：「三個位格，一位上帝。」

Two Natures, doctrine of 基督二性說

這名詞一般用來指到耶穌基督的神人二性的教義，相關的名詞包括：「迦克墩定義」和「位格的聯合」。

Vulgate 武加大譯本

聖經的拉丁文譯本，大部分由耶柔米完成，中世紀的神學大半以此為根據。

Zwinglianism 慈運理主義

這名詞一般用來指到慈運理的思想，不過也通常指他對聖禮的看法，尤其是針對「真正的臨在」（real presence）的看法（慈運理更支持「真正的缺場」〔real absence〕）。

引文出處

第一章

頁7

W. Paul Jones, "My Days with the Trappist Monks", *International Christian Digest* 1, no. 7 (September 1987), 24.

第二章

頁35

Philip of Harvengt, *de institutione clericorum,* 99; *Migne Patrologia Latina* 203.802A～B.

第三章

頁52

Thomas Aquinas, *Summa contra Gentiles*, 11.2.2～4.

頁54

Thomas á Kempis, *de imitatione Christi*, I, 1～2; in , T. Lupo ed., *De imitatione Christi libri quatuor*. Vatican City: Libreria Editrice Vaticana, 1982, 4.7～8.8.

頁56

Thomas Merton, *Seeds of Contemplation.* Wheathampstead, Herts.: Anthony Clarke, 1972, 197～198.

頁57

James I. Packer, "An Introduction to Systematic Spirituality", *Crux* 26, no. 1 (March 1990), 2～8, quote at p. 6.

第四章

頁69

Jean Bodin, *Universae naturae theatrum.* Frankfurt: Wechel, 1597, 10.

頁70

Jonathan Edwards, *The Images of Divine Things.* New Haven: Yale University Press, 1948, 61, 69, 109, 134.

頁75

Pelagius, *Letter to Demetrias,* 16; in *Migne Patrologia Latina* 33:1110A～B.

頁76

Augustine, *de natura et gratia* iii, 3～iv, 4; in C. F. Urba and J. Zycha eds, *Corpus Scriptorum Ecclesiasticorum Latinorum,* vol. 60. Vienna: Tempsky, 1913, 235～236.

頁80

Alan of Lille, *contra hereticos* I, 51. *Migne Patrologia Latina* 210. 356B.

頁82

Jean-Pierre de Caussade, *Self-Abandonment to the Divine Providence* I, 5; in Jean Pierre de Caussade, *L'abandon a la providence divine.* Paris: Desclee de Brouwer, 1966, 23.

頁87

Irenaeus, *Demonstration of the Apostolic Preaching,* 6; in L. M. Froidevaux ed., *Sources Chretiennes*, vol. 62. Paris: Cerf, 1965, 39～40.

頁91

Leonardo Boff, *Trinity and Society.* London: Burns & Oates, 1988, 159.

頁 93～95

St Patrick's Breastplate, in *Hymns Ancient and Modern Revised.* London: Clowes, 1922, 129～131.

頁96

"Hark the Herald Angels Sing", in *Hymns Ancient and Modem Revised.* London: Clowes, 1922, 42.
本書採用《生命聖詩》的中譯文，在《生命聖詩》中這首頌歌的中文歌名為〈天使報信〉。

頁98

Athanasius, *contra Arianos* I, 5.

頁102

H. Denzinger ed., *Enchiridion Symbolorum* 24～25 edn. Barcelona: Herder, 1948, 70～71.

頁103

Maurice F. Wiles, *The Making of Christian Doctrine.* Cambridge: Cambridge

University Press, 1967, 106.

頁105
Origen, *Homily on Ezekiel* VI, 6; in Marcel Borret ed., *Sources Chretiennes*, vol. 352. Paris: Editions du Cerf, 1989, 228.35～230.49.

頁107
John of Damascus, *contra imaginum calumniatores* I, 16; in P. Bonifatius Kotter O.S.B. ed., *Patristische Texte und Studien*, vol. 17. Berlin/New York: de Gruyter, 1979, 89.1～4; 92.90～91.

頁110
Fulbert of Chartres, "Chorus novae Jerusalem", in *Hymns Ancient and Modern Revised.* London: Clowes, 1922, 100.

頁115
Karl Barth, *Church Dogmatics.* 14 vols. Edinburgh: T. & T. Clark, 1936～1975, IV/1, 222～223.

頁119
Isaac Watts, "When I survey the wondrous cross", in *Hymns Ancient and Modern Revised.* London: Clowes, 1922, 85.
本書採用《生命聖詩》的中譯文，在《生命聖詩》中這首頌歌的中文歌名為〈奇妙十架〉。

頁121
Ignatius Loyola, *Spiritual Exercises*, 53; in *Obras Completas.* 2nd edn. Madrid: Biblioteca de autores cristianos, 1963, 211.

頁125
"Lyra Davidica", in *Hymns Ancient and Modern Revised.* London: Clowes, 1922, 105～106.

頁126
George Herbert, "Easter", in F. E. Hutchinson ed., *Works.* Oxford: Clarendon Press, 1941, 41.

頁128
"At the Burial of the Dead", in *Book of Common Prayer*. London: Oxford University Press, 1969, 388～398.

頁129
John Donne, "Divine Meditations, 10", in A. J. Smith ed., *John Donne: The Complete English Poems*. Harmondsworth: Penguin, 1973, 313.

頁 137
Martin Luther King, "I see the Promised Land" ; in Flip Schulke ed., *Martin Luther King: A Documentary*. New York: Norton, 1976, 223.

頁 139
Bernard of Cluny, "Brief life is here our portion" , in *Hymns Ancient and Modern Revised.* London: Clowes, 1922, 219.

頁 140
Bernard of Cluny, "Jerusalem the Golden" , in *Hymns Ancient and Modern Revised.* London: Clowes, 1922, 222～223.

第五章

頁 147
Augustine, *de utilitate credendi* 111,9; in J. Pegon ed., *Oeuvres de Saint Augustin*, vol. 8. Paris: Desclee, 1951, 226～228.

頁 150
Guigo II, *Scala claustralium* xii, 13; *Migne Patrologia Latina* 184.482D.

頁 151
Gerard of Zutphen [= Geert Zerbott van Zutphen], *The Spiritual Ascent*, Translated by J. P. Arthur. London: Burns & Oates, 1908, 26. 譯文稍作修改。

頁 152
Ignatius Loyola, *Spiritual Exercises*, 47～48; in *Obras Completas*, 2nd edn. Madrid: Biblioteca de autores cristianos, 1963, 209～210.

頁 154
Martin Luther, "A Simple Way to Pray" , in *D. Martin Luthers Werke: Kritisch Gesamtausgabe*, vol. 38. Weimar: Bohlau, 1938, 358～375.

頁 156
此項及其他有關司布真的引文請見：Lewis A. Drummond, "Charles Haddon Spurgeon" , in T. George and D. S. Dockery eds, *Baptist Theologians*. Nashville, TN: Broadman, 1990, 267～288。

頁 158
Theodore of Mopsuestia, *Catechetical Homily* 15.20; in *Katechetische Homilien,* ed. Peter Bruns. 2 vols. Freiburg: Herder, 1994～1995, vol. 1, 404.

頁 159

Blaise Pascal, *Pensees*, 148; in Louis Lafuma ed., *Pensees*. Paris: Editions du Seuil, 1962, 86.

頁 161

C. S. Lewis, "The Weight of Glory", in *Screwtape Proposes A Toast*. London: Collins, 1965, 97～98.

頁 163

Jonathan Edwards, "The Christian Pilgrim", in O. E. Winslow ed., *Basic Writings*. New York: New American Library, 1966, 136～137.

頁 167

Peter Abelard, "O what their joy and their glory must be", in *Hymns Ancient and Modern Revised*. London: Clowes, 1922, 226.

頁 168

Anselm of Canterbury, *Prayers and Meditations*. Harmondsworth: Penguin, 1973, 95.

頁 171

John Owen, "On the Mortification of Sin in Believers", in W. H. Goold ed., *Works*. 23 vols. Edinburgh: Johnstone & Hunter, 1850～1855, vol. 3, 17.

頁 174

Origen, *Homily on Leviticus*, 12; in M. Borret ed., *Sources Chretiennes*, vol. 287. Paris: Cerf, 1981, 178.5～21.

頁 178

Anselm of Canterbury, *Liber Anselmi de humanis moribus*, 92～96; in R. W. Southern and F. S. Schmitt eds, *Memorials of St Anselm*. London: British Academy, 1969, 78～79.

頁 179

Angelus Silesius, *Der cherubinischer Wandersmann*, 1.61～63; in *Samtliche poetische Werke*. 3 vols. Munich: Allgemeine Verlagsanstalt, 1924, vol. 3, 19～20. Scheffler的詩章難以翻譯，既要保存聲韻亦要注意格律，此處譯文僅供參考。

頁 179

Nicolas Ludwig von Zinzendorf, *Nine Public Lectures on Important Subjects in Religion*. Iowa City: University of Iowa Press, 1973, 40.

頁181

Cassian, *Institutes* viii, 18; in Jean-Claude Guy ed., *Institutiones cenobitiques*. Sources chretiennes 109. Paris: Editions du Cerf, 1965, 358.

頁183

Origen, *Homilies on Joshua*, 12; *Migne Patrologia Graeca* 12.786B～C.

頁184

Rupert of Deutz, *de trinitate et operibus eius*; in *Migne Patrologia Latina* 167. 1017.

頁188

M. Walshe ed., *Meister Eckhart: German Sermons and Treatises.* 2 vols. London: Watkins, 1979～1981, vol. 1, 17.

頁193

Arthur Michael Ramsey, *Be Still and Know.* London: Collins, 1982, 83～84.

頁194

Gregory of Sinai, *Instructions to Hesychasts*, 1～2.

第六章

頁199

Paul Elmer Moore, *Pages from an Oxford Diary.* Princeton: Princeton University Press, 1937, 18.

頁201

Heidelberg Catechism, Questions 96～98; in E. F. K Müller ed., *Die Bekenntnisschriften der reformierten Kirche.* Leipzig: Böhme, 1903, 710.8～27.

頁204

Hugh of St Victor, *de tribus diebus* 4; in J. P. Migne, *Patrologia Latina* 125.814B～C.

頁205

Confessio Gallicana, 1559, article 2; in E. F. K. Müller ed., *Die Bekenntnisschriften der reformierten Kirche.* Leipzig: Böhme, 1903, 221～222.

頁205

Confessio Belgica, 1561, articles 2; in E. F. K. Müller ed., *Die Bekenntnisschriften der reformierten Kirche.* Leipzig: Böhme, 1903, 233.

頁207

Macrobius, *Commentary on the Dream of Scipio.* New York: Columbia University Press, 1952, 142.

頁208

Mary T. Clark ed., *An Aquinas Reader.* London: Hodder & Stoughton, 1972, 540～541.

頁212

John Chrysostom, *On the Incomprehensibility of God*, 3.

頁216

Cyril of Jerusalem, *First Address on the Mysteries*, 1～3; in A. Piedagnel and P. Paris eds, *Sources Chretiennes*, vol. 126. Paris: Cerf, 1966, 82. 1～86.13.

頁220

Huldrych Zwingli, *On Baptism*; in *Corpus Reformatorum: Huldreich Zwinglis sämtliche Werke,* vol. 91. Leipzig: Heinsius, 1927, 217.14～218.24.

頁224

Susanna Wesley, "Devotional Journal", in Michael D. McMullen ed., *Hearts Aflame: Prayers of Susanna, John and Charles Wesley.* London: Triangle Books, 1995.

頁235

Karl Barth, The *Gottingen Dogmatics.* Grand Rapids: Eerdmans, 1990, vol. 1, 31～32.

第七章

頁251

Francis de Sales, *Introduction à la vie dévoté*, ii, 7; Paris: Mame-Tours, 1939, 89.

頁254

Gregory of Nyssa, *Commentary on the Beatitudes*, 3; Migne Patrologia

Graeca 44. 1225C ~ 1227B.

頁260
Augustine, *Confessions* X.xxi.31 ~ xxii.32; in Saint Augustine, *Confessions*, translated by Henry Chadwick. Oxford: Oxford University Press, 1991, 198 ~ 199.

頁263
The Prayers and Meditations of St. Anselm, translated by Benedicta Ward. Harmondsworth: Penguin Books, 1973, 94 ~ 95. Copyright © Benedicta Ward 1973.蒙Penguin Books Ltd.允許轉載。

頁269
Francis of Assisi, *Canticle of the Sun*, in H. Goad, *Greyfriars:* The *Story of St Francis and His Followers.* London: John Westhouse, 1947, 137 ~ 138.

頁273
Hugh of Balma, The *Roads to Zion*, prologue, 5 ~ 7; in Francis Ruello and Jeanne Barbet, *Theologia Mystica.* 2 vols. Paris: Editions du Cerf, 1995, vol. 1, 130 ~ 132.

頁277
Ludolf of Saxony, *Vita Jesu Christi Domini ac salvatoris nostri.* Paris: U. Gering and B. Rembolt, 1502. 這版本有好幾個書名，最普遍為 *Vita Jesu Christi redemptoris nostri* 。

頁281
Julian of Norwich, *Revelations of Divine Love*, translated by Clifton Wolters. Harmondsworth: Penguin, 1966, 63 ~ 64. Copyright © Clifton Wolters 1958. 蒙 Penguin Books Ltd. 允許轉載。

頁286
Martin Luther, The *Freedom of a Christian*; in *D. Martin Luthers Werke: Kritische Gesamtausgabe,* vol. 7. Weimar: Bohlaus, 1897, 25 ~ 26.

頁290
Ignatius Loyola, *Spiritual Exercises*, 55 ~ 61; in *Obras Completas*, 2nd edn. Madrid: Biblioteca de autores cristianos, 1963, 211 ~ 112.

頁295
Teresa of Avila, *Life*, 11; in P. Silvero de Santa Teresa ed., *Obras de Santa Teresa de Jesus*. 12 vols. Burgos: Editorial Monte Carmelo, 1915 ~ 1924, vol. 1, 77 ~ 78.

p.299

John Wesley and Charles Wesley, *Hymns and Sacred Poems.* London: William Strahan, 1739, 117～119.

頁305

John Henry Newman, "The Self-Wise Inquirer", in *Selection from the Parochial and Plain Sermons.* London & ivingtons, 1878, 293～301.

頁310

J. I. Packer, *Knowing God.* London: Hodder & Stoughton, 1973, 41.

感謝各出版社及作者允許轉載上列文字。讀者如欲作任何形式之轉載，請辦理版權登記手續。引文如有錯誤，當於再版時更正。

進深書目

文集

Robin Baird-Smith, *Living Water: An Anthology of Letters of Direction.* Grand Rapids, MI: Eerdrnans, 1988.

Fiona Bowie, *Beguine Spirituality: An Anthology.* London: SPCK, 1989.

Tony Castle, The *Perfection of Love: An Anthology from the Spiritual Writers.* London: Collins, 1986.

Oliver Davies and Fiona Bowie, *Celtic Christian Spirituality: An Anthology of Medieval and Modern Sources.* New York: Continuum, 1995.

Séan Dunne, *Something Understood: A Spiritual Anthology.* Dublin: Marino Books, 1995.

Louis Dupré and James Wiseman, *Light from Light: An Anthology of Christian Mysticism.* New York: Paulist, 1988.

David Fleming ed., The *Fire and the Cloud: An Anthology of Catholic Spirituality.* New York: Paulist, 1976.

Richard J. Foster and James Bryan Smith (eds), *Devotional Classics: Selected Readings for Individuals and Groups.* San Francisco: HarperCollins, 1990.

John Garvey ed., *Modern Spirituality: An Anthology.* Springfield, IL: Templegate, 1985.

Paul Harris, The *Fire of Silence and Stillness: An Anthology of Quotations for the Spiritual Journey.* Springfield, IL: Templegate, 1996.

Paul de Jaegher ed., *An Anthology of Christian Mysticism.* Springfield, IL: Templegate, 1977.

John R. Tyson, *Invitation to Christian Spirituality: An Ecumenical Anthology.* New York: Oxford University Press, 1999.

Robert Van de Weyer, *Roots of Faith: An Anthology of Early Christian Spirituality to Contemplate and Treasure.* Grand Rapids, MI: Eerdmans, 1997.

關於靈修學的概括作品

Jordan Aumann, *Spiritual Theology.* London: Sheed & Ward, 1980.

Michael Cox, *A Handbook of Christian Spirituality.* San Francisco: Harper & Row, 1985.

Lawrence S. Cunningham and Keith J. Egan, *Christian Spirituality: Themes from the Tradition.* New York: Paulist, 1996.

Michael Downey ed., *The New Dictionary of Christian Spirituality.* Collegeville, MN: Liturgical Press, 1993.

Louis Dupré and Don E. Saliers 與主編者 John Meyndorff 合作的 *Christian Spirituality: Post-Reformation and Modern.* New York: Crossroad, 1989。

Bradley Hanson ed., *Modern Christian Spirituality: Methodological and Historical Essays.* Atlanta, GA: Scholars Press, 1990.

Urban T. Holmes, *A History of Christian Spirituality.* New York: Seabury Press, 1981.

Bradley C. Holt, *Thirsty for God: A Brief History of Christian Spirituality.* Minneapolis: Augsburg, 1993.

Grace M. Jantzen, *Power, Gender and Christian Mysticism.* Cambridge: Cambridge University Press, 1995.

Cheslyn Jones, Geoffrey Wainwright and Edward Yarnold eds, *The Study of Spirituality.* London: SPCK, 1986.

John Macquarrie, *Paths in Spirituality*, 2nd edn. Harrisburg: Morehouse, 1992.

Bernard McGinn, *The Presence of God*, 4 vols. New York: Crossroads, 1991 ~.

Bernard McGinn and John Meyendorff eds, *Christian Spirituality: Origins to the Twelfth Century.* New York: Crossroad, 1985.

Jill Raitt with Bernard McGinn and John Meyendorff eds, *Christian Spirituality: High Middle Ages and Reformation.* New York: Crossroad, 1987.

William Reiser, *Looking for a God to Pray To: Christian Spirituality in Transition.* New York: Paulist, 1994.

Philip Sheldrake, *Images of Holiness: Explorations in Contemporary Spirituality.* Notre Dame, IN: Ave Maria, 1988.

Philip Sheldrake, *Spirituality and History: Questions of Interpretation and Method.* London: SPCK, 1995.

William Stringfellow, *The Politics of Spirituality.* Philadelphia: Westminster Press, 1984.

Gordon Wakefield ed., *A Dictionary of Christian Spirituality.* London:SCM Press, 1983.

Rowan WIlliams, *The Wound of Knowledge: Christian Spirituality from the New Testament to St John of the Cross.* London: DLT, 1991.

Richard Woods, *Christian Spirituality: God's Presence through the Ages.* Allen, TX: Christian Classics, 1996.

研究個人及學派的作品

Benedict Ashley, *Spiritual Direction in the Dominican Tradition.* New York: Paulist Press, 1995.

Clarissa Atkinson, *Mystic and Pilgrim: The Book and World of Margery Kempe.* Ithaca, NY: Cornell University Press, 1983.

Francis Beer, *Women and Religious Experience in the Middle Ages.* Rochester, NY: Boydell Press, 1992.

Louis Bouyer, *Women Mystics.* San Francisco: Ignatius Press, 1993.

Douglas Burton-Christie, *The Word in the Desert: Scripture and the Quest for Holiness in Early Christian Monasticism.* New York: Oxford University Press, 1993.

Richard A. Cashen, *Solitude in the Thought of Thomas Merton.* Kalamazoo: Cistercian Publications, 1981.

P. Franklin Chambers, *Juliana of Norwich.* New York: Harper, 1955.

Oliver Davies, *God Within: The Mystical Tradition of Northern Europe.* New York: Paulist Press, 1988.

Joann Wolski Conn, *Spirituality and Christian Maturity.* New York: Paulist Press, 1989.

Daniel Dombroski, *St John of the Cross: An Appreciation.* Albany, NY: SUNY Press, 1992.

Elizabeth A. Dreyer, *Earth Crammed with Heaven: A Spirituality of Everyday Life.* New York: Paulist Press, 1994.

Sabina Flanagan, *Hildegard of Bingen: A Visionary Life*, 2nd edn. London: Routledge, 1998.

Richard J. Foster, *A Celebration of Discipline.* New York: Harper & Row, 1978.

Mary Frohlich, *The Intersubjectivity of the Mystic: A Study of Theresa of Avila's Interior Castle.* Adanta, GA: Scholars Press, 1993.

Thomas M. Gannon and George W. Traub, *The Desert and the City:* An *Interpretation of the History of Christian Spirituality.* Chicago: Loyola University Press, 1984.

George Ganss, *Ignatius of Loyola: Exercises and Selected Works.* New York: Paulist, 1991.

David K. Gillett, *Trust and Obey: Explorations in Evangelical Spirituality.*

London: Darton, Longman and Todd, 1993.
James M. Gordon, *Evangelical Spirituality from the Wesleys to John Stott.* London: SPCK, 1991.
Francis L. Gross and Toni Prior Gross, *The Making of a Mystic: Seasons in the Life of Teresa of Ávila*. Albany, NY: SUNY Press, 1993.
Ann Hamlin, *Celtic Monasticism.* New York: Seabury, 1981.
Ursula King, *Spirit and Fire: The Life and Vision of Teilhard de Chardin.* Maryknoll, NY: Orbis, 1996.
Gerard W. Hughes, *God of Surprises.* London: DLT, 1987.
H. Trevor Hughes, *The Piety of Jeremy Taylor.* London: Macmillan, 1960.
Thomas Keating, *Intimacy with God.* New York: Crossroad, 1994.
Ian Ker, *Healing the Wound of Humanity: The Spirituality of John Henry Newman.* London: DLT, 1993.
David Knowles, *The English Mystical Tradition.* New York: Harper, 1961.
Ernest Kurtz and Katherine Ketcham, *The Spirituality of Imperfection.* New York: Bantam, 1992.
Thomas A. Langford, *Practical Divinity: Theology in the Wesleyan Tradition.* Nashville, TN: Abingdon Press, 1983.
Jean Leclerc, *Bernard of Clairvaux and the Cistercian Spirit*. Kalamazoo: Cisterian Publications, 1976.
Jean Leclerc, *The Love of Learning and the Desire for God: A Study of Monastic Culture*, 3rd edn. New York: Fordham University Press, 1978.
Robin Bruce Lockhart, *Halfway to Heaven: The Hidden Life of the Sublime Carthusians.* New York: Vanguard, 1985.
Andrew Louth, *The Christian Mystical Tradition from Plato to Denys.* Oxford: Oxford University Press, 1981.
Andrew Louth, *Discerning the Mystery: An Essay on the Nature of Theology.* Oxford: Clarendon Press, 1983.
Andrew Louth, *The Wilderness of God.* London: DLT, 1992.
Robin Maas and Gabriel O'Donnell (eds), *Spiritual Traditions for the Contemporary Church.* Nashville, TN: Abingdon, 1990.
Margeret R. Miles, *Practicing Christianity: Critical Perspectives for an Embodied Spirituality.* New York: Crossroad, 1988.
John R. H. Moorman, *The Anglican Spiritual Tradition.* London: DLT, 1983.
Saskia Murk-Jansen, *Brides in the Desert: The Spirituality of the Beguines.* London: DLT, 1998.

Nelson Pike, *Mystic Union: An Essay in the Phenomenology of Mysticism.* Ithaca, NY: Cornell University Press, 1992.

R. R. Post, *The Modern Devotion: Confrontation with Reformation and Humanism.* Leiden: E. J. Brill, 1968.

Walter Principe, *Thomas Aquinas' Spirituality.* Toronto: Pontifical Institute, 1984.

Lucien Richard, *The Spirituality of John Calvin.* Atlanta: John Knox Press, 1974.

Frank Senn ed., *Protestant Spiritual Traditions.* New York: Paulist, 1986.

Jon Sobrino, *Spirituality of Liberation: Toward Political Holiness.* Maryknoll, NY: Orbis, 1987.

Tomas Spidlik, *The Spirituality of the Christian East.* Kalamazoo: Cistercian Publications, 1986.

Aelred Squire, *Asking the Fathers.* London: SPCK, 1973.

Columba Stewart, OSB, *Prayer and Community: The Benedictine Tradition.* London: DLT, 1998.

Dennis E. Tamburello, *Union with Christ: John Calvin and the Mysticism of St. Bernard.* St Louis, KY: Westminster John Knox Press, 1994.

Martin Thornton, *English Spirituality: An Outline of Ascetical Theology according to the English Pastoral Tradition.* London: SPCK, 1963.

Esther de Waal, *The Way of Simplicity: The Cistercian Tradition.* London: DLT, 1998.

Helen Waddell, *The Desert Fathers.* London: Constable, 1936.

Jared Wicks, *Luther and his Spiritual Legacy.* Wilmington, DL: Michael Glazier, 1983.

Richard Woods, OP, *Mysticism and Prophecy: The Dominican Tradition.* London: DLT, 1998.

譯名對照表

A

Abelard, Peter	彼得·亞伯拉德
Alan of Lille	里爾的亞倫
Anselm of Canterbury	坎特伯雷的安瑟倫
Anthony of Egypt	埃及的安東尼
Aquinas, Thomas	多瑪斯·阿奎那
Augustine of Hippo	希坡的奧古斯丁

B

Balthasar, Hans Urs von	巴爾塔薩
Barth, Karl	卡爾·巴特
Basil of Caesarea	該撒利亞的巴西流
Bellarmine, Roberto	羅拔圖·貝拉買
Bernard of Clairvaux	克勒窩的伯納德
Bernard of Cluny	昆尼的伯納德
Bodin, Jean	尚·博甸
Boff, Leonardo	里安納度·波夫
Bonaventure	波拿文士拉
Bonhoeffer, Dietrich	潘霍華
Boyle, Robert	羅拔·波爾
Bunyan, John	本仁·約翰

C

Calvin, John	約翰·加爾文
Cassian, John	賈仙
Catherine of Genoa	熱那亞的凱瑟琳
de Caussade, Jean-Pierre	尚—皮埃爾·卡隆特
Chrysostom, John	約翰·屈梭多模
Cyril of Jerusalem	耶路撒冷的區利羅

D

Dante Aligheri	但丁
Dionysius the Areopagite	亞略巴古的丟尼修
Dionysius the Pseudo-Areopagite	亞略巴古的偽丟尼修
Donne, John	約翰·當

E

Eckart, Meister 艾哈特
Edwards, Jonathan 喬納森·愛德華滋
Eusebius of Caesarea 該撒利亞的尤西比烏
Evagrius Pontius 龐特斯的艾華革士

F

de Foucauld, Charles 查理斯·傅科
Francis of Assisi 亞西西的法蘭西斯
Fulbert of Chartres 查特瑞斯的富伯特

G

Gadamer, Hans-Georg 伽達默爾
Garcíqa de Toledo 圖勒杜的嘉西亞
Geiler, Johann, of Keisersberg 凱撒斯堡的約翰·該拿
Gregory the Great 大貴格利
Gregory of Nazianzus 拿先素斯的貴格利
Gregory of Nyssa 女撒的貴格利
Gregory of Sinai 西奈的貴格利
Guigo II 蓋高二世
Guyon, Madame de 蓋恩夫人

H

Herbert, George 佐治·赫伯特
Hesychasm 息靜修
Hildegard of Bingen 賓根的希德嘉
Hilton, Walter 華特·希爾頓
Hugh of Balma 包馬的雨果
Hugh of St Victor 聖笏哥

I

Irenaeus of Lyons 里昂的愛任紐

J

John of the Cross 十架約翰
John of Damascus 大馬色的約翰
Julian of Norwich 諾域治的茱利安
Justin Martyr 殉道者游斯丁

K

à Kempis, Thomas	多瑪斯·肯培
Kierkegaard,Søren	祈克果
King, Martin Luther	馬丁·路德·金

L

Lawrence, Brother	羅倫斯弟兄
Lewis, C. S.	魯益師
Loyola, Ignatius	依納爵·羅耀拉
Ludolf of Saxony	薩克森的魯多夫
Luther, Martin	馬丁路德

M

Macrobius, Ambrosius Aurelius Theodosius	馬可拜奧斯
Maximus the Confessor	懺悔者馬克西姆
Merton, Thomas	托馬斯·梅頓
Michael de Massa	馬莎的米高

N

Newman, John Henry	約翰·亨利·紐文
Niebuhr, H. Richard	理察·尼布爾

O

Origen	俄利根
Owen, John	約翰·奧雲

P

Packer, J. I.	巴刻
Palamas, Gregory	貴格利·帕拉馬斯
Pascal, Blaise	布萊斯·巴斯葛
Pelagius	伯拉糾
Philip of Harvengt	哈雲特的菲臘

R

Ramsey, Arthur Michael	藍西
Richard of St Victor	聖維克多的理察
Ritschl,Albrecht Benjamin	立敕爾
Rolle, Richard 6	萊爾
Rupert of Deutz	杜斯的魯珀特

S

de Sales, Francis	薩爾斯的法蘭西斯
Scheffler, Johann	約翰·舒化
Scupoli, Lorenzo	史葛普利
Sprugeon, Charles Haddon	查理斯·赫頓·司布真

T

Tauler, Johannes	陶勒
Teresa of Ávila	阿維拉的大德蘭
Theodore of Mopsuestia	莫蘇土底亞的費奧多亞
Theophilus of Antioch	安提阿的提阿非羅

W

Wainwright, Geoffrey	永維特
Watts, Isaac	以撒·窩特爾
Wesley, Charles	查理斯·衛斯理
Wesley, John	約翰·衛斯理
Wesley, Susanna	蘇珊娜·衛斯理

Z

Zerbolt van Zutphen, Geert	瑞波特
Zinzendorf, Nicholas Ludwig von	親岑多夫
Zwingli, Huldrych	慈運理